JN311874

柳田国男 山人論集成

柳田国男
大塚英志＝編

角川文庫
17838

目次

第一章 「天狗」から先住民へ——山人論の成立

第二章 山人論の変奏と展開

五色の歌よみけり中に黒を

松岡国男

夕からすねくらもとむる山寺の
のきにほすなり墨染めのそて

『文学評論しがらみ草子』(第二号、詩歌数首、明治二十二年十一月二十五日、新声社)

柳田国男は近代にこの国が突入してからの「世相」について皮膚感覚的にその変化を記述した『明治大正史世相篇』（一九三〇年）の中で、昭和の初めに何かの理由で目が再び見えるようになった者が「八年ぶりとかに見た世の姿で何が一番珍しく感じるかと尋ねてみると、女たちの衣装の花やかになったのには驚くと答えた」（＊1）という挿話を紹介し、そこから近代以前の庶民にとって自然の織りなす色彩に対し、生活で用いられる色彩は限られており、しかし「色彩にも亦一つの近代の解放」があったと指摘する。その鮮やかな色彩からなる「近代」がこの国に到来したことを柳田は喜びつつ、「黒」、すなわち「近代以前」に彼個人は目を向ける。柳田の文学や学問の態度がこの短い歌の中に現れている気がするのだ。

＊1　柳田国男『明治大正史世相篇』

序　孤児の感傷——原初の山人論

田山花袋の『蒲団』（一九〇八年）の中で女学生の弟子に恋人ができたことに憤り、泥酔した作家がかなりたてる詩は、実は旧姓・松岡国男だった頃の柳田の新体詩である。柳田は美貌の帝大生で、詩人で、そして両親を亡くす。その柳田がこの世を虚ろとし、ここでないどこかに想いを馳せる時、彼の帰還すべき場所としての山人の世界がゆっくりと輪郭を結ぶ。山人に凋落した神話の神々の様を描いたハイネのロマン主義と、「かくり世」（向こう側の世界）は「私と貴方の間にも充満している」（＊1）と説く歌人・松浦辰男（萩坪）の国学的神秘主義の双方に感化され、柳田はこの列島の辺境に追いやられた古えの神々を夢想するようになる。山人論の基調には「むこう側の世界」に孤児としての柳田が帰属先を求めるロマン主義的感傷があり、そこに人は魅せられるのだ。

＊1　柳田国男「萩坪翁追懐」

古戦場

松岡国男

日光に遊ひし者は、皆戦場か原の名を知るならん。剣か峰を攀《よ》ち、中宮祠前に出て、湖水を左にして、行くこと一里許、菖蒲か浜より、右折して森林の中に入る、森の樹は皆数千年を経たるもの、吹風に大古の響あり。又雷火の為に焼かれたるか、立ちなから枯れて、白々としけみの中に見ゆるもあり。谷川の音につれて、心も自高くなり、奇しき鳥の鳴音をきゝては、我も浮世の人ならぬ心地す、林漸にして尽きぬれは、唯見る、一大野の我足下より広ごりて、遠く大白根の山麓に至れるを。野の広さ、凡《およ》そ今見たる中禅寺の湖水を、十ばかりも合せたらんほどなり。山中なれは雲 甚《はなはだ》多くして、眺望時々に変れとも、先、右の方に近く野の限にたてるは、二荒山なり。山毛欅《ブナ》の木むらに岩根ましりて、此世の山のけしきに非す、それにつゝけるは、大真名子《マナゴ》小真名子、女宝、前なるは何山何か嶽、弓手なるは奥白根、小白根、と数ふるに限もなし。野は唯草の原にて、小松たにいと稀なり、湯滝の末の谷川、遠く野末を流れて、其汀《なぎさ》なる葦原は、山の嵐にさやけり。されとあたりのけしき、やさしきかたも流石ありて、野花は紅緑花開き、草も亦肥えたれは、里近からは牛かふ童なとも来へき所なるを、旅ゆく人の他は、狐兎のたくひのみそ通ふなる。戦場か原といふは、此野の事にて、又赤沼か原ともいうとそ。此処を戦場という事は、いつの世に戦ありし故にや、上古以降の歴史は更なり、近国に存在する聞きなとの中にも、更に見ることとなしといふ。荒誕の説をなす者あり、曰く、大古に二荒の山にすみたまへりし神、白根の神と戦ひたまひしに、いくさ久しき事やまさりき、其流れける血しほを見て、又赤沼か原とも名つけぬと、他の説には曰ふ、然ならす、いと後の世になりて、下野の国何城の主と、此国の某城の主と、相争へる処にて、史伝偶之を逸せるなりと。後説尤《もつとも》訝むへし。此野里近きわたりか、街路に沿へるところならはこそあらめ、要なき山中に来て、命を争ふものあらんや、前の説は畢竟《ひつきよう》古神譚の類にして、採るに足らす。と雖《いえども》、或は、大古に我天孫人種の祖先が、東北夷と地を争ひし頃の戦争を、おほろけに語り伝へたるにはあらさるか。されとも限もなく遥なる世の事なれは、其蹟一も見るへからす、唯想像に止るのみ。或は又いふ、元は戦場か原にはあらす、千丈か原なり、其広さを形容して名けたるなりと。之も亦信しかたし。此野原雲少しく降れは、其限も見るへからす。最狭き距離も、一里を過くへし。古来形容によりて名つくるは、大抵誇大するを常とす。こゝのみ何ぞ実物より小なる名を用ゐんや。四方の山のたゝすまひ、処がらを思ふにも、大古一種属の蛮民か、此あたりを根拠として、我等の祖先に抵抗したりし事を、我は信せんとするなり。されは、苔につゝまれ、雲にしめりて、睡れるか如き二荒の山の岩根も、一一は、すさましき鯨波の声を呼かへしたる事もありしなるへく、今は野草の根をのみ潤せる山水も、或時には血の色に染かへしたる事もありしならん。軍の神は遠く去り、山の霊はとこしなへに眠り、日はうらゝかに、月はさやかに、山のたかねを出入ること数千年、猛かりけん武士の骨も、鋭かりけん剣の鋒も、尽《ことごと》く土となりて、野草は其上にしけり、跡だにも見るよしなし、何そ其はかなきや。此頃、平壌の新戦場なとを見たるものゝたよりをきくに、敵の屍は未全く朽ちすして、彼地の郊外には、到処に惨憺たる様して横たはれりといふ。此等の事がらの、此世の人心を刺激するは如何ばかりそや、しかも後の世にては、彼の如く蒙昧の中に没すめり。屍よりも遅く朽るものあり、骨、骨もまた遂にきえぬ。骨よりも長くとゝまるものあり、名、名の末世に残りて、子孫のかたり草となるも、つひには二荒山頭の古勇士の如く、其事蹟と共に、全く知るへからさるものとなるなり。戦場か原、花ひらき、鳥なく、山の姿、雲の色、何れか旅人の心をとゝめさる、しかも今百年を出すして、其戦場か原の名は、知る人もなくなりぬへし。嗚呼、丈夫の事業、大は即大なりと雖《いえども》、猶《なお》天地の悠々たるに比へては、渺《びょう》たる蒼海の一粟の歎《たん》を発せさるを得す、悲しき哉。

『校友会雑誌』（第四十三号、文苑、明治二十八年二月五日、第一高等学校校友会）

新体詩二編

夕ぐれに眠のさめし時

松岡国男

うたて此世はをぐらきを
何しにわれはさめつらむ、
いざ今いち度かへらばや、
うつくしかりし夢の世に、

『抒情詩』（宮崎八百吉編、明治三十年四月二十九日、民友社）

夕づゝ

松男

かのたそがれの国にこそ
こひしき皆はいますなれ
うしと此世を見るならば
我をいざなへゆふづゝ

やつれはてたる孤児を
あはれむ母か言の葉を
しづけき空より通ひ来て
われにつたへよ夕かぜ

『文学界』（第五十号、明治三十年二月二十八日、文学界雑誌社）

いかなる宗教でも、宗教の自由は憲法が認めて居るけれども、公益に害あるものは認められない。それで幽冥教《ゆうめいきょう》は公益に害のあるものであるから、伝道の困難なもので公けに認めることの出来ない宗教という意味だ。故に幽冥談をするのに、外《ほか》の人の見方と僕の見方と考えが違って居るというのは事実である。外の人は怖いという話でも、どこか昔話でも聞くような考えで聴いて居る。僕はもっと根本に這入《はい》ってよって来《きた》るところを研究しようという傾きを有《も》って居るのです。

今日本《にほん》で幽冥という宗教の一番重な題目は天狗《てんぐ》の問題だけれども、天狗の問題については徳川時代の随筆とか、明治になってからのいろいろな人の議論などに気をつけてみて居ると皆な僕の気にくわぬ議論をして居る。それはすなわち天狗という字義から解釈して居る。これは間違いきった話で、ランプとかテーブルとかいうように実質とその名称が一緒に輸入したというものではない。天狗という字は何から来て居るとか、何に現れて居るとか、あるいは仏教のいわゆる何がそうであるというようなことをいわれるけれども、実質は元来あったので、そのあったものに後から天狗という名称を附《つ》けたのである。名称はその時代時代によって附けるものであるからその字義によって説明しようということは到底出来るものでない。だから僕は今までの多数の学者の議論は皆な採るに足らぬ説だと思って居る。

天狗という名称の初めて用いられて居るのはそう古いことではない。はッきりとは覚えないが何でも九百年前後の時である。その時代は偶然仏教の非常に盛んな時代であったから、天狗という言葉は仏教から来たといって居る。もしくは支那人《しなじん》の仏教の書物の中《うち》から来たというようなことは、あるいは本当かも知れないけれども、それは単に元来あったものに附けた名に過ぎないので、実質は確かに古くからあったに相違ない。ただ便宜のために吾々は今でも天狗という名を附けて居るけれども、それは極めて意義の薄いものといわなければならぬ。研究するのはその実質であって名称ではない。

それで僕が何故《なぜ》そんなものを研究しようという気になったかというと、どこの国の国民でも皆な銘々特別の不可思議を持って居る。今では大分共通した部分も出来たけれども、必ず銘々特別の不可思議を持って居る。それ故に人間より力が強いとか、薄いとか、または人間の力をもってすることの出来ない仕事をなし遂げるとかいうような大躰《だいたい》についてはどこの国も同じだけれども、それは皆な違った特色を持って居《お》って、これらを研究していったならば一面に国々の国民の歴史を研究することが出来るであろうと思う。ことに国民の性質というものを一つ方法によって計ることが出来るだろうと思う。それは僕一己の理《り》窟《くつ》だけれども……。ただ日本では封建時代から明治の今日《こんにち》に至るまで、その方へ注意する人が少ないために、僕らのごとき若い者がそんな話をするとよほどおかしいことと思って、まず第一に笑うですけれども、もう一つ進んで深く考えてみるとさほど笑うことではないと思う。ことに日本におけるこの信仰は古くから今日まで時代時代によってあるいは現れ、あるいは潜むことはあるけれども、とにかく存続し来ったので、今後も永遠に存在すべきものである。ただ天狗とか何とかいうものが、どこの山の隅からも起こらない時代は宗教が非常に微弱になって居る時代で、そのために癈滅《はいめつ》に帰したということはない。いわんや仏教とか、基督教《きりすときょう》とかいうごとき人のこしらえた宗教ではない一種の信仰であるから、日本人の血が雑婚によって消えて仕舞うまでは遺《のこ》って居るだろうと思う。それのみならず、近年までもこの方の信者は大変にある。現に名はいわれないけれども今日生きて居って、吾々が交際して居る人の中《うち》に、口に出してこそ言わないけれども確《かた》くそれを信じて居る人が二人ある。二人とも確かな、僕らのごとく好奇心半分に言って居るのでない。ただ困ることにはこの宗教には一片の経典がない。それでほとんど口から耳へというよりはむしろ直接に感情から感情へ伝えて居る。これを全般に伝えたりもしくは後世に伝えたりすることは困難である。だからある時代には衰えたことがあるけれども、ある時代に至ってまた盛んになる。それ故に今日は衰えて居っても、五六十年の後《のち》にはまた幽冥教が繁栄するということは信じない訳にゆかない。非常に難有《ありがた》いことと思って居る。

貴下《あなた》は御読《およ》みになったことがないか知らぬけれども、ハイネの『諸神流竄記《しょしんりゅうざんき》』という本がある。僕はそれを読んだ時に非常に感じた。それは希臘《ぎりしゃ》の神様のジュピターを始めとしてマルス、ヴィナスというような神様が基督教に負けて、人の住まない山の中に逃げ込んだ。ジュピターは北国のドンドン雪の降って居る山の上へ逃げ込んだ。この山へある時猟師が行ったところが非常にやつれた爺《じい》さんが右と左に狼《おおかみ》を抱えて居炉裡《いろり》にあたって居る。それからいろいろ話をすると何を隠そう私はジュピターだ、これまで基督教に対抗してみたけれども、とうとうその勢力に勝てないで、この山の中に隠れてヤッと余命を保って居るのであると懐旧の涙に咽《むせ》んだということが書いてある。またマルスは独逸《どいつ》の北方の川のほとりで、やはり人の魂魄《こんぱく》を冥途《めいど》に送るという役目は司《つかさど》って居るけれども、その風采《ふうさい》たるや田舎爺《いなかおやじ》のような衣服《きもの》を着て、ある夜渡船場《わたしば》へ来て、どこの何という島まで船をやって呉《く》れというて頼んだ。ヴィナスはまたある山の中に洞穴を作ってその中に居って基督教信者を騙《だま》して居ったというようなことが書いてある。基督教から見ればこれらは一種の悪魔に近いが、希臘の昔の多神教からいえばほとんど台湾の鄭成功《ていせいこう》、国姓爺《こくせんや》ぐらいの信仰があるのであるけれども、ハイネは信仰のない人だから極めて軽蔑《けいべつ》した言葉で書いてある。もちろんこれはハイネも滑稽的《こっけいてき》に書いたのだろうと思ったが、それを見て窃《ひそか》に日本の宗教の不振を慨嘆したのである。

それで僕らは日本の昔からの幽冥教の本性を見るのにほかに方法がないから平田篤胤《あつたね》の

書物を読んで——これも相当の解釈をして居るとは思わぬが、仕方なしにそれを見、また他《ほか》のいわゆる妖怪談《ようかいだん》というものを書いたのを無暗《むやみ》に読んでみたけれども、結局沢山読んで居る中《うち》においおい見当がついて来る。しかし怪談などを読む時に大《おお》いに気をつけなければならぬのは、いわゆる幽冥道の教えと関係のない物が大部分混って居る。第一徳川の極く初期の文学として種々な書物が出て居るが、その中《うち》には怪談、お伽物語《とぎものがたり》というような物が沢山出て居る。それを読んでみると呆《あき》れ返るのは、大部分は支那の直訳である。所や人の名前はすっかり日本のものにしてあるけれども、支那の小説を訳してある。もっともそれに翻訳と銘を打ってないのは罪のない話だが、果たして日本にあったことであるか、そうでないかということは一見して分かる。それからまたこういうのがある。今話をして居る中間《なかま》へ話好きな、しかもそれを信じない人が這入《よ》るといかなる話でも滅茶《めちゃ》になる。大抵の怪談などを見ても言葉ばかりイヤに飾って、夜は森々と更け渡りとか、身の毛もよだつ心地してというような文句の使ってあるのは中身は真《まこと》に少ない。ただ面白く読ませるために書いたものではないかというものが多い。近頃《ちかごろ》おばけ話などを人が一笑に附して相手にしないのは、そういう物がどっさりあるからだろうと思う。けれども沢山見て居る中《うち》には、これは拠《よりどこ》ろが正しいと思うようなのがいくらもある。今その標準《ひょうじゅん》をはっきり立てるのは少しく困難だろうが、これは実際のことをそのままに書いたもの、これは面白く読ませるために書いたものということはすぐ分かる。ことに昔の小説家が書いた怪談などは嘘《うそ》を吐《つ》くのを覚悟でやって居る。実際あった種にしても枝葉を附《つ》け加《くわ》えて文飾をして信ずべからざるものにしてある。そういう物はよく取捨しなければならぬ。僕はよほど前からこういう志を抱いて、なるべく広く読んで、その中《うち》の直覚的の本当の物、面白く読ませる小説的に書いたものでない珍しい物だけを、現に写し取りつつあるのです。

少しく偏狭な説かも知れぬが僕は平田一派の神道学者、それから徳川末期の神学者、これらの人の事業の中《うち》で一番大きいのはむしろ幽冥のことを研究した点にあるだろうと思う。それまでは神学者とか神官とかの秘説、口伝になって居ったために、自分の家の職を守らんがために秘して居ったから、難有い多くの伝説が滅茶滅茶になって仕舞った。それをこの人達が完全に具体せしめた。これは一の功績であろうと思う。ことに平田などの幽冥論というものは、理論というよりはむしろ精を出して感得したというような意味がある。すなわち日本の神道に関する昔からの伝説、書物をことごとく眼《め》を通して仕舞ってから更に自分の心の中《うち》から出したというような意見で、よほど面白い。これは僕が感ずるばかりでなく、誰《だれ》も同じと見えて、思いの外その点に関する信者がある、ただ平田などという人は仏教に対する敵愾心《てきがいしん》があるために、天狗というものを自分らの議論すなわち、幽冥教の外部に置いて仕舞った。この点だけは僕はどうか知らんと思う。それから『本朝妖魅考』という、天狗ばかりのことを研究してある書物があるがそれを見ると天狗は坊主がなった、元来坊主は驕慢心《きょうまんしん》が強いものである、我慢人を凌《しの》ぐの念が強いものであるから、その悪念が凝り固って天狗になったといって、種々の記録などを引いて証拠立てて居る。これは僕らはあまり仏教を憎み過ぎた議論で、反証がない限りはそういうこともあるかも知れぬが、いわゆる天狗現象をしてことごとく悪僧のなすところだという風に考えるのは間違いであろうと思う。

近年になってから天狗はよほど変形をうけて居って、最初から見ると段々違って来て居る。それを見ても分かるというのは一つ物を名づけた言葉ではない。これも十分にそうだとはいえぬが、とにかく一つの物を名づけた言葉でなくて、言葉を換えていえば天狗というものは日本のおばけの一部分に過ぎぬと考えて居れば間違いはないものと思うのである。

話が非常に枝葉に這入《はい》ったが幽冥論の骨子というのはすなわちこれである。

この世の中には現世と幽冥、すなわちうつし世とかくり世というものが成立して居る。かくり世からはうつし世を見たり聞いたりして居るけれども、うつし世からかくり世を見ることは出来ない。例えば甲と乙と相対坐《あいたいざ》して居る間で、吾々が空間と認識して居るものがことごとくかくり世だというのである。それへ持って来て、かくり世はうつし世より力の強いもので、罰する時には厳しく罰する、褒《ほ》める時にはよく褒める、故に吾々はかくり世に対する怖れとして、相対坐して居っても、悪いことは出来ない、何となればかくり世はこの世の中に満ち満ちて居るからである。書物なしではその深いことを御話することは出来ないが、まずそういう議論で、その議論からことさらに、天狗ばかりを除籍するということはない。『妖魅考』は種々開発することがあるけれども、その第一段がすでに間違って居るのだろうと思う。神学者の幽冥論を信じて居る人達はかくり世のあることを確信して、かくり世を怖れて居るために自《おのずか》ら、儒教でいえば独《ひとり》を慎む、すなわち道徳を守るのである。それは決して戯談《じょうだん》ではない。先ほど僕の知人に二人あるといったが、その中《うち》の一人なども自分の幽冥を信ずる力の弱いのを常に歎《なげ》いて居る。

それから現世と幽冥との交通というものはまるッきりなくはない。無論幽冥の方からはどんな交通をして居るか分からぬが、現世から幽冥に対する交通はある。その一は、自覚的に自ら進んで交通して居る人がある。昔神と人との分界が出来なかった時代において、すなわち伊弉諾《いざなぎ》伊弉冉尊《いざなみのみこと》などはかくり世と交通して居る。その後《のち》に至っても人の心の純なるもの、極く性質の無邪気な、その心を専らその方に努めて居ったものは、自ら進んで交通することが出来る。また現に交通した例がある。それから今一つの交通というのは、偶然の交通といって宜《よ》いか、あるいは向うからする交通といって宜いか、とにかく吾々が思いがけなく交通する、それはいわゆるおばけだ。この二つの交通というものに単に偶然でするか、わざわざするかの違いである。旅行と散歩くらいの違いで大きな違いはない。それ故に自ら進んで天狗になったというのと、天狗を見たというのと非常に大きな違いであるように思うのは誤りである、現に天狗になった人が今を距《さ》る百年ならざる間にも沢山ある。一つや二つではない。彼《か》の川越に喜多院という大きな御寺がある。その寺の坊主は天狗になって、小僧はなり損《そくな》って庭へ落ちて怪我《けが》をしたという話がある。そんなのはまずお笑いの様になって居るが、近年に至っても、先刻幽冥を信じて居る人があるという。その人の家に使われて居った僕《しもべ》は天狗になって仕舞ったということである。その人は嘘も何も吐《つ》く人でない。確かに信ずるに足る。僕こそ嘘を吐《つ》くかも知れないがその人は嘘を吐《つ》く人でない。その人の家は京都にあって、河内《かわち》から雇った下男があった。それが時々、今日は一日お暇を頂きとうございますと言って出て行《ゆ》く。どこへ行《ゆ》くかと聞くと鞍馬《くらま》へ参りますと言う……これは眉《まゆ》に唾《つば》を附ける必要はない……何に行《ゆ》くと言うと修業に参りますと言って、初めの中《うち》は一ト月に一度行《ゆ》き二タ月に一度行《ゆ》きましたが、終《しま》いにはどうか御暇《おいとま》を頂きたい、あまり度々休みましてはこちらでも御迷惑でございましょうし、少しつめて修業をしとうございますから御暇を頂きたい、強《た》ってと言うものだから拠《よんどこ》ろなく暇をやった。ところがその後《のち》もおりおり来たそうです。半年《はんねん》に一度くらいはヒョイと来る。その頃三十恰《かっ》好《こう》の男であったそうだが、こちらからは別に話を聞きもしなかったが、本人もちっとも話をしなかったそうだ。ただ、どうだと言うと、相変わらずやって居りますと言っている。それからほどなく来なくなった。ところがその人の細君、今の細君ではない前の細君で二十三四でなくなられた人で、夭死《わかじに》をするくらいだから情はこまやかな人であったのであろうが、その細君《ひと》は幽冥に対して談ずる力は自分より確かに深かった。また鞍馬に行った男などと話をするにも極めてよく分かるようである。自分には分からないこともうなずかれる様子であったということであるが、これは僕しか聞かない話であるから確かである。

もう一つは幽冥へ自ら進んで行ったという話がある。ある神主の十三四になる息子が、足を怪我をして跛《びっこ》を引いて庭に居ったが、それッきりいなくなった。家《うち》では非常に心配して、心を浄《きよ》めて神に祈るより外はないというので、精進潔斎して祝詞を読んで居ったところが、それから四日目か五日目に門口にドタリという音がして帰って来た。それからその子供に聞いたがボンヤリした話で分からないが段々聞くと、大きな建築物、御宮と思われるようなところへ行った。ところがその中《うち》には十人ばかり列座して居って、正座《しょうざ》に坐《すわ》って居るのがことに眼《まなこ》の光りが鋭かった。自分を連れていった人が自分にお辞義をさせた。自分は怖《おそ》ろしいからお辞義をした。やがてしばくするとそこに列座をして居る人が居なくなった。どうしたのかと思って耳を欹《そばだ》て居ると、どことなく祝詞の声が聞こえる。そうして居るかと思うと一番末座に居った年の頃四十ばかりになる男と、二十ばかりになる男の二人が前へ進み出て、これは私の身内の者でございます、親が大変求めて居るようでございますから帰して頂きたいと言った。そうすると正座に居った人が、それなら帰せと言うので帰って来たという話をした。これはなり損ったので物にはならないが、その身内の人といわれたについて考えてみると、自分の叔父に当たる人とそれの息子とが郷里から江戸に移住したそうですが、その後音信不通、どこを探してみても居ない、あるいは様子から見ても年頃から見てもそれに違いなかろうという話。それは天狗といって居るか、何といって居るか知らぬが、とにかく自分の身内の者が幽冥に這入ったということは確かであると言って居る。この外に徳川の時分になってからの記録は沢山ある。神童寅吉《とらきち》の本などもあるが、これは仙人とでもいうか、いわゆる天狗なる者に連れられて諸方を歩き廻《まわ》ったというようなことで、どうも嘘を吐《つ》いたようで信用が出来ませぬ。それから上総《かずさ》の何とかいう村の百姓の息子が十一二の頃に攫《さら》われていって天狗の下男をして居った。天狗道では下男というか何というか分からないが、まあそういうことをして居った。ところがそれは少し鈍な男で、使いみちにならないので暇をくれた。そうして上総へ帰して呉れれば宜いのに両国橋へ落としていった。ところが二十年も奉公して居ったものだから身躰《からだ》は大きくなって居るけれども、衣服《きもの》は攫われた時に着て居ったもので、萌黄《もえぎ》に馬の模様が附いて居る。四ッ身か何かで脊筋《せすじ》などは綻《ほころ》びて居たということである。これは信仰のない人の話だから信じられないけれども、前《さき》の二つは信仰の深い人の話であって僕からいえば話好きの信じられない人の中間《なかま》ではない。そのほかまだいくらもあるが、今日はそういう風に系統的に研究するような傾きになったから、かえって専門家の一種の学問のようになったけれども、これは決して新しいことではない。ほとんど日本に神道あって、言い換えてみれば神様と人の分界が出来てからこちら伝わって居るので、中世五百年六百年の間、神主が秘伝にして仕舞って俗間に伝わらなかったために、吾々が書物も何もなくて分からないというだけで、よほど古い信仰であろうと思う。

昔から神様というのは沢山ある。この神様は御一人《ごにん》と思うのも、多神教と思うのも人の見ようで、非常に複雑な性質を有《も》って居られる。また神様は強い力を有って居って、ある方面に発展すると一つの天狗くらいな力を有って居るから多神教とも見られるか知れないが、とにかく神様は八百万《やおよろず》あって、その中《うち》にも、悪い神様と正しい神様と二つあるように説いてある。ところが近年の研究の結果によって見ると、そういっては恐れ多いけれども、まがつみの神と正しい神と二つに分かれて居るとすぐに測定することは出来ない。これは一つ神に両方あって、ある時は人を幸いし、ある時は人に禍《わざわ》いするというようになって居るのではないかと思われる。ことに基督教では神様が託宣してあるから、こういうことをしてはならぬ、ああいうことをしてはならぬということが分かるけれども、日本の神様の主義綱領はわずかしかない。善いことをすれば罪がない、悪いことをすれば罪があるということ穢《けが》れということを重んじて居る。それ故に吾々が清いということと穢れということとの標準を幽冥の神様に問おうと思っても、茫《ぼう》として渡りに迷う。それだから吾々が悪くなかろうと思っても神の怒りに触れたり、悪かろうと思ったことも格別悪くなかったりするために、ことごとく方針が不定であるという評も蒙《こうむ》ろうし、また他の方からは、まがつみの神様は善いことをしても必ず禍いを与えるというような意地の悪い神様であろうとも思われるが、それは何故そういう議論をするかというと、多くの幽冥教の信者は天狗をまがつみの神様といって居る。けれどもどうもそうでないらしい。もとより沢山も見ず、実際はどんな方針であるか知らないから明瞭《はっきり》したことはいえぬが、天狗は正しいことを好み、義侠心《ぎきょうしん》は非常にあるし、ほとんど武士道というものと準化したものを持って居《お》られるし、決して純然たる禍神《まがつみ》ではない。それというのは幽冥道との交通が今言った二筋の道がありながらも、自身から進んで幽冥道に這入るという人達は、あすこには沈黙という法則があると見えて、一たび幽冥道へ通った人は物を言わない、幽冥のことを語らない。それ故にその方面から幽冥界の事蹟《じせき》を探ることも出来ないし、今一方には本当の記録がないために間違った言い伝え、聞き伝えをするものがあるから、吾々が想像力を逞《たくま》しくしなければならぬようなことになるが、今まで吾々が天狗と名づけて日本国に現れて居られる神様は一番記録の史料が多い。それで自ら形跡を探ることも出来るけれども、とにかくその説があっちこっち矛盾して居ったり、何かしてはッきりしたことはいえない。例えば天狗は親方になれば鼻が高くなる、子分の中《うち》は嘴《くちばし》がある、羽は銘々持って居るというようなことを天狗といえば聯想《れんそう》して仕舞うけれども、吾々の考えるところではそうでないらしい。そんな形をして現れたことがあるかも知れないがそうでない。普通の人間と違いはない。また山伏のような形をして居るものもある。能でやる僧正坊などは山伏に近い法師さんのような服装をして居《お》られるけれども、これは後に至ってああいう風にしなければならぬ約束になったのかも知れない。しかしとにかくいろいろな風をして居《お》られるが、必ずしも羽がある、鼻が高いというには限らぬようだ。ただ性質などは往々、外の国にない、少しく仰々しくいえば日本の武士道と源を同じくして居りはせんかという特色がある。はッきりしたことはいえないが西洋の神様にはまずないような性質がある。今言ったように非常に義を好むという性質、正しいことを好むという性質、それから清潔を好む結果、いくらか気が偏狭であるかも知れない。今一つは復讐心《ふくしゅうしん》に富んで居られる。日本の人間は他の国に較《くら》ぶれば復讐心が強い、偏狭で復讐心が強いから元来正しいことを好む神様であるにもかかわらず争いが多い。人間と争っては必ず人間が負ける。けれども天狗同志の間でも往々争われる。ある旅商人《たびあきゅうど》が阿波のいや谷という、平家の末孫が免《のが》れ込んで居るというところへ行って、せっせと歩いて居って山の蔭《かげ》に休んで居ったところが、空からぺらぺらと落ちて来るものがあって、それが衣服《きもの》へかかったから、ヒョイと見ると血だ、驚いて上を見たところが何も見えないが、「どこへ行ったどこへ行った」「どこへ逃げた」と言う声が聞こえる。そうして土佐の、何という山か忘れたが、そこへ逃げたという声が聞こえたというが、それなどは語った人が嘘を吐《つ》かない限りは天狗の争いである。その外にも沢山争闘というものがある。しかも日本の封建時代にあったので、もし唯物論者があったならば、時代の思想がそんなものを産出したというか知れぬが、僕らはそうは信じない。日本の時代思想がその感化を受けて出来たというように思う。それで天狗の暴れた時代には天狗も諸方の山に割拠して居った。伯耆《ほうき》の白山の天狗と、大和《やまと》の金峰山《きんぷせん》の天狗とは交際して居った。人間のように一尺ずつ歩いて居るのでない。極く早い足だから遠いところでも交際して居られる。それにかかわらず、互いに競争心は十分にあって、争闘もあったようである。この神様は古い時代から喧嘩《けんか》をなさる神様で、天子様のいらっしゃる都だけは大きな争いはないけれども、地方には争いがある。例えば大和の香具山の神様と、耳無山《みみなしやま》の神様とが畝傍山《うねびやま》の女の神様のために喧嘩をして大きな争いがあったというような話があったり、出羽の鳥海山が富士山と高さを較べられたというような話もあったり、そういうことが伝わって居るが、今でもそういう争いがある。それで少しく新しい人の、いわゆる天狗に出会った話をすると、今はもうなくなった人ですが歌よみで、池原香雅《こうが》という人が実見した話に、播州《ばんしゅう》の宇野という近辺を歩いて居った。あの辺は野の多いところであるが、夕方になったところが一人の旅僧に出会った。道づれになっていろいろ話をしながら歩いて居ったが、全体貴下《あなた》はどこへお出《いで》になるのですかと言って聞いた。ところが、私はあすこの穢れた村を焼きに行《ゆ》くのだという。それがために今までは普通の旅僧と思って話をして居ったが、非常に驚いて物もいえなくなってしまった。彼の旅僧は、あれを御覧なさい、あすこに灯火《ともしび》が二つ点《つ》いて居る、右の方の光りは非常に清らかだが、左の方の光りは穢れて居ると言うから見たけれども分からない。それであの村を焼いてしまわなければならぬと言うて、ちょいと指《ゆびさ》したところがたちまちに村は焼けた。それを実際目撃したというので、後に人々に話をして聞かされた。これらは事実であろうと思う。それに古いことではない。明治十年まで生きて居った人だから、その人が若い時といっても四五十年前のことであろう、その時分にもそういう不思議なことを吾々が目撃することがあったのである。しかしながら基督教や仏教などは伝道をする。少し世間の注意が薄くなると大道演説をやるとか、あるいは救世軍のように赤いシャツを着て歩いたりするものだから、自ら命脈を維持することが出来るけれども、こういう昔の民族と一緒に成り立って居る宗教というものは伝道という事業がないから世間が不注意になる。世間の不注意というくらい怖ろしい敵はない、何より怖ろしい。昔でもある時代にはその不注意のために非常に宗教が衰微したことがある。けれども明治の今日のごとく衰微して居る時代はない。明治の人は吾々お互いに、外に沢山注意すべき題目があるために注意しない。従って心を専らにして、感情を純潔にして幽冥に自ら進むということは無論のこと、偶然に眼《め》に触れ耳に聞くということもないので日増しに衰微して行《ゆ》くのだが、僕らが信ずるにはその衰微は必ず反抗を招くだろうと思う。いつでも天狗の暴れる時代がある。戦乱がある間際になると非常に天狗が暴れる、むしろ戦乱をもって天狗のなさしむるところだという説も沢山ある。例えば承《しょう》久《きゅう》の乱の前に天狗が暴れたということは『十訓抄《きんしょう》』に書いてある。また北条《ほうじょう》高時が鎌倉《かまくら》で滅びる前には天狗が「天王寺のや妖霊星を見よや云々《うんぬん》」と言って謡ったということである。あるいは天下が乱れるのは幽冥道を虐待するがために天狗が反抗して戦乱が起こるのだという人があるが、それはあまり邪推を廻し過ぎた説であろう。

かるが故に僕は井上円了《いのうええんりょう》さんなどに対しては徹頭徹尾反対の意を表せざるを得ないので

ある。この頃妖怪学の講義などというものがあるが、妖怪の説明などは井上円了さんに始まったのではない。徳川時代の学僧などに生意気な奴《やつ》があって『怪異弁談』とか『弁妄』とかいうような物を作って、妖怪というものは吾々の心の迷《まよ》いから生ずるものであって決して不思議に思って怖るべきものでないといって居る。それもある点までは方便かも知れない。また徳川時分の学者の説に不可思議説と不可思議でないという説とある。また物理学によって説明して居るのもあるが、その物理学は今見るともとより一笑に値するのでその愚《ぐ》なことが分かる。井上円了さんなどはいろいろの理窟をつけて居るけれども、それは恐らく未来に改良さるべき学説であって、一方の不可思議説は百年二百年の後までも残るものであろうと思う。

この頃蒲原《かんばら》君が支那の話を訳して『新古文林』に出して居られるが、支那には『聊斎志異《りようさいしい》』、『新斎何々』というような書物が沢山ある。それで怪談などを見ると跡方もないことを書いてある。この間もおばけが詐欺《かたり》をしたというのを見て呆《あき》れ返ってしまった。ある人が馬に乗って遊んで居ったところが一人の爺《じい》さんが井戸のふちに立って居った。それを思わず知らず蹴散《けち》らかしたので爺さんが井戸の中へ落ちた。大きに驚いて助けようと思ったけれども、もし助けたためにかえって禍がかかってはならないというので、幸い誰も見て居らなかったから、ドンドン逃げて帰った。ところがその晩からかげ物が出て仕方がない。ひどいじゃないか、人を突き落して、それも助けでもすれば宜《い》いけれども、見殺しにして逃げて行《ゆ》くというのは不埒《ふらち》な奴だと言う。これは一言もないが、どうしてお詫《わび》をしたら宜いかと言うて尋ねたところが、お前の家《うち》で位牌《いはい》を作って、お前の先祖と同じようにこの日を命日として厚く祭れと言った。それから位牌を作って祭するとそれッきり出なかった。それから四五年経《た》って前の井戸端を歩いた。すると本当の幽霊が出て、同じことを言って怨《うら》む、お前は人を突き落したのもあるのに逃げてしまうというのは何たる薄情な人だ、いつか此処《ここ》へ来るだろう、来たら恨《うら》みを返そうと思って待って居ったと言うから、それは落としたのは悪いに違いないけれども、その晩にお前がお出《いで》になって、ちゃんとお詫びをしたではないか、今更そういうことを言われては困る。イヤそういう覚えはない、今までお前の来るのを待って居たんだ、お前の家《うち》へ行ったことはないと言うから、不思議に思ってよくよく聞いたところが、前に来たのは詐欺《かたり》だということが分かって大いに怒って、家へ帰って位牌を椽側《えんがわ》から庭へ投げつけた。ところが空で大笑をして帰ったという話がある。これはどうもあまりうまく出来て居るから臭い臭いと思って居ったが果たしてこしらえ物である。少しは跡方があるのかも知れないがつまり著作が上手なのに過ぎぬ。それと同種類の話は先刻もお話したようにいくらもある。まアどちらかというと雑書、いろいろなことを書き混ぜてあるものの中《うち》を読んでみるとこれは真面目《まじめ》だという話が時々ある。また僕らが旅行して居ると実物こそ目撃しないが、おりおり本物に出会《でっくわ》す。それはつまりその道の好きな人が石器などを探しに行《ゆ》くのと同じことで、田舎家へ行って、爺さんなどを相手に、正面からでは話をしないから、遠廻しに話を持ち込むとなかなか真面目な話がある。それらは嘘を吐《つ》く必要はないのだから実際であろう。随分不思議な話がある。ある家の男が病気になって臥《ね》て居ると始終猫が蒲団《ふとん》の上へ来て居る。平常《ふだん》は何とも思わなかったが、病気になってから煩《うる》さくて堪《たま》らない。いくら追い出してもすぐ来る。うるさくって仕方がないから病気が治ったら捨ててしまおうといって居った。その中《うち》に病気が治ったから猫を捨てて来ようと言って出て行ったが、それッきり帰って来ない。それだけの話だがあまり簡単であるだけ、嘘ではなかろうと思う。とにかくこれらは吾々に対してちょっとした幽冥界の消息である。もう一つはある家に使われて居る僕が車井戸で水を汲《く》んで居ったが、パタンと音がしたと思ったら井戸に落ちて居る。それから騒ぎ立ってようよう引き揚げて聞いてみると、水を汲んで揚げようとしたところが向こうをドンと引いた奴がある。驚いてヒョイと見ると、向こうの綱を女が持って居った。自分が引いて居るところをドンとやられたものだからズドンと落ちてしまった。助かったから宜《よ》いけれども、という話、これらも幽冥とか何とかいう側のものであろう。

それで仏教でいう、阿弥陀《あみだ》さんがありありと拝まれたというようなことは、天竺《てんじく》全国共通の妖怪談の輸入品だろうと思うから、重きを置かないが、とにかく日本には一種変わった信仰がある。またそれは国民の性質にも影響して居《お》れば、時代時代の時勢にも、また一歩進んでは歴史上の事実にも非常な関係を有って居《お》る。これには必ずプリンシプル、一の原則が存在して居ることと信ずる。しかしその研究がまだ不十分であるし、この頃は僕も非信者の一人《にん》になって居るから研究が進まないが、いつか戯談でなく大いに研究してみようと思う。このことを十分に研究し、また希臘のミソロジーなどに比較して研究してみると、希臘の神はどこへか隠れて絶えてしまった。ヴィナスのごときは基督教から醜業婦といわれて居る。かくのごとく希臘の神道は衰微して居《お》るにもかかわらず、日本は幸いにそう衰えない。現今二三十年の間こそかくのごとき有様で居《お》るけれども、現に二人なり三人なり本当の信者はあるし、これから盛んになる形跡を示されて居るのであるから、希臘の神道から見れば日本の幽冥教の方が有望のことと思って居る。

（終わり）

『新古文林』（第一巻第六号、談叢、明治三十八年九月一日、近事画報社）

いずれの時代にもクラシックに対する憧憬《しょうけい》はある。空中飛行船を象徴《しんぼる》とせねばならぬ様な今日の思想界にも、歴史の細い糸につながれて、奴凧《やっこだこ》の様に中くらいのところにぶらぶらする私の様な者も居る。しかし感情の向き方とか、趣味の種類とかの違うがために、我々の煩悶《はんもん》は借り物であるようにいう人が、ありはしまいがもしあったら無理である。私は生《うみ》の父が神道家であった。その上更に松浦先生から十七年間の感化を受けた。この先生はまさしく「昔」を人にした様な、徳川時代足利時《あしかがじ》代《だい》を超脱して、もっと古いところに腰をかけたような心行《こころゆ》きの人であった。君は見たことがあるまいが色紙や短冊に雲形《くもがた》といって、上の方から紫の雲が垂れ下がって居る模様《もよう》がある、松浦先生という人はこの雲の様に昔から垂れ下がって居られた様に感じられる。短い方の雲の脚が賀茂真淵《かものまぶち》や冷泉為恭《れいぜいためちか》などであるならば、最も低く明治時代まで下がって居る昔が先生である。

私は初め歌を修業するために先生の門に入ったのであったが、歌より外に露骨にいえば人生の観方《みかた》というようなものをも教えられた。先生の訓《おしえ》によって日本《にほん》の歌に限って「人の心の真《まこと》なり」という様な特殊の条件のあるのを奇異とは感じなくなった。先生の説では歌は紙に書いて人に見せての面白味よりも、いわゆる口吟《くちずさ》むという興味を尚《たっと》ぶべきものだということであった。新しい言葉で説明するならば、理解の労力なしに自分の感情を伝えるのを専らにすべきものだという趣旨であった。昔の歌はいわゆる花晨月夕《かしんげっせき》に即興を歌いあげて座中の人と共に楽しむものであったといって、よく「桜散る木《こ》の下風に寒からで」という歌などを朗吟せられた声が今でも耳に残って居る。この説はいわゆる桂園派《けいえんは》のドクトリンで、決して先生に始まったのではなく、景樹《かげき》翁なども「歌は神仏の前に申上ぐる様にあるべし」などとしばしば門人の詠草の奥にも書かれて居る。しかもこの翁はいわゆる才華爛発《らんはつ》の人で、おりおりは技術の美しさに絆《ほだ》されては、自分の約束から逸出せられた趣があったけれども、松浦先生は口でこの説を説かるるよりも数倍これを明白にその歌の上に示された。実際先生の家集を見ても、歌が至ってじみで、平生生活の有様も違えば読むところの書物も違っている人々には、あるいは一読して深い感じを与うることは出来なかったかも知れぬが、吾々《われわれ》少数の親しき者共は深く身に浸《し》みてきいて居ったのである。思うに諷詠《ふうえい》の道は恐らくは久しからずして絶えることであろう、そうなると三十一綴《つづり》ばかりの短い文句の中に、複雑なる近世人の生活を現そうとすることの無益の労力であることを、自ら嘲《あざけ》る日本人もおいおいは現れて来ることであろう。而《しか》していずれの世にか無用の穿鑿《せんさく》をこととする専門家なる者が、半ばは当たれる半ばは当たらざる古代思想を抽出してこれがクラシックだと自分ばかり嬉《うれ》しがることであろう。なるほど千年の空間を隔てても祖先の趣味は感得出来ぬことはなかろうが、昔の人の感情を伝うるものはやはり人の感じでなければならぬ、全体応仁乱後《おうにんらんご》にすでに絶えて了《しま》うべきであった日本島の古意が、幽《かす》かながらも今日まで保存せられたのは一種の奇蹟《きせき》である、明治の活動時代を経て漸《ようや》く湮滅《いんめつ》するのもむしろ自然の気運かも知れぬ。しかし心細いことである。

松浦先生のなお古趣味は必ずしも先生が西京人《さいきょうじん》であったためではないらしい。西京人としては松浦家は比較的新しい家であるから、趣味の遺伝という様なことは見出《みいだ》すことは出来ぬ。それよりもあの旧都の地形と復古時代の気風との小さな結晶と見た方がかえって正しいであろう。先生が脊《せい》の高い痩《や》せた身体に紐《ひも》のゆるい袴《はかま》をひきずらせて立って歩るかれるのを見ると、自分のみであったかも知らぬが、壬生忠見《みぶのただみ》とか曾禰《そね》好忠《よしただ》とか藤原長能《ふじわらのながよし》とかいう昔の不遇歌人を聯想《れんそう》せずには居《お》られなかった。実際先生は新時代の気風に対して、昔の歌人に似つかわしい様な悠々たる不平を持って居《お》られたのである。先生はあまり上手な方ではなかったが、篳篥《ひちりき》を吹かれた、また琵琶《びわ》も時々弄《もてあそ》ばれたのを見た。

「虫ならばわがふく笛はくつわむしあなかしましときこしめすらし」。

先生は至孝の人であった。九十幾歳の老儒人《ろうじゅじん》を喪《うしな》われた昨年の三月からその哀悼のためにひどく身体《からだ》を損ぜられた。この母堂と若くして失われた父君とのために幾度か経文を手写せられたことがある。先生は正しき世尊寺流《せそんじりゅう》の血脈を伝えて居られたが、この書道の方も先生に至ってついに絶えて了った。

時として幽冥《ゆうめい》を談ぜられたことがある。しかし意味の深い簡単な言葉であったから、私にはついに了解し得られなかった。「かくり世」は私と貴方《あなた》との間にも充満して居る。独りで居ても卑しいことは出来ぬなどとおりおりいわれた。先生の葬式は遺言によって仏家に托《たく》したけれども、その同じ遺言の中に瞑目《めいもく》したらすぐに使《つか》いをやって知らせよというところが一ヶ所あった。私にはこの意味がよく解《わか》らず、かつ神秘を暴露するの恐れがあるから、あらわにはいわぬがそれはある神道の耆宿《きしゆく》の家であった。

亡くなられる半月ばかり前のことであった。夕方訪ねてみると枕許《まくらもと》に長さ二尺にも余る元結の様な細い支那《しな》の線香を立てて独りで聴いて居られた。その時の話に京の貴族の家々には各一つの秘伝の香があった。香は本来衣《い》を薫ずるの用に供したもので、それ故に目的もなく香炉に焚《た》くのを空燻《そらだき》というのである。家々の主人がその香を衣《い》にしめて参内をすると、遠くから人の形も見えぬ中《うち》に某《なにがし》殿が参られたというのが解《わか》るのである。優美なことであったなどと語られた。先生は萩の花が好きで家の号ともせられたが、この萩坪《しゆうへい》には秋の草を一面に植えて、その傍に一本の松があり、その松の枝に葛《くず》の花が咲いて居るという風で、庭というよりもむしろ前栽というべきもので、趣のある家であった。その家をば当主が器量のある人なので立派に改築せられたが、新しい家の前栽が未《ま》だ充分に趣を成さぬ間に先生は亡くなられたのである。葬式の前夜二三人で通夜をして居ると、おりおり雨が降って四目垣《めがき》の下のあたりの叢《くさむら》にしきりに蟋蟀《こおろぎ》が鳴いた。田山君と私《わたし》とは虫の音《ね》が悲しいという歌をよんで互いに見せあって、二人で王朝時代の涙を零《こぼ》した。実際あの田山君とは先生の家で友達になったのである。今は非常に恐ろしいことを考えて居られる様であるけれど、萩坪の門人としては、私はただ毛だらけの手を行儀よく膝《ひざ》の上にのせて居た田山君を知るばかりである。

昨年の八月丹波へ遊びに行って先生と共に保津川の舟に乗ったことがある。その翌日《あくるひ》は鴨川《かもがわ》を渡り、吉田山の中腹にある南君という友人の家の二階から畿内《きない》の平原を遠望した。八幡《やわた》山崎の丘陵を越えて茅渟《ちぬ》の海《うみ》の水の色の見える家であったが、その日は少しく霞がかかって居た。京都の町も大《おお》いに変化して、東には夜はイルミネーションをつける世阿弥《ぜあみ》ホテル、お菓子の様な大極殿の摸型に連なって煙突がすくすくと立って居る。先生は何だかひどく疲れて片手を畳についてこの景色を見て居られた。私はひそかに時代の流れの音を聞く様な心持ちがして、一種いうべからざる寂寞《せきばく》を感じたが、これも一つの占方《うらかた》であったらしい。その夕方五条の宗禅寺でまた先生に会ったが、母君の遺骨をこの寺に納めて明日は東京へ帰られるというところであった。こんな歌を詠みましたといって口吟《こうぎん》せられたのは、「墓守がたくや樒《しきみ》の夕煙、軒にかおりて秋風ぞ吹く」その翌日は汽車の中《うち》でまたこんな歌をもきいた。「帰りてもかくと語らん親はなし、心淋《さび》しき旅にもあるかな」老儒人の墓は品川の東海寺、開祖廟《かいそびょう》の後ろにある、汽車でこの下を通る度に、先生は立ち上って合掌して居られたが、ついには自分もその隣に来て眠られた。丁度山の手線と分岐する三角の突端で、明けても暮れても絶え間のない車の音は、土の中までも震動させる様に思われて、一しお追懐の味を苦くする。かくのごとき冷《ひや》やかなる文明のアイロニーに出会《でっくわ》しては実もってやりきれない。

『読売新聞』（日曜附録、明治四十二年十二月十二日、日就社）

第一章　「天狗」から先住民へ――山人論の成立

ハイネの『諸神流竄記』（一八五三年、＊1）に触発された、辺境に隠れ棲む古えの神々のイメージは、柳田の中でまず日本の説話的世界に登場する「天狗」「山人」へと投影される。そして明治期の日本神話の記述を前提とした歴史観、すなわち天皇家の先祖が先住民を辺境へと追いつめていくという抗争史において「敗者」とならざるを得なかった先住民が、辺境の凋落した神と結びつき山人先住民説、いわゆる「山人論」となる。しかし柳田はこの時期、先住民の来歴として夢想した「山人」と、山間部で生活する「山民」とは明確に区別しており、後者は柳田の最初の民俗学的著作としての『後狩詞記』（一九〇九年）を経て、ぼくの民俗学の師・千葉徳爾の狩猟伝承論へと連なるのである。

＊1　ハイネ著『流刑の神々・精霊物語』（小沢俊夫訳、岩波文庫、一九八〇年）として入手可能。

天狗の話

一

私が天狗を研究して居るというのは無論虚名である。ただ昔の人の生活を知るために、いろいろの方面から考えて居る間に、自然少しくそんな点にも心づいたのである。従って天狗に関し何らの結論をも持って居らぬ。今の人は何でも普通の論理で物を討究しようとするが、おばけにロジックはないから、不理窟でも現れる。それを嬉しがる私が分からぬのか、当世人が話せないのか、何だか知らぬが、こんな話もあるということで聴いてもらいましょう。

我国には一時非常に奇怪な物語を喜び、利口な人が集まってはいわゆる空虚を談ずるという、一種デカダン気風の盛んな時代があった。この時代を我々は仮に今昔時代という。天狗伝説に羽が生えて天下を飛び廻ったのはこの時代のことである。今昔時代にはただの鬼と天狗とは別種の魔物と考えられて居って、各々偉大なる勢力を振るって居った。その後鬼党は次第に零落して、平凡なる幽霊亡霊の階級まで退却して了《しま》ったが、これに反して天狗国は久しく隆々として、田舎及び山間を支配して居った。天狗の社が出来たのはかえってこの次の時代である。今日といえども決してその領域は縮んでは居らぬ。

　ただし天狗道にも時代があれば従って時代の変遷がある。中世の歴史を見ても、南都北嶺の僧侶たちが大多数京師人の子弟である世には、その行いや殊勝であったが、一旦武家が勢力を加えてその子弟を坊主にすれば、法師でも強くてあばれる。徳川時代に百姓の子が僧になればまたおとなしくなる。正法の対象であるところの魔道でも、これと同じ道理で、武家時代の天狗にもまた、武士的気風がある。元来天狗というものは神の中の武人であります。中世以来の天狗はほとんど武士道の精髄を発揮して居る。少なくも武士道中の要目は天狗道においてことごとく現れて居る。ことにその極端を具体してみせて居る。すなわち第一には清浄を愛する風である、第二には執着の強いことである、第三には復讐を好む風である、第四には任侠の気質である。儒教で染め返さぬ武士道はつまりこれである。これらの道徳が中庸に止まれば武士道で、極端に走ればすなわち天狗道である。ことに高慢剛腹の風というものは、今日でも「あの人は天狗だ」などと、諺になって都会にも行われて居る。少なくも近代魔道の一大徴候としてある、王朝時代の天狗に比べると大分変わられた点がある。明治の新時代の天狗はこの上更にいかなるアットリビュートを添えられることか、長命をして知りたいものである。この事実は一方から論ずればまた国民性の煥発とでもいうかすこぶる面白いことである。西洋でも北部欧羅巴《ヨーロッパ》に今なお活動して居るフェアリーのごとき、その発祥地であるところのケルト民族の特性をよく代表して居る。フェアリーの快活で悪戯好きでしかもまた人懐こいような気風は慥かにセルチックである。フェアリーは世界のおばけ中正に一異色である。これに比べると天狗はやや幽鬱である。前者が海洋的であればこれは山地的である。日本は内外人の想像して居るよりも一層の山国である。山高きが故に貴からず、高くはないが深山ははなはだ多いのである。我々の祖先は米が食いたさに争って平地に下った。平地と山地とは今日なお相併行して入交らざる二つの生活をして居る。従って平野居住者がまるまる天狗伝説を忘却しても、他の一半の日本における魔道の威力は必ずしも衰微したものとはいわれぬのである。

二

併《しか》しながらこれがため我々平地人にとって、いわゆる天狗道のいよいよ了解しにくくなったことはまた事実である。語を換えていわば百年の昔に比べて不可測の範囲はかえって昔より大いに拡張した。一時神道の学者は好い機会があってその一端を窺うことが出来たものだから、悦び勇んでその説明を試みたけれども、その効果は決して大なりとはいわれぬ。斯道が学者の取り扱いに適せぬ理由はいくらもあるが、第一に書いた物が少ない。多くの材料は空吹く風のごとく消えやすい口から口への話である。また幽冥に往来したという人の物語、これが史料としての価値はあまり高くない。神童寅吉すなわち高山平馬の話、または紀州のある学者の筆記した少年の談話の類は五つも七つもあるけれども、その間に何ら共通の点がなく、一つの世界の話とはいかにも受け取られぬ。なるほど虚誕ではなかろう、本人は正にかく信じたのであろう、しかしこれをもって単純なる青年の一妄想でないとする根拠に乏しい。何となればその記事は一つも学問のない若者の世間的知識ないしは想像の区域を脱して居らぬ。神道の学者は神道に片よった幽冥談をことごとく信ぜんとするけれども、仏道の方にも霊現記類の書物に仏道に片よった幽冥談のよくこれに似たものがある。続鉱石集の下巻に出て居る阿波《あわ》国不朽物語などはその一例であって、形式は全然これに似て居る。立山の地獄、恐山の地獄の話のごときも筆者は人を欺くとも思われぬから、少なくもこれを見たという人があったのであろう。これらの話が多く出て来れば来るほどこれを信ずることは困難になる。それよりも今日幽冥に交通して居る極めて少数の人々が、微々として笑って何もいわないのはいくらゆかしいか知れない。しかしそれでは我々の研究のためには全然無方便である。

誤解をせられてはこまるのは、たとえちっとも研究の好材料が得られないからといって、不思議の威力には寸毫も増減するところはないのである。幽界の消息と称するものが仮に不実であったとすれば、幽界の勢力の強烈なることはかえっていよいよ深く感ぜられるのである。この世に不思議が絶えたらとか、近くは宝永年中より六十年に一度ずつ必ず現れる伊勢の御蔭参りはどうであるか、いかな楽天的学者でも単純なる社会心理の現象として説明し得られるか。御蔭参りの年には諸国に無数の御札が降る、本物の御札が空から降る、維新の際にも沢山降った、大神宮の御祓も降れば関東には阿夫利《あふり》山の御札も降った、これらは学者の説明し得なかった事実であって、しかもまた厳然たる事実である。偶然私と貴方とがこれを見なかったからといって、一言の下に否定し得るような簡単な問題ではありません。

三

これはほんの一例、その他無数の魔界の現象があるが、これには到底門外漢は手を着けられぬのであろうか、今のところではまずしかりと答えるの外はあるまい。ただここに少しばかり、私の独り心づいて居ることがある。昔からことに近代において山中の住民が堅く天狗現象なりと信じて居るものの中で、どうもそうでなかろうと思うことがあります。山民は幽界を畏怖するのあまりに、凡ての突然現象、異常現象を皆天狗様に帰して了《しま》う。しかしその一部分は魔王の与《あずか》り知らぬものがある。この濡衣を乾せば魔道の威光はかえって憔かに一段を添えるであろうから一寸その話をしてみたい。それは外でもないが日本の諸州の山中には明治の今日といえども、まだ我々日本人と全然縁のない一種の人類が住んで居ることである。これは空想ではない、当世のロジックでも説明の出来ることである。順序を立てていうが、第一我国は小さな人口稠密な国でありながら、いわゆる人跡未到の地がまだなかなか多い。国と国、県と県との境は大半深山である。平安の旧都に接しても、近江丹波若狭に境した山はこれである。吉野の奥伊勢紀州の境も深山である。中国四国九州は比較的よく開けているというが、伯耆の大山、出雲の三瓶山の周囲は村里がはなはだ少ない。四国の阿波土佐の境山、九州の市房山地方も山が深い。京より東はもちろんのことで、美濃飛驒から白山立山へかけての山地、次にはいやな名だがいわゆる日本アルプスの連山、赤石白根の山系、それから信越より南会津へかけての山々のごとき、今日都会の旅人のあえて入り込まぬはもちろん、猟師樵夫も容易に往来せぬ区域が随分と広いのである。これらの深山には神武東征の以前から住んで居た蛮民が、我々のために排斥せられ窮追せられて漸くのことで遁げ籠り、新来の文明民に対しいうべからざる畏怖と憎悪とを抱いて一切の交通を断って居る者が大分居るらしいのである。

中学校の歴史では日本の先住民は残らず北の方へ立ち退いたように書いてあるが、根拠のないことである。佐伯と土蜘と国巣と蝦夷と同じか別かは別問題として、これらの先住民の子孫は恋々としてなかなかこの島を見捨てはせぬ。奥羽六県は少なくも頼朝の時代まででは立派な生蛮地であった。アイヌ語の地名は今でも半分以上である。またこの方面の隘《あい》勇線《ゆうせん》より以内にも後世まで生蛮が居った。大和の吉野山の国巣という人種は蝦蟆を御馳走とする人民であるが、四方の平地と海岸が凡《すべ》て文明化した後まで、我々の隣人として往来して居った。新年に都へ来て舞を舞い歌を歌ったのはその中の一部であるか全部であるかは分からぬが、別に他国へ立ち退いたとも聞かぬ。播磨風土記を見ると、今の播但鉄道の線路近くに数部落の異人種が奈良朝時代の後まで住んで居た。蝦夷が遠く今の青森県まで遁げた時代に丹波の大江山にも伊勢の鈴鹿山にも鬼が居て、その鬼は時々京までも人を取りに来たらしい。九州はことに異人種の跋扈した地方であって、奈良朝の世まで肥前の基肄《き い》、肥後の菊池、豊後の大野等の深山に近き郡には城があった。皆いわゆる隘勇線であったのである。故に平家の残党などが敗軍して深山に遁げて入るといかなる山中にも既に住民が居って、その一部分は娘を貰ったりして歓迎せられたが、他の一部分はあるいは食べられたかもしれぬ。

さてこれらの山中の蛮民がいずれの島からも舟に乗ってことごとく他境に立ち退いたということは、とても出来ない想像であって、なるほどその大部分は死に絶え、ないしは平地に降って我々の文明に同化したでもあろうが、もともと敵である、少なくもその一部分は我慢をして深山の底に踏み留まり野獣に近い生活を続けて、今日までも生存して来たであろうと想像するのは、あながち不自然なる空想でもなかろう。それも田畑を耕し住家を建てればこそ痕跡も残るであろうが、山中を漂泊して採取をもって生を営んで居る以上は、人に知られずに永い年月を経るのも不思議でなく、いわんや人の近づかぬ山中は広いのである。

しかし永い年月の間にはしばしば我々の祖先にも見られた。常陸風土記にある海岸地方の巨人の跡の話、これは珍しくもないがただ巨人とあるが注意すべきである。この蛮民を諸国で皆大人といって居る。出雲松江の大人塚は雲陽志に見えて居る。秋田地方は今でも大人というとは小田内君の話である。飛驒の山中に大人が住んで居って猟師がこれと交易をしたということを徂徠先生が書いて居る。怖いから大きく見えたのか、その足跡ははなはだ大きいという記事が作陽志にもある。しかし大人というよりも分かりのよいためか、今日は山男山女という方が通用する。また山童ともいう。冬は山童夏は川童という説は誤りであろう。

山童に行き逢ったという話は慥かなものだけでも数十件ある。一つ一つの話はここには略しますが、凡て皆彼らは一言をも話さぬといって居る。共通の言語がない以上は当然である。食物は何であるか知らぬが、やはり吉野の国巣のように山菓や魚や菌であろう。米の飯を非常に嬉ぶともあり餅を欲しがったともあり塩は好まぬともある。衣服は何もないこともある。日向の飫肥《おび》の山中で猟師の罠に罹って死んで居った山女は髪長く色白く裸体であったとある。奥州は寒いから上閉伊の山中で逢った女は普通の縞を着て居ったが、ぼろぼろになったところを木の葉で綴って居った。多くは徒足《すあし》だろうと思うけれども同じ山中に寝て居った大人は山笹でこしらえた大きな履物を脱いで居た。

なお大人《おおひと》の人である証拠はいくらでもある。しばしば山の中で死んで居るのを見た者がある。寝て鼾をかいて居た山男もある。杣や木樵は近世になっては食物を与えて山男を使役するという話がある。先に食物をやれば仕事を捨てて逃げて行く。人の先に立って行くを好まぬ。その無智であることは餅とまちがえて白石の焼いたのを噛んで死んだ話がある。

これらの話を綜合すれば、極めて少数ながら到るところの山中に山男は居る。分布も広い上に往来も海上の外は自由なのであろう。多くの日本人はこれをしも「おばけ」の列に加えて真価以上に恐れて居るのである。そこで自分の考えでは今日でも片田舎でよく聞く神隠しということは、少なくも一部分はこの先生の仕事にして天狗様の冤罪である。彼らも人なり、生殖の願いは強い内部の圧迫であろう。山中の孤独生涯に堪えかねて、黄昏に人里へ来り美しい少年少女を提《ひっさ》げて帰るのは、全く炭焼が酒買いに来るのと同じである。恐ろしいというのはこちらのことで、異人種は別に気の毒だがとも思うまい。夕方になると田舎では子供の外に出て居るのをひどく気遣う。地方によっては女はおとなでも夕方は外に居らぬ。山坂を走ることの我々よりも達者なことは想像し得られるが、一度捕われた男女の還って来る者の少ないのは、いかなる威力であろうか、あるいは久しからずして皆死ぬからであろうか。

もっとも二年三年の内には隠された者が必ず一度は姿を見せると信じて居るところもある。一昨々年盛岡では近年の神隠しをいくつとなく聞いた。岩鷲山は高くはないが物深い山である。かの麓にはこの現実の畏怖が止む時もない。雫石の百姓の娘が嫁に行くとて炬火をつける間に飾馬の鞍の上から捕えられた。二年の後夜遅く隣村の酒屋へ酒を買いに来たのがその女であった。すぐに跡から出てみた者があったが影がなかった。

私は珍世界の読者の助力でなおこの種類の話を蒐集したいと思う。旧民族の消息が明白になることは、誠に趣味ある問題といわねばならぬ。

『珍世界』(三号、明治四十二年三月)

九州南部地方の民風

本編は曩に柳田法制局参事官が行政研究会における談話の梗概を筆記せるものなり。

▲古日本の民俗を窺知すべき九州の山村　九州は旧国でありますから、一般に人口稠密《ちゅうみつ》ならんとは平素我々の想像するところであるが、その実中央及び南部一帯の地方は、非常の山地でありまして、今日なお人口が稀薄《きはく》であります。通り一遍の旅人はこの地方の観察をしませんから、随《したが》って古日本《こにほん》の生活の一端をこの地方の民生において窺知《きち》すべき機会も少ないのです。九州の山地といえば人はすぐに五箇荘《かのしょう》を想《おも》い起《お》こしますが、五箇荘のごとき山地は決して一所に止《とど》まりません。その比隣にいくつかの五箇荘があります。肥後の矢部、砥用《ともち》、球磨《くま》郡一円ことにその五木《いつき》村、日向《ひゅうが》の須木《すき》、米良《めら》、奈須《なす》、高千穂《たかちほ》等皆五箇荘と大同小異の山村であります。これらの地方では、人家は総《すべ》て急峻《きゅうしゅん》なる山の中腹に点在し、その附近には野生の茶が繁茂して居《お》ります。

▲九州の中心たる阿蘇山彙　阿蘇山彙《あそさんい》は九州の中心をなして居ります。今日の阿蘇山の周囲すなわち旧火山の火口原は、今は凡《すべ》て田地となって居りまして、その北部の平地を阿蘇

谷と称し、南部を南郷谷《なんごうだに》と申します。南郷谷を流るる川を白川と称し、阿蘇谷を流るるを黒川と称し、二川が戸《と》下温泉《したおんせん》の附近まで下って火口瀬《かこうらい》の下流において相合《あいがつ》し、これが白川と称せられて、熊本市中を流れ有明海《ありあけのうみ》に注いで居ります。阿蘇火山の外輪山は実に規則正しい外輪山で、その北部の外側傾斜面に土着する部落は、小国《おくに》といい、また西北方の斜面の上にある地方が菊池、合志《かわし》であります。凡て火山の噴出物より成れる緩傾斜地でありまして、これを横ぎる交通は、山地としては比較的便利であります。しかるに阿蘇外輪山外側の東南部及び西南部方面のみは、これに反して山岳重畳であります。熊本県上益城《かみましき》郡の三分の一を成せる一帯の山地を矢部と申します。久しく阿蘇氏の領地でありました。矢部の南、下益城《しもましき》郡の東半部を占むる山地を砥用と申します。その南が有名な八代《やっしろ》郡五箇荘でありますの。その南は球磨郡でありまして、この郡はすでに四境高山をもって囲まれて居るかくれ里でありますが、その郡中の五木という山村に至っては、人吉《ひとよし》を距《さ》ること九里、ことに世に遠き山村であります。球磨郡より東に山を超えて日向の米良に行《ゆ》きますが、これもひどい山村であります。この地は肥後の菊池氏が最後に逃げ籠《こも》ったところと称せられております。その南隣の須木という山村も、地域広大にして民戸少なき山村で、極めて行《ゆ》きにくいところであります。最後に米良山村の北隣において、阿蘇外山の東南部の一角を成す山村は日向の奈須であります。西臼杵《にしうすき》郡の約三分の二を占め、一村の大さがほぼ隠岐《おき》の国ほどあります。これらの山村は、いずれも地域広く人口稀薄なる点において一致して居るのみでなく、平地との交通の少ない結果、種々なる点において平地では見られぬ昔の生活の俤《おもかげ》を止めて居ります。一寸《ちよいと》ついでに申したいのはこの阿蘇とか、奈須とか、矢部とかいうがごとき二綴《ふたつづり》の地名は、九州ばかりでなく、他国にもよくある地名でありまして、日本語としては意味がわかりませぬ。恐らくは古代において我邦《くに》の山地に住んだ別種族の命名にかかるものだろうと思います。

▲山民の土地保有に関する思想　私の行ってみたのは肥後球磨郡の五木と、日向の奈須（椎葉村）とでありますが、これらの村における生活状態の平地と異った点は、今一々に申し上げることは出来ぬが、学問上注意すべきこととして報告をしたいのは、山民の土地保有に関する思想でありまして、我々の書物によって学んだところとははなはだ相似て居ります。現行民法の土地に関する規定は、今や吾々《われわれ》日本人の常識となって居りますが、我国固有の思想少なくも中世までの思想とは大《おお》いなる懸隔のあるものであることは証明するに難くないのであります。右の山村においては、土地の保有は、決して個人所有を原則とは致して居りませぬ。一定の人が宅地及び田畠《でんばた》として土地を利用する期間に、もちろん排他的の支配権を認めますが、その以外の土地は共有であります。今の民法でいえば共有というよりはむしろ無主《ぬしなし》と申すが適当と思われます。明治十年の前後、全国の土地丈量をなしその所属を決定した際に、九州南部地方において土地丈量官吏のなしたる処分は、甚しく原則の貫徹を欠いて居る。ある村では土地の全部を村有または共有としたかと思えば、他

の村では全部これを官有としたところもあります。これは不当であるが、実は従来の土地保有状態が一種新法学者の頭脳に入《い》りかねる特別のものなので、従って民有官有いずれと定むべきかについて、共に十分の根拠もなかったのであります。ことにこの地方は、西南の役に兵禍に罹《かか》ったため、古記録等は大部分は毀損《きそん》せられたのでありますから、土地所属の決定のごときほとんど不可能であったことと思われます。須木の山村のごとき私有地というは、ただ宅地ばかりで軒から外は皆官有地だということであります。これに反して奈須は西臼杵郡の三分の二の面積を占め、方十里の大村でありますが、その官有地と申しては、わずかに十数箇所《すうかしょ》の旧御巣鷹山《きゅうみすたかやま》に過ぎませぬ、といっても個人の所有も至って少なく、あるいは村全体の所有に属するものがあり、あるいは村の種々なる一部分を所有するものもあって一定しませぬ。蓋《けだ》し維新の前までは、あたかも『村に属する公有地』ともいうべきものであったのを、近年わずかの間にかくのごとく所有権の主体を異にしたのであります。

▲奈須の山村における珍奇なる事実　次に珍しいことは、この広い奈須の山村において、山林または原野という地目はほとんど全くなく、最大部分の土地が地目は畑《はた》となって居る事実であります。しかしその畑《はた》の台帳地価は、普通の山林よりもかえって遥かに低く、一反歩平均三四十銭でしかも一村の総面積が台帳の上には四千町歩余《よ》とあります。あまり少ないから村長について聴いてみますと、実際の反別は約四万町歩すなわち十倍ある見込み

だということであります。十倍の縄延《なわのび》は習慣法上公然認められてあるものと見えます。古い文書《ぶんしょ》を見ますと、中世には畑《はた》と畠《はた》とは区別が存して居ったようであります。畠は『ハク』とも申して居ります。九州の山地では、今日なお明らかに畑と畠とを区別して居ります。畠は字のごとく白田《はくでん》であありまして、常畠、熟田のことです。畑はすなわち火田《かでん》、焼畑《やきばた》であります。あるいは耕作し、あるいは耕作せざる林叢《りんそう》のことであります。これを正しとすれば、地租条例及び統計類に田畑とあるのは誤りであります。九州南部には畑《はた》と書いて『コバ』と読む地名が沢山あります。『コバ』とは今日でも焼畑耕作のことであります。また木場《こば》という地名も沢山あります。山地野生の茶を『コバ』茶と称します。この焼畑は今日も九州諸国に非常に盛んに行われております。八代、人吉間の汽車からもこれを見ることが出来ます。私は坂本の停車場の乗降場から、まぢかく山の急傾斜面に麦の疎《まばら》に熟して居《お》るのを見ました。山奥に入《い》れば到るところ山腹に焼畑があります。ことに椎葉《しいば》村その他の山村にては、焼畑が農業の全部であります。焼畑を作る方法は、夏または秋、山の木を伐《き》って、夏に切った山は秋に焼き、秋に切った山は春に焼いて、その跡に種を蒔《ま》きます。この作業を名《な》づけて木場切《こばきり》と称え、他国ではまた『ヤブ』とも申します。椎葉村すなわち奈須では、広い山地は概《おおむ》ね大字より小さき区の所有となって居りますが、木場を作ろうと思うものは区長の家に行って、自分は何々の地に木場を作りたいと申し入るれば、ただそれだけで土地の使用権を獲得するというすこぶる簡易《かんたん》な手続であります。木場を作る権利を得《う》れば、一家挙《こぞ》って山に上り、小屋を結びてこれに住み、朝から晩まで木の切払《きりはらい》をやります。女も高い木に上って『コバ』切りに従事するのであります。山の上でありますから水が乏しい。彼らは自然に渇《かつ》に堪うる習慣を養い得て、わずかの水で克《よ》く一日を支え、木場を切り終るまでは、毎日毎日朝から晩まで山上で働くのであります。かくのごとくして『ヤブ』を作り、その秋または翌年の春これを焼いて畑《はた》とするのであります。初年には焼灰が十分に肥料となりますが、二年目からは雨水《うすい》のために肥土が流れて来ます。三年四年となると、もはや穀物は作れなくなるので、天然茶の発生に放任し、茶の採収を終わればすなわち荒地となるのであります。

▲社会主義の理想の実行さるる椎葉村　椎葉村で大字有または区有の土地を住民に割り当つる仕事は、組長というものがこれを行います。組長はこのことについては大《だい》なる権力を持って居りまして、その割当の方法には、不文の規則があります。すなわち常畠、常田を多く所有し、家族の少ない家には、最少額三反歩の面積を割り当て、家貧しくして家族多き家には、最多額三町歩までを割与えます。一体に人口の割合に土地が極めて広いために自家の得る土地の面積は、ただその所要を充《みた》せば足《た》るので、その多きを貪《むさぼ》るということは、この山村ではいっこうはやらぬのであります。大字松尾では、先年この共有地を分割しましたが、その方法も年々の割当と同一方針で、はなはだ理想的であります。すなわちまず一戸の分前を、一等三町歩、末等《ばっとう》は三反歩の間におて数等に分かちます。一等の分け前を

得るものは、家貧にして人手多く、しかも耕すべき常田常畠を持たぬという様な者であります。この共有地分割の結果を見ますと、この山村には、富の均分というがごとき社会主義の理想が実行せられたのであります。『ユートピヤ』の実現で、一の奇蹟《きせき》であります。しかし実際住民は必ずしも高き理想に促されてこれを実施したのではありませぬ。全く彼らの土地に対する思想が、平地における我々の思想と異って居るため、何らの面倒もなく、かかる分割方法が行わるるのであります。

▲宅地及び開墾せる土地に対する山民の思想　ただこの山村の人民の土地に対する思想が平地人と趣を異にするのは、その共有地に対する場合のみであります。宅地及び開墾せる土地に対しては、吾々の土地所有の思想と毫《ごう》も異なることなく、排他的究竟的《きゅうきょうてき》支配権の思想を明白に有《も》って居ります。これに反して共有地となりまするとある一人がその上にやや永き排他的占有の権利を行うことを蛇蝎《だかつ》のごとく嫌って居ります。焼畑を作った跡地は、ただ雑草の生ずるに委《ま》かせて、その利用の道を講ずるものがないのはそのためであります。阿蘇地方などでも、あり余るこの共有の荒地に、ある一人が権利を得て植林などをすると、別段に一般の利益を侵害せぬ場合にても、暗夜に火を放つ者などがあって、いっこうに犯人が知れぬことがある。社会の制裁がかえって被害者に向かう。火山の周囲で到《いた》るところ数里にわたって茫漠《ぼうばく》なる草原を見まするのは、全く焼畑の耕作と、共有地に対するこの思想との結果であります。しかるにこの共有地が一旦分割せられて、個人の私有と

なりますと、決して草原などにはしておかず、皆植林をなし、土地の利用が甚しく増進して居ります。元来共有地の分割ということは、あまり好ましくないが、この地方などでは、経済力開発のため例外として必要であると思われます。

▲中世思想の遺響　これらの山林には土地に関する慣習以外にも、古代思想の残存せる点が少なくありませぬ。五木地方にては、今でも長百姓《おさひやくしよう》を『地頭《じとう》』といいその小作人を『名子《なこ》』といいます。『地頭』『名子』の関係ははなはだ親密で、ほぼ主従の関係をなして居ります。また奈須にては、旧家を『サムライ』といい、五木村の名子に当たるものを『カマサシ』（鎌左《かまさし》）と申します。また下男を『デーカン』といいます。これは代官の意味であります。中世代官なる語は、はなはだ広い意義を有したもので、下男を代官というは、中世思想の遺響であります。

このついでに申しますが、鹿児島《かごしま》県下の村の構造、区劃《くかく》は、古代の荘園《しようえん》の有様をそのままに存して居ります。いわゆる一百二の都城なるものは、皆荘園すなわち郷《きよう》の中心でありまして、今日これがそのまま一村となって居ります。随って各村は皆全国に稀《まれ》な大村で、麓《ふもと》という昔の荘園の中心地は、今日においてもなお政治上経済上の中心となって居ります。

▲九州南部を旅行して感じたる点　九州の南部を旅行して私の深く感じましたことは、九州は一般に古く開けた地方と認められおるにもかかわらず、その南半分は、後代まであたかも東北、北海道と同じく、新開地、殖民地たる有様を持続して居ったということであり

ます。その中《うち》で島津家領はやや趣を異にして居りますが、鹿児島より北の部分にも、中世以後に至って漸《ようや》く開発せられた土地が沢山ある様に思われます。その理由の第一は、永く政治の中心から遠ざかって居ったことで、第二には久しく異人種が占拠して居たこと、第三には地形のしからしむるところであります。我邦政治の中心が畿内《きない》から鎌倉《かまくら》、江戸と次第に東に移って、九州が永く辺土たるの状態にあったことは説明の必要がありますまい。なお地形について一言《げん》申しますれば、肥前の佐賀から筑後の柳河《やながわ》、肥後の八代附近に至るまで、有明、不知火《しらぬい》の海岸地方は、皆近代の埋立地であります。その他の地方は、昔は耕地がはなはだ少なかった様に思われます。今日の平地は中世以後に改良して耕作に適せしめた新開地が多いので、九州では南北一円に到るところ、牟田《むた》という地名や、空閑《くが》と称する地名が沢山あります。牟田というのは今日でも湿地のことであります。これらの名称はその地の新開地であることを示して居るのです。

▲九州の名家旧家と新移住者　次に九州の名家旧家の大多数は、皆鎌倉時代前後に移住して来て開墾に従事した氏族であります。従前から住んで居ったのは肥後の阿蘇家、豊後《ぶんご》の大神《おおみわ》氏、いわゆる高千穂地方を根拠としたる日向の土持《つちもち》氏等三四に過ぎませぬ。菊池、内《うち》空閑《くが》、鍋島《なべしま》、島津、竜造寺、大友、城井等は皆移住者であります。而してこの移住民が来て土地を開墾するという有様は、九州の一部においては今日に至るまでなお継続して居ります。肥後の球磨郡は今日もなお人口稀薄で、住民の半分は明治の移住者であります。多《た》

良木《らき》村のごときはことに著しい例で、多良木の町分には、旧土着人は二三軒で、他の百余戸は皆移住人で、二十五府県の人民が寄留して居ります。その内にも筑後人《ちくごじん》ことに久留米附近の人が最も多い。この附近には筑後銀行の支店が三つある。この三銀行は多良木村最多額の納税者すなわち大地主であります。銀行は土地を担保に金を貸し、その土地は多く質流れとなるので、ついに大地主となって多額の納税をなすに至ったと申すことでありま す。一寸旅行をしてみても、この地方の一体の模様が殖民地であることは、北海道の石狩南部よりもかえって甚しいくらいである。ただ彼にありては旧土着人というのが異人種たる『アイヌ』で、ここにおいては先住民は同じく日本人であるので、殖民地移住とかいう感じが薄いというだけである。多良木の町分には、十間以上の道路が貫通して居って、その両側《りょうそく》に青い暖簾《のれん》に格子作りという怪しい大きな家が並んで居りまして、いかにも新開地然たる趣がありのます。日向に入《い》ってもかかる地方が少くない。都城《みやこのじょう》附近には、近頃大水路を開鑿《かいさく》して、広い水田を開いた原野があります。宮崎もまた純然たる新開地の町でありまして、土語方言というものがなく、諸国語の混合であります。この土地で最も勢力のあるのは、伊予の宇和地方の者であります。高鍋《たかなべ》の北なる河南《かわなみ》村の高原《たかはら》、美々津《みみつ》、細島《ほそじま》地方より、西臼杵郡の高千穂地方、すなわち三田井附近にも移住者がはなはだ多く、皆新開地の状態を呈して居るのであります。

九州の北部福岡《ふくおか》地方は鉄と石炭が跋扈《ばっこ》して近世的文明の淵叢《えんそう》となって居りますが、山一つ超えて南に入《い》ると全然面目を改めて、到るところかくのごとき新開地の光景を示し、最も古き思想慣習と新開地的生存競争とが雑然として併立《へいりつ》して居るのは一現象であります。

▲九州南部の山間部における水田耕作の隆昌　九州の山間部で注意すべき一事は、水田耕作の傾向が、目下全体に瀰漫《びまん》して居ることであります。奈須地方などは平地は少しもありませぬ、寸地といえども皆傾斜地である。しかるにこの傾斜地に所々《しょしょ》水田を作って居ります。なるべく傾斜の少ない地を選んで、一方に高き堤ようのものを作り、水田を築いて居ります。これは非常なる労力と資本とを要する仕事であります。彼らは山麓《さんろく》の平地から運賃とも一升弐拾銭で容易に米を得るの道があるにもかかわらず、水田の築造をするのであります。その収穫は明らかにこれがために費す労力資本を償わないのです。彼らもこれを知らないのではない、知って居ってもなおかつこれを敢《あ》えてするのである。その理由は抑《そもそ》も何にあるか、恐らくは米食の習慣の増進、自作米を食うという農民の誇《ほこ》りに感染したのもその原因の一部でありましょう。とにかく、山間の僻村《へきそん》が一般にかかる気運に向うて居ることは、経済上注目に値する現象でありましょう。ことの良否は今日俄《にわ》かに断ずることは出来ませぬが、一体我邦の農民が一般に米作を重んじ過ぎて居るということの一徴候ではあるまいか。中央の政府において、米産の増減をもって直ちに農業の盛衰を卜《ぼく》せんとする傾向と正に相反映するものではあるまいか。これらの地方には米以外に適当なる農作物がいくらもあるのであります。粟《あわ》、黍《きび》、芋、甘藷《さつまいも》、煙草《たばこ》、麻のごときは地味、気候、人口

及び資本の稀少等の点から見て、最も適した作物でありまして、強いて多大の労資を投下して、水田を作り、米を食うのは、経済学以外の理法でなくては、これを説明することが出来ませぬ。

▲米食人種、水田人種の優勝　以上は私が九州旅行の見聞の一端を順序なく申し述べたのでありますが、要するに古き純日本の思想を有する人民は、次第に平地人のために山中に追い込まれて、日本《にほん》の旧思想は今日平地においてはもはやほとんどこれを窺《うかが》い知ることが出来なくなって居ります。従って山地人民の思想性情を観察しなければ、国民性というものを十分に知得することが出来まいと思います。日本《にっぽん》では、古代においても、中世においても、武士《さむらい》は山地に住んで平地を制御したのであります。古代には九州の山中にすこぶる獰悪《ねいあく》の人種が住んで居りました。歴史を見ると肥前の基肆《きし》郡、豊後の大野郡、肥後の菊池郡というような地方に、山地を囲んで所々に城がありまするのは、皆この山地の蛮民に対して備えたる隘勇線《あいゆうせん》であります。蛮民大敗北の後《のち》移住して来た豪族も、また概ね山中に住んで居りました。後年武士《さむらい》が平地に下り住むようになってからは、山地に残れる人民は、次第にその勢力を失い、平地人の圧迫を感ぜずには居られなかったのであります。いわば米食人種、水田人種が、粟食人種《ぞくしょくじんしゅ》、焼畑人種を馬鹿にする形であります。この点については深く弱者たる山民に同情を表します。

▲九州南部における製茶業　私は球磨地方に新たに開通した人吉の停車場から非常に沢山

の粗製茶の搬出せらるるのを見ました。この地方を始め九州の脊髄(せきずいさんみゃくちほう)山脈地方には、一帯に天然の茶がはなはだ多い。山を焼けばどこからでも茶の木が現れて来ます。伊予、土佐の山中にも野生の茶が沢山あります。これらの茶は古来よりこの山地に存在したもので、決して海外から輸入したものではなく、我邦に固有の植物であることは疑う余地がないと思います。日向の山村では、椎茸《しいたけ》と茶とが主なる外国輸出品であります。一般に製法は極めて幼稚でありますが、近来おいおいこれを改良せんとする企《くわだ》てがあります。筑後の黒木町では、県農事試験場の力で紅茶を製し、見本として露国に送ったそうであります。熊本《くまもと》県においても天然茶製造輸出の事業が久しく行われて居りますが、方法の宜《よろ》しきを得ざるためか、今はやや衰えております。この地方を旅行すると、製茶業の将来に付き、東京に居て考えたとは別様の考えが起こります。

『斯民』（第四編第一号、自治民政、明治四十二年四月七日、報徳会）

山民の生活　＊　上下

山民の生活　(上)

○十五度以上二十度からの傾斜地となると人間は通行するが居住は出来ぬというをもって常とすれど、この点において日本人《にほんじん》は他人種に優《まさ》る特長を有して居る。小谿流《しょうけいりゅう》を伝うて山奥に入《い》ると崖《がけ》の下などに奥行極めて短く間口のはなはだ長き家屋を見る。それは傾斜を少なくするための注意であるは言うまでもない。

○欧洲《おうしゅう》の山民は炭焼ならざれば牛飼、羊飼、猟夫、けれども日本人にはどんな山奥にも専門の猟師はない。日本人の紈袴《がんこ》の子弟ならざれば土を耕さずには居れぬ民族である。そして水田を耕すのは大和民族《やまとみんぞく》である。

○我《われ》らの祖先はアイヌその他の種族等を追うて津軽海峡の彼方《かなた》にやったというが、百万の大兵を満洲《まんしゅう》の平野に進めて平押《ひらおし》に進むのとは訳が違う。山岳重畳し居る我国の地勢上、一人余さず狩り尽くすことはならぬ。それゆえ諸所の山奥にはアイヌ種属その他のものの残存し生活し居ることは争われぬ。武蔵相摸《むさしさがみ》辺のイリノにおいて、我らの祖先と異なり、焼《やき》畑切換畑《ばたきりかえばた》を作りて米以外のものを取れるは、アイヌその他の種族であろうと思う。

○地名などに徴すると思い当たることが多い。由来日本ほど意味不明の地名の多いところはないが、これらは各種族の残した言葉の多いに帰因する。焼畑をアイヌ語でソリというが、このソリの名を負う地名は、近江《おうみ》、伊豆《いず》、また富士山中にもある。楚里《そり》、草里《そり》、蔵連《そり》などと、宛《あ》てる字こそは違うが出所は同一である。人の姓にも佐分利、佐分などあるがまた同じだ。

○また田代という地名人名も興味あるものだ。前者とは反してこれは我々の祖先の生活を偲《しの》ばせるものだ。イリノとは狭い谷間の地をいうのだが、不思議にも田代の名を負うところはこのイリノの行《ゆ》き詰《つま》ったところにある。田代は田の代すなわち水田予定地である。

○日本人は敬神の民族である。居《お》るところ必ず地鎮《ところしずめ》の神を祀《まつ》る。今日の北海道移住者は割合にハイカラ的のものと見るべきだが、それですら移住するには必ず神を伴って居《お》る。ましてや古代未開の時代に山奥に分け入るにおいては、神明の冥護《めいご》を頼むは一層のことである。すでに神を祀る、我らの祖先は必ずしも米でなければ生活出来ぬものでもなかったらしいが神に供うる酒や餅《もち》は皆米で作ったのである。従って居所を相するにはまず神酒神饌《しんせん》の料たる米の産地あるかを見る、これが田代の必要な所以《ゆえん》である。

○その他の理由としては、平地より米を取りて居所丈《だけ》を山地に卜《ぼく》するもよかろうが、四境皆敵なる当時の状態、一度籠城《たびろうじょう》の状態に陥る時の心配もあろうし、また昔は平地が今ほどにはなかったのである。河内《かわち》、尾張、武蔵野、越後《えちご》の平野の今日の状態となりしはわずかに四五百年来のことである。経済状態も今とは違う。有無十分に相通ずることは出来ないのであるから、己が居所には山中といえどもなお米を作るの必要を感じたのであろう。

○ニタとは水の少し溜《たま》りて耕作の出来ぬところすなわち英語のスワンプである。これも固有名詞ともなり普通名詞ともなって随分我国には多くある名称だ、仁田《にたん》の四郎只常《ただつね》、伊豆の仁田《にた》なども皆これである。ニタをことごとく新田《にった》だというのは間違っておる。このニタという語はやはりアイヌ語である。

（山岳会に於ける講演の大要）

『読売新聞（東京版）』（明治四十二年五月十八日、日就社）

山民の生活（下）

○吾人《ごじん》の祖先は亜細亜《あじあ》の南部の険岨《けんそ》なところに居ったものと想《おも》われる。従って山地を跋渉《ばっしょ》することなどは何とも思わぬ、申すも畏《かしこ》し、我々の祖先にてましまます神武天皇が東征したもう時に、竜田《たつた》より進まんとせられて更に道を胆駒山《いこまやま》に転ぜさせらるるとか、嶮路悪路をこととこともせさせ玉わざりし御事蹟《おんじせき》などに徴しても知られることだ。山に登るを大相なことに思うのは今日の人間のことである。

○されば山の此方《こなた》の住民が山を超えて彼方《かなた》の地を開墾し耕作するなどは珍しくない。かかる痕《あと》は肥後の玉名郡《たまなごおり》とか筑後《ちくご》の八女郡《やめごおり》などにも見らるる。かくてその真中《まんなか》に城を築いたものなどもある。阿蘇《あそ》の山中等にもかかるところはある。今日のアイヌ人が日高から十勝、釧路《くしろ》と山伝いに平気に遊びに出ると同様、嶮峻《けんしゅん》を恐れはせなかったのである。

○久木由木《くきゆき》という地名が随分全国に多くあるが、この字義も調べてみると面白い。久木の名を負うところは薪の採れるところ、由木の名を負うところは衣服の料の採れるところである。久木はクノキである。クは薪のことであるからクノキは薪の木である。今櫟《くぬぎ》と称するものはこのクノ木の転訛《てんか》であろうと想う。されば櫟がもっとも多く燃料に供せられたこととも想う。地名に椚と書いてクニキと読ますところがあるが、これもクノキの転訛に相違ない。私の友人に故国木田独歩氏があったが、その姓の出所は、氏の祖先が淡路の椚《くにき》から出て脇坂侯《わきさかこう》に仕えたからなので、椚の文字を二つに分けたのである。耳鼻咽喉科《じびいんこうか》の名医小此木《おこのぎ》氏などの此木《このき》は、柴《しば》の字の両分であろうが、コノキの音はやはりクノキの転訛かと思う。こう思えば皆意味がついて来る。八王子から小仏峠へ掛かる途中に椚と書いてクニキというところがあるが、これは椚の乱書された字体から、字劃《じかく》が誤られて出来たのであろう。

○由木はユフの木である。ユフに木綿の二字を嵌《は》めることは随分古いが、この木綿なるものは今でいう楮《こうぞ》であって、その繊緯《せんい》からして我らの衣服を作ったのだ。コットンの輸入されぬ前は皆これを採って資料としたものだ。下総《しもうさ》の結城《ゆうき》など、結城と書いてユフキと読む地名、また人名等もやはり同じ語に後からあてた文字であろう。ユフは元来野生でどこにも沢山あったのであるが、それが漸次取り尽くされたので、別にわざわざ作るに至ったことと思う。とにかく我らの祖先の生活には、第一に田代、それに次いではこの久木、由木が大切のものであったのだ。

○人間の力の地形に及ぼす勢力も大なるもので、千年二千年の久しき力は山のアスペクトを甚しく変えるという結果を来す、牧畜焼畠《やきばた》などが久木由本に影響することも多大だが、就中《なかんずく》製塩は山の風景を摸《も》することが多い。今と違って多大の燃料を消費して作るのであるから、従って山を禿《とく》することも少なくない。瀬戸内海を渡ると沿岸の山々に赤禿《あかはげ》のものを見出《みいだ》すことが多いが、これらはいずれも塩の犠牲になったのである。昔は青垣山などいってその美を誇った者も今は黒垣山、赤垣山が多くある。

○林はハヤシである。生やすの義である。人工的に作ったのであるが、森は敬神の念篤《あつ》き我らの祖先が、焼畑切換畑《やきばたきりかえばた》を作るに当たり、神を祀《まつ》るところとしてこれのみを残したものである。これについて語るべきは諸種の神に対する信仰である。

○伴信友《ばんのぶとも》は一生神の研究に終えた人だが、しかも数あるその人の著述中に見えぬ神の名が沢山ある。神の多きはこれでも知れる。特に境々に祀ったものが多くある。塞《さい》の神《かみ》は道路の神となって居るが、これは自己の領域を取《と》り拡《ひろ》げてはその境に立てたもので、一種の隘《あい》勇線《ゆうせん》である。塞はふさぐの義である。山々の神を本居宣長《もとおりのりなが》は、大山祇神《おおやまつみのかみ》であろうとか大山《おおやま》辺神《べのかみ》であろうとかいうけれども、そうではない。民俗にはただ山の神とのみいいならわして居る。山に向かって入《い》るところに祀るまでの神である。荒神は原野山野の神である。

○石神《しゃくじん》は人類学者は石棒《せきぼう》が神体だというがこれも当たらぬ、しゃくというに必ずしも石の義があるのでない。所々《しょしょ》でいい方が違い宛《あ》てる字も違う。社宮司、社護子、遮軍神《しゃぐんじん》等とかきシャクシ、サゴジ、サングシ等いろいろにいう。何の意によるものか、博言学者等の研究を経たなら面白いことであろう。

○東京附近にはアイヌ語の残れるものが多い。ハザマ、すなわち尾張の桶狭間《おけはざま》のごとき、この名を負うところは関東にかけて多い。これはアイヌ語のハツサマデ、イリノに比べてやや短き谿間《けいかん》の地である。トーマニもアイヌ語、ニタに似て、英語のスワンプすなわち湿地である。またママという語も、これもアイヌ語のママすなわちくずれるの義から来て居るので、断崖《だんがい》などのところに用いられる、地名に高間々《たかまま》、大間々、などあるのはそれだ。

○かくのごとくいろいろの面白き研究が山村の遊歴に見出さるることであるが、アイヌ語以外更に朝顔とか苗類とか、あるいは緬甸《びるま》等の諸国の語を研究して、諸方面から観察を用いたならばまだまだ新しい発見が沢山にあろうと信ずる。

『読売新聞（東京版）』（明治四十二年五月十九日、日就社）

山民の生活（第二回大会席上にて）

こんくうち侍りける時、畑焼き侍りけるを見てよみ侍りける

藤原長能

片山に　畑やくをのこ　かの見ゆる
　み山桜は　よきてはた焼け

（拾遺和歌集巻十八）

名山の頂上を窮めようという諸君ばかりの中で、少しく調子の合わん話ではありますが、自分は凡山の中腹以下の生活という低いことを御話します。日本は御承知の通りの山国でありますが、その山国ぶりがよほど西洋の国々とは違うように思われます。取りわけ北米合衆国のごとき土地広く人の少ない国は正反対のよき例であります。十五度とか二十度とかの傾斜度を境にして、それより険岨な部分は山地としてその範囲内にはほとんど人が住みません。なるほど木樵炭焼牛飼羊飼が入り猟師薬草採も入り、または登山の客避暑の客も来れば、これを相手の宿屋の類もありますが、その数は知れたもので、大体から申せば平野は人間の住処山岳は野獣の住所というように、自然に区劃せられて居るかと思います。

日本などでこんな区劃をしたらとても五千万の大人数は居りきれるはずがない。故にいろいろと都合をして二十度はおろか三十度四十度の山腹にもずんずん村を作って早くから定住して居ります。いずれの深山に入っても五里七里と続いて人家を見ないところのないのは全く御国柄でありまして、つまり傾斜地を人間の住居に適応させる技術にかけては、日本は万国に優れておるかと思います。

今日では段々山から里へ下って来る傾向が顕われて来まして、この先どうなるか少々気がかりでありますが。昔山奥を開いた人々は。十分な用意と計画とがありまして、恐らくは自然の発達ではありましょうが、山村には一定の型が出来て居ります。一例を申せば日本の民家は自由に建てさせれば凡そ三と二くらいの割合の長方形でありますのを、山腹の村では四と一くらいの長方形にして地均しの労費を省いたのもありますし、飛騨白川の山中などでは三階四階の藁屋を作って出来る限屋敷の地面を倹約して居ります。これと申すのも四面は海、内は人口増殖の圧迫のためで、いやしくも谷川の流れがあれば、これを遡って奥へ奥へと開いて往って、新しい学問で海抜何千尺というような高地に、いつとなく寒い生活を始めて居ります。「山口」とか「川上」とかいう村は次の時代にはすでに川下に成ってその奥にまた村が出来る。例えば若狭の南河の谷などはほとんど源頭まで民家がありまして、「奥坂本」という村の奥になお数箇の部落があります。我々の祖先はかくのごとき地形を河内《カワチ》と名づけまた入野《イリノ》とも呼びました。「我が恋はまさかも悲し草まくら多胡の入野の奥もまかなし」という万葉の歌などは、入野が盛んに開かれた時代には人を感ぜしめた歌でありましょう。

入野では三方の山から水が流れますから、もちろん開けば稲を作ることが出来ますが、昔の人は米が食えぬから村を作らぬというような贅沢は申しません。水田にするほどの平地がなくても気候が寒くても、なおずんずんと谷の奥へ上りました。うそのような話ではあるが、山国では兵役に出て初めて米というものを口にした人が幾何もあります。冬中の糧には栗「ハシバミ」「トチ」の類もやりますが、多くは山畑に粟稗大麦小麦の類を作って食料にしておるのです。今日全国の府県は年々各五万三万の金を使い、立派な技師技手を何人も置いて、稲はこうして植えるがよい虫はこうして取れ肥料には何がよいと綿密に世話を焼くのが一般の風でありますけれども、これらのいわゆる農事改良とはまるまる没交渉で二千年来の勝手放題な食物の得方をして居るのが焼畑切替畑であります。焼畑切替畑の行われて居る区域は存じの外広うございます。その方法は全国到るところほぼ同様で、焼畑と申すのは山腹の樹林地を片端から伐り払って、秋切れば翌年の春、春切ればその年の夏、一時に火を付けてこれを灰にし、その灰分を肥料にして、粟なり馬鈴薯なり麻なりを蒔きます。作付する作物にも地方により一定の順序があります。大抵の山地では三年もすれば表土が流れて了いますから、これを打ち棄てて他の樹林地に向かうので、一旦荒した地方はよほどの年数が立たねば再び焼畑にすることが出来ませぬ。一寸考えてみれば乱暴至極の話で、よく農学の方では掠奪農法ということを申しますが、これなどは手もなく強盗であります。近年殖林の奨励が盛んになりまするし、かつ水源涵養の問題がやかましいところから、例えば傾斜何十度以上の山地には焼畑をするなというような府県令がよく出て居りますけれども、外に食物を得る道のない間は実際禁止することが不能です。山の人とても物ずきに焼畑を作るわけではない。里近いところはとくの昔に焼き尽くし、今は家からまた二里も三里も離れた山中に、仮小屋を設けて宿泊し野獣の害が多い地方では蒔くから刈るまで番をする。引札《ヒダ》や鳴子《ナルコ》では間に合わず、男は昼寝て夜は起明しましてホーイホーイと夜通し怒鳴るのだそうです。

焼畑地の山水は特色があります。夏の頃旅行すると山の中腹に貧乏人の股引のごとく、所々四角に色のかわった部分の見えるのが、焼畑の麦が熟した有様で、ひどく深山を求めんでも汽車から見えるところさえあります。また以前焼畑をした場所は地貌でわかります。また地名でもわかります。焼畑といっても通じますが、地方によっては切畑切山といい薙《ナギ》といい「カシキ」といい「アラク」といい「コバ」といい「ヤブ」とも申しまして、それらがその土地の字と成って残って居るのです。新編武蔵風土記稿には秩父では春切る山を「応《オー》」といい秋切る山を「差《サス》」というとありまして、武蔵から甲州へかけ「大ザス」「黒ザス」「天目ザス」などという地名が沢山あります。小石川区指ケ谷町などもその一例であります。甲斐国志を見るとあの国では焼畑を「刈生畑《カリブバタ》」ともまた「ソリ」と申したそうで。

東西河内領の山中には何々草里という地名が沢山にあります。「ソリ」は「アイヌ」語かと思いますが証拠が見出せません。奥州にもあれば駿河美濃などにも山中に「何々草履《ゾーリ》」という地名があり、伊豆には「大沢里《オオゾーリ》」「高嶒峢《タカゾーリ》」などの地名があります。三河の段度山の麓には「大蔵蓮《ゾーレ》」「金蔵連《コンゾーレ》」等。木曾には「柿其《カキゾレ》」「赤ゾレ」など皆これであります。今日人の苗字に「佐分利」「佐分」と書いて「サブリ」と申しますのも、元は居住地の地名で。若狭の佐分《サブリ》郷のごときは倭名鈔時代から今日までありますが。疑いもなく同一語であります。また諸国の山地の地名で「何の草《ソー》」というのが沢山にあります。

今日のように材木の高い時代にわずかばかりの物を作るためむざむざと大木を焼き倒すなどとは無智も甚しいという人があるかも知れませぬが、それは山に行かぬ人の考えで、いかに山の人が単純でも山中の材木が運賃に引き合い多少の得分があるものなら、決して松や檜を立ち枯らしにしていわゆる白珊瑚を作りはしませぬ。買い手のある限り入用のある限りは木材を採取して残物のみを焼きます。薪炭用の雑木までが運んで金になる場所では、たとえそのために土地の肥力が不足で外から補うまでもまず木を取ります。畑を焼くのは肥料を作ると同時に作物に対する障礙物を除くのですが、焼いて灰にするよりは生のまま、腐熟するのを待つ方が、肥力の足りぬ土地には好都合であります故、木を取る畑では焼くことをせぬところも段々ありまして、これを切替畑と申します。焼畑のことを「カシキ」と云うところもあるが、「カシキ」は恐らくは苅敷でありまして切替畑に当たっております。切替畑はつまり焼畑の一段進歩したものです。焼畑と切替畑との中間に位する農法。例えば伊予の上浮穴郡などの三椏畑のごとく、雑木の麁朶を採取して跡地を焼くものもありますが、少しも火を掛けず純然たる切替畑を作る実例は、まず伊豆の大島などであります。かの島では薪を通貨とするくらい薪の沢山出来るところで、「島マキ」と称し昔から小船で東京へ運びます。火山の周囲の山地はその薪山であって、十八年二十年の大島桜や「ヤシヤノ木」を伐り出して薪に売った後は、三年ないし五年ほどこれを畑として利用します。これは一つには造林前の整地の目的でありまして、沢山の地面を持つ者は分家や出入りの者に畑を作ってもらわねば手が廻りませぬところから、あの島には小作料というものがありません。また相州の高座郡いわゆる相模野の大部分武蔵から下総へかけての高台は、到るところ非常な雑木林で、汽車などで通過してなぜに開墾をせぬかと訝る人もありますが、これがまた大都会のために欠くべからざる燃料の供給地で、多くは大島と同じく切替畑の農法を行うのです。それというのが地租が低く手が掛からぬために下手な雑穀を作るより引き合うので、「ハンノ木」の株を掘り起こし土釜炭に焼いても開墾費を償って余りがあると申します。薩摩の南部の丘陵地でも切替畑が行われ、かの地方の一風景をなして居る松林は皆以前の畑に松を植えたものだということです。

焼畑切替畑の行われますのは一には所有権の関係すなわち村持字持で個人に属せぬためもありますが、主たる原因は労力の問題であります。土地はいくらもあるがそうは食物も不要なり一戸で二町も三町も作るだけの手がないから、自分に宛てられた土地の五十分の三ないし二十分の三だけしか耕作をしませぬが、いよいよ人数が多くなりまたは桑や小麦の類がいくらあっても金に成るとわかれば、矮林仕立などの微弱な利用をせずに、手の及ぶ限り地形の許す限り土地を改良して常畠にします。信州などは随分急傾斜の山が桑畠になって居りまして、これでも明治になってから焼畑切替畑のよほどの面積が常畠になったのです。地名にばかり残って居る焼畑というのは、再び造林せられたところももちろんありますが、多くは切替畑に進みそれからまた常畠に改良せられたものです。この常畠というものが農業経済の発達に伴ってよく見ると二通りに区別があります。この前まで四年目に林に戻したけれど今度からは肥料を施して続けて畑を作るというようなところでは、以前の焼畑のままの山の斜面に沿うた高低のある畑です。表土がどうしても流れまして上の方から土地が瘠せてまいり、よほど土留めと肥培とに注意せぬと切替畑同様十数年の後は見棄てねばなりません。第二種の畠は最初に余分の労力がかかりますが、この心配だけはありません。すなわち山腹を横に切り込んで平らな耕地を作るのです。もちろんこれには表土の厚さその他地質上の条件もありましょうし、また物理学上の理由もありましょうが、まず経済の方から説明しますれば第二種の常畠はさらに一段進んだものといわねばなりません。甲州から信濃へかけてはよく第一種の山畠を見受けます。切株のような台を水平に畠の端に作らねば肥桶も置けぬという有様です。

土佐の西海岸の蜜柑畠などは第二の例で、船の上から見ますとまるで山が皮をむいた筍のように見えます。瀬戸内海の島々は二種の山畠が雑然と併存しておりまして、研究の方からはなかなか趣味がありますが、若干彼の海の風景を害しております。さてその次が水田はさらに一進境とも申しましょうか。第一種の常畠ではいかんともはや仕方がありませぬが、水平式の山畠ならばもしこれに灌漑すべき水さえあれば、すなわち更級や田毎の月となります。とにかく米が作りたい作りたいと思う山民の希望を満足させ得るのです。しかし田にする以上は畠とちがい単純な土留めだけでは不十分です。あまり水が漏らぬようまた崩れぬように工事を加えねばなりません。浅間山の麓を汽車から見ますと、上の田の下の境は石垣で築き上げてある。肥後の阿蘇の西麓などは石が得にくいか、これが土でぬり付けてあります。年々田植時に改修するらしく中には高さの八尺も一丈もあるところがあります。同じ国でも天草下島などはまた石垣で、その石垣が粗末なる。石の間に沢山の蟹が住んでいまして、夜出ては下の田の稲を荒します。これを蟹嚙《かにがみ》と申しかの地方の害虫の一であります。

我々の同胞が久しい間かくのごとく深山の奥のその奥まで入り込みまして何んでもかでもその土地から生活の材料を得ようとした努力は到底地貌の上に若干の影響を及ぼさぬわけにはいきませぬ。地貌学では天然の地表に及ぼす影響を主として研究しまして、人間の力の方はもちろん一段軽く見られておりますが、日本のような旧国では道路とか海川に対する築堤などの外に、山地に対する人間の痕跡もかなり重大であったことを考えねばなりません。昔は瑞穂の国といって非常に肥沃な国であった話ですが今はさほどでもないと同様、素盞嗚尊が韓国から造船用の樹木を持って来られたという伝で、全国の山々は一面の樹林であったと思われます。ことに邑落として最も愉快なところは青垣山を四方に取り繞らした盆地であったのです。しかるにその青垣山が段々木がなくなり土が流れて岩ばかりでこぼこした黒垣山と成り、あるいは禿山の赤垣山と成りましたのも、その原因は数千年来の焼畑切替畑であります。焼畑跡は草ばかりよく茂り樹木はわずかな雑木くらいで、それも繰り返して居る間には段々山の肌が隠れなくなります。いわゆる坊主山は決して最初からの坊主ではなく、かかれとてしもぬば玉のという歌のように。以前は真黒に樹が生えて必ず北海道の未開地以上であったにちがいありません。普通の焼畑跡は忘れるほど棄てておかねばならぬところから、再び立派な林に復ったところもあるでしょうが、地層に燐礦があったりまたは石灰の層が頭を出して居たりして、焼畑として人望のあるところはほとんど山骨を暴露せねば止まぬために、ついに寄ってたかって坊主にしたのです。信州などは山国の癖に木山が乏しいのは今は絶えて居るけれども昔盛んな焼畑国であったからでしょう。それから諸国の山相をかくのごとく変じたのには更に一の有力な手伝いがありますす。ついでに申しますがそれは外でもない塩です。西洋の諸国ではどうして来ましたか、日本では甲斐の信玄が塩を留められて苦しんだというごとく、各地方毎に塩の地方的供給を確保せねばならぬために、越後の糸魚川でも出羽の鼠ケ関でも奥州の宮古鍬ケ崎でも甚しきは津軽の三厩まで塩浜を開き塩を煮ました。山国ではまたうすい塩泉を汲み上げて皆ほとんど全部火力で蒸発させたのであります。家々の温室法も不経済至極のものではありましたが。中国沿海の山山のことに荒れたのを見ると、塩の燃料として烈しい山の伐採をしたことが想像せられるのであります。

焼畑の話に関聯して、自分ばかりかも知らんが面白い研究題目だと思いますのは、かくのごとき土地利用法は果たして我が大和民族の渡来に始まるか否かということです。この国の前の主がアイヌかコロボックルか。国巣《クズ》は何人種か出雲族は同族か異族か。これらは別の問題として、いわゆる天孫種の土着まで日本の山野は原始のままであったかどうかと申しますと、自分はどうもそうでなかろうと思いますが今のところ証拠を得ることが出来ません。しかし前に申した「ソリ」とか「サス」とかいう語は本来の日本語ではないようでありますから、こちらから論究するのも一方法であります。ただし仮に前の居住者も焼畑を作って居ったとしても、これを我々の祖先が学んだとは申しません。疑いなく祖先はどこかの山国から来た人でありますから、夙くから山地の利用法には長じて居たのでしょう。ただ焼畑を作って衣食を営むということが決して大和民族の特性とはいわれぬばかりです。しからばその新参の我々祖先が生活の痕跡はいずれの点に求めるかと申しますと、自分はそれは稲の栽培耕作だと答えたいのであります。これも一種の仮定説で他日反証が出ぬとも限りませんが、今はまずその仮定の下に山民の生活の他の方面を説明してみようと思います。

茲に注意すべき一の現象は我邦に田代という地名の多いことであります。田代は田の代《しろ》すなわち水田候補地と云う意味でありましょうが、古くから荒地の意味にも用いられて居ります。この田代を旧村名すなわち大字とする地が市町村一覧に四五十個所あります。南は大隅の肝属半島から北は陸奥まで二十五国に分布して居る。小字の田代は現に五万分一図に見えるだけでもまた数十ありまして、つまり全国到るところにあるのです。しかるにわずかの例外をもって田代という土地にはほぼ共通の地形があります。それは例の河内の川上入野の奥で両山の谷間のわずかの平地であります。東京近くでその適当な例は。相模の田代は馬入川の支流中津川の上流にあります。駿河の大井川左岸を溯っても三つの田代が皆ほぼ同じような地形のところにあります。信濃の上高地はもちろん「上河内」でありまして、そこの田代池も村ではないが一例であります。さて水田の予定地というくらいなら平衍な水沢の地にでもあるべきなのに、特にかくのごとき山中の小盆地に名づけられたのは変なようですが実はすこぶる面白い見所であります。我々の祖先の植民力は非常に強盛でありましたがそれにも明白に一つの制限がありました。いかなる山腹にも住む気はある。食物としては粟でも稗でも食うが、ただ神を祀るには是非とも米がなくてはならぬ。今日の考えでは解しにくいが昔の人の敬神の念はなかなか生活上重要なものでありました。

そこで神には粢《しとぎ》なり神酒《みき》なり必ず米で製したものを供えねばならぬ故に、たとえ一反歩でも五畝歩でも田に作る土地のあるということが新村を作るに欠くべからざる条件であったのです。物恐ろしい山間へ初めて入り込むのですからことに産土《うぶすな》の神の力に依頼する必要のあった上に、海岸などの平地では取り別けてここを水田にときめておく必要はなくても、山中では田代の地が非常に肝要であったために、自然地名と成って今日に残って居るのでありましょう。

かくのごとき次第で田代という大字小字があれば、その谷は日本人によって初めて開発せられたことがわかり、かつほぼその時代もわかります。ことに考えてみねばならぬのは川除《かわよけ》潮除《しおよけ》の土工の関係であります。なるほど川の流末の水付いたところは稲を作るに適しては居るけれども、その代わり水害も恐ろしい。堤防を丈夫に築く知識というものは京都附近はともかくも、田舎には存外いつまでも開けなかったのです。故に今日ならば遠く海上に向けて埋め立ての新田を開くに適したところでも、中世まではただ危険にしてかつ困難な場所で、住居の出来ぬはもちろん遠くから往来して田を作ることもまず断念して居りました。しかも田の用水なり飲料水なり水の必要はなかなかあったのですから、村としてはまず水の害を出来るだけ避けて水の利益を出来るだけ多く得らるるところを択ばねばなりませぬ。海に面し川口に面して開けた平野を控えて居る丘陵の中腹は申し分なくこの条件に合して居りますが、日本にはそんな誂向な地が少ない。拠なく川上へ川上へと村の適地を捜索していき、ついに深山に田代を見出しました。エンバンクメントの技術が進んで後初めて海辺の平野に村を開き、井を掘る技術が発達して初めて高原の平地に住む様になったのです。馬入川の上流田名の辺で川の西の高地から東の方を見渡しまするると、いわゆる相模野が明らかに三段の段地に区分せられて居ることがよくわかります。この第一段すなわち最も川に近い台が最も古い村であるのです。

地名の方面から見た山地の生活には今まで人の注意をせぬ多くの問題がある、大字小字に何沢という地名は何原何野などという地名と同じく、単に地貌を言い表わした語ではなく、同時に人の生活と大なる関係があるために特にこれに名を附ける必要が生じたのです。沢は関西では谷《たに》といいます。地方によっては洞《ほら》ともいい、また何久保ともいいますが、大体皆民居に適する小さい入野のことで従って今は多くは民居と成って居るのです。これと類似の地形にまた「サコ」または「セコ」という名があって、九州ではよく迫の字が宛ててあります。「サコ」は東国の方へ来ると段々少なくなりその代わりに「ハザマ」という地名が用いられます。陸中の大迫町は「オハザマ」と呼びます。しかるに自分の信ずるところでは「ハザマ」はアイヌ語の「ハサこ」（底）でかくのごとき低地の行き留まりをいう名詞であります。岱《ぬた》または仁田《にた》という地名は今日でも水のじくじくしたところすなわち田代として適当な谷間を申すようでありますが、これもアイヌ語の「ニタ」（湿地）であります。道満《ドウマン》、当間《トウマ》などという地名が処々にありますのはまた同じ語の「トーマン」（湿地）であります。ことに谷と書いて「ヤ」といい「ヤツ」といいまたは「ヤト」といいますのは明らかにアイヌ語の「ヤチ」（湿地）でありまして、関東諸国にむやみに多くある地名です。現に奥羽には「ヤチ」という固有名詞も普通名詞も所々にあります。さてこの事実はいかなることを意味するかと申しますと、我々の祖先は現にアイヌの祖先が居住して居るところへ後から入って来て、アイヌの経済生活にはあまり大関係のない谷合の卑湿の地を占有して田を開きその附近に住居を構えたということを想像させるのです。一寸人は蝦夷を追いこくってその空地へ日本人を入れたかのように想像して居りますが、彼らと雑居することとやや久しくなければ決してこれらの名詞を受け伝えるはずがありません。従って全国の蝦夷がことごとく北海道へ立ち退いたことあたかも台湾の隘勇線の前進が生蕃を押し出すと同じかったとは思われません。奥羽の辺柵で田村将軍が武威を耀してから後も、ずっと内地の関八洲の山地などには蝦夷と日本人とが境を接して居って、長い間平和なるまたは武装的の交渉が絶えなかったかと思われます。

我邦ではいわゆる神代の歴史にも見えず延喜式その他中古の記録にも見えずまた後世の勧請でもない小さき神社が非常に沢山あります。ことに「ホコラ」と称する小さき社または単に神ありというのみで社も何もない場所が、いずれの地方でも沢山あります。関東では「ネノ神」「十二ソウ」「テンパク」などいう神々もありますが、全国を通じて最も単純でかつ最も由緒を知りにくいのは「荒神」「サイノ神」「山ノ神」であります。仏教でも神道でも相応に理由を付けて我領分へ引き入れようとしますが。いまだ十分なる根拠はありませぬ。それだけにまたこの神々の起原の新しくないことが想像せられます。「山ノ神」は今日でも猟夫が猟に入り木樵が伐木に入り石工が新たに山道を開く際に必ずまず祀る神で、村によってはその持山内に数十の祠がある。思うにこれは山口の神であって、祖先の日本人が自分の占有する土地といまだ占有せぬ土地との境に立てて祀ったものでありましょう。元来神の社に注連《しめ》を延《は》えるのは人の田や屋敷に牓示を打つのも同じことで、その境内を侵さぬことは大和民族の厳重なる慣習でありました。奈良の春日山や信濃の諏訪の社が草原の真中に鬱然たる杜《もり》を成して居りますのはすなわちこの結果であります。「サイノ神」や「荒神」は今日の有様では社を立てた趣旨の不明に成ったところもありますが、つまり皆日本人の植民地と蕃界との中間に立てた一種の標識であって、しかもその神々は先方の所属であったが故にその名称からも伝説からも由来を説明することが困難なのではなかろうかと思います。山の神は人の形をして丈高く色赭く眼の恐ろしく耀いている神で、おりおり山中でこれに逢った者があるという口碑は今も各地に存して居ります。

また「シャグジ」という神がある。東海道の諸国では古来各村に祀って居ります。あるいは「三狐神」と書いて御食神《みけつのかみ》だという説があります。あるいは「赤口神《しゃつくじん》」で陰陽道から出たものとも申します。近年はまた人類学会の先生たちが二三の地方で「シャグジ」を石神と書きまたは「イシガミ」という神もあるところから、先住民の遺物なる石器を祀る者だときめておられますが、共に安心して承伏することが出来ません。ことに第三の説はすぐに反証が挙げられます。多くの「シヤグジ」は現に石器を神躰にしてはおりませず。「シヤグジ」「サグジ」という地方は多くて「シヤクジン」というところは少ないのです。つまりこの神も蕃神でありましょうが、その「サイの神」「荒神」「山ノ神」「天白」などとの関係異同は今日となってはよくわかりません。しかし駿河などには「シヤグジ」は土地を守る神だとかまたは土地丈量に用いた器具を埋めた場所だという伝説があります。荒神も三宝荒神などといって今は竈の神のように思われておりますが、地方では山神と同じく山野の神で。神道の盛んな出雲国などにも村々に沢山あります。荒神の荒は荒野の荒でありましょう。「シヤグジ」という地名は西は肥前の海上にもあって全国に普及した地名であります。精進《しょうじん》という地名もきっと「シヤグジ」と関係があるだろうと思います。(終)

『山岳』(第四年第三号、本欄、明治四十二年十一月三日、日本山岳会事務所)

怪談の研究

◎真似の鑑定

怪談には二通りあると思う。話す人自身がこれは真個《ほんとう》の話だと思って話すのと、始めからこれは嘘《うそ》と知りつつ話すのとこの二通りある。前者は罪が浅いが、後者は嘘と知りつつ真個らしく話すのだから罪が深い。のみならず嘘を作った怪談は聞いても面白くない。たとえば怪談書として有名の『新著文集』『想山著聞奇集』『老媼茶話《ろうおうさわ》』『三州奇談』などにしても、前の三つはいいと思うが、後《あと》の一つはどうも嘘をまことしやかに書いてるように思われる。しかし私は口広いことをいうではないが、今大抵の怪談本は真個を書いたのか、嘘を書いたのか鑑定出来る。

支那《しな》からは沢山有名な本が出来ているが、どうも嘘を書いたのが多くて困る。日本《にほん》でもお伽書《とぎしょ》の出来た徳川の初期、四代将軍頃《ごろ》には種々の怪談本が出来たが、皆支那からの焼き直しである。この焼き直しは読んでみて誠に興味が少ない。また一番鑑定しやすい。最も同じ嘘を書いたものの中《うち》にも全部嘘のものと、半分嘘を書いたものとがある。上田秋成などのは一寸《ちよつと》真個らしく書いてあるが、その材料はすぐ嘘ということがわかる。しかしこれは嘘としてその通り隠さずに書いてあるから未《ま》だいい方で、『雨月物語《うげつものがたり》』のごときその一つである。またポーのごとき、我が泉鏡花君のごときも嘘には違いないが、小説的に嘘を嘘として隠さずに書いてあるからいい。

また怪談として有名の話で、その所と名前が変わったばかり、いずれの国へ往《い》っても同じ怪談を聞くことがある。たとえば『何時何時《いついつ》ある長者が金を埋《うず》めに往って殺された』とか、あるいは『朝日さす夕日輝く木《こ》の下《もと》に、黄金千倍四千倍』とかいう歌のごときことは、いずれの国でも皆よくいってる話である。あるいは『この塚には云々《しかじか》のいわれがある』など旅行の際よく聞くところだが、実際聞いてみるとその話はその地にのみ限らずいずれの国にもあるような、形式の調《ととの》った、ただ地名と人名とのみ換えたような同じ話がある。かくいずれの国にも言い囃《はや》されている怪談《はなし》は聞いても価値なく、また珍しくない。

◎嘘を加味した怪談

怪談には全部嘘のものも少ないが、また全部真個のものも少ない。少し宛《ずつ》は大抵嘘が入っている。『こういうことが丑《うし》三つ頃にあった』という。その丑三つというのは中に立って話す人が、ことに丑三つといって凄味《すごみ》を思わせるために作るのだから大《おお》いに興味が減る。

何も丑三つに限ったことではないが、話す人はわざと丑三つというのである。この通り実際ありの儘《まま》の怪談というものは少なく、多少皆嘘がある。ジェネラル、ファクトという中にも大抵三分の一ないし四分の一は嘘が入っているもので、全部嘘なら嘘とわかるが、少し許《ばか》り嘘が入っているのはどこが嘘か一寸解《わか》らぬ。

『北越雑誌』という越後《えちご》のことを書いた本に、『妙高山に山男が住んでいて、それは山の小屋の中に入っている。この山の小屋の中に入っている山男はいかなることがあっても、里へ出て一切話はせぬことにしてある。ところがある日この山男が里に出て来たのを、高田の男――これはこの話をした男――が見た。顔は黒く、髪は長く蓬々《ぼうぼう》として、裸体《はだか》で一寸見てもゾーッとする様な顔をして熊《くま》を二疋《ひき》連れていた。そこで高田の男がそんな裸体でいるよりその熊を殺してそれを着たらいいだろう。こういうと山男はその儘黙って帰って往った』此処《ここ》までは別に嘘にも思われぬが、『その翌々日件《くだん》の山男はいった通り熊の皮を剥《は》いだままのを着て、再び里へやって来た云々《うんぬん》』と書いてあるが、如何《どう》もその後《あと》の方は嘘としか思えぬ、かく半分真個で、後半分が嘘らしい話は嘘だからといって半分切り捨ててしまうわけにはゆかず、価値ない話になって了う。

とにかく、近世明治になってからの怪談書許《ばか》りでも百種はあろう。また種々の随筆の中に一つ二つ交っているのも数百種はあろうが、その中《うち》純の純なるもの少しも嘘のないものは誠に少ない。しかし私はその純の純なる物許り撰《よ》って蒐《あつ》めている。これには無論鑑定眼も要るし随分骨も折れるがその代わり非常に面白い。嘘の入らぬ純の純なるものには何ともいわれぬ好《い》い味のあるものがある。

◎怪談の書物

ついこの頃私の友人が、播磨《はりま》の国の『西播怪談実記《せいばんかいだんじつき》』という本を送って来た。この本には少しも嘘がない。また『老媼茶話』の中にも嘘のないいいのがある。また『五百石』という本にも真面目《まじめ》のものが多い。

支那から出た怪談本は随分数多くあるが、どうも文を巧みにして材料に嘘のが多くて弱る。袁随園《えんずいえん》という人の『子不語《しふご》』などは全部こしらえもので、聊斎《りようさい》という人の『聊斎志異』などいう本も真面目の様に書いてあるが、その実嘘が書かれてある。これらに比すると紀暁嵐《きぎようらん》という人の『閲微草堂《えつびそうどう》』五種という本は、すっかり真面目のこと許り書いてある。この書は先生の随筆五種を蒐めたもので、何んでも先生が支那の北部に往っている頃、聞いたり見たりしたことを残らず書いたものである。もし嘘と思われるのには、『これはどうも疑わしい』と忠実に断り書きがしてある。また事実談と称して嘘を書いたものはよく解るもので、興味も少ない。この外支那にはこの種の書物は驚くほど沢山あるが、私はこの頃世間でよくいう妖怪談《ようかいだん》にはさして興味を持たず、また不思議とも思って居らぬ。故に私は普通の妖怪でなく重に山男について研究し材料を集めている。

◎神隠しの国

日本のごとく俗にいう神隠し、女や子供の隠される国は世界中あまりない。これが研究されていかなるため か解ったならさぞ面白いだろうが、今のところ研究されていぬ。また同じ日本にしても、この神隠しの非常に多い地方と少ない地方とがある。金沢《かなざわ》などは不思議に多い地方で、私は泉鏡花君の出たなどは偶然ではないと思っている。とにかく金沢は多い。また彼処《あすこ》くらい子供の紛失《な》くなる地方は珍しい。ために金沢では夕方子供を外に出すことはすこぶるやかましい。決して夕方は遊びに出さぬ。

重に日本では妖魔——天狗《てんぐ》仙人のごときは山に属しているものとし、これが普通と思って更に怪《あや》しまぬようだが、西洋の魔所は決して山のみに限られていない。平地もあれば河もあるが、日本のは山も大抵深山に多しとしてある。それはともあれこの神隠しといって、どこへともなく女子供を紛失《ふんしつ》するのは確かな事実で、日本にはいずれの国にもある話である。

この神隠しに逢《あ》ってすぐ戻って来たのは、私の知っている事実談の中にもよほどあるが、しかし大抵は精神が茫《ぼっ》として、馬鹿《ばか》となるか、妙なことをいってるのが多い。あるいは天狗にさらわれたとか、仙人に連れられたとか、人はこれを豪《えら》いことのように思うが、これは精神が茫っとして頭が変になっているからそうも思われるであろうが、決して神隠しに逢って妙なことをいうからとて豪くなったでも何んでもない。

高山平馬という男が、私の知っている下谷御成街道《したやおなりかいどう》の山崎という家《うち》にいたが、この男が嘗《かつ》て常陸《ひたち》の筑波山《つくばさん》に神隠しとなっていたというので、種々聞いてみたがどうも嘘のことが多い。また紀州のある針医者の子が長く山に隠れていたことがある書に書いてあるが、これらの者の話を聞いてみると更に共通の点がない。少しも似た点がない。どこか少しは似寄ったことを言いそうなものだが、そうでない。これらは果たして真個に神隠しに逢ったのかどうかすこぶる疑わしい。

◎山男は山に住む者

しかし神隠しということのあるのは争われぬ事実で、また神隠しに逢って帰って来たという者は誠に少ない。十人の中《うち》一人もあるかないかである。最もその晩かその翌《あく》る日帰って来た者は沢山ある。私の郷里播州などにも沢山あるが、三年五年十年と経《た》って帰って来た者はほとんどない。

これは山国の方には、いずれの地方にもよくあることで、紛失くなるとすぐ太鼓を打って捜しに歩くが、なかなか容易に見つからぬ。井上円了さんなどにいわせると、その間発狂していたに違いないというだろうが、しかし十日なり一月なり生きている中《うち》は飯を食わねばならぬが、その飯はどこで食ったか、まさか食わずに生きてる道理がない。これが不思議である。

近頃、『西播雑記』の中《うち》に一年半許り帰って来なかった者が、急に山の上で今戻って来たと騒ぐので往ってみたが、そこにはもういなかったということが書いてあったが、これらも真個に帰って来たのかどうか解らぬ。とにかくこの神隠しは日本特有のもので西洋にはほとんどない。金沢などでは今も大抵三組四組の捜索隊に毎晩出逢わぬことはないと、ある按摩《あんま》がつい近頃私に話したくらいである。もうよほど前《せん》であるが、支那人がよく子供を連れて往ったという話が一時盛んにされたが、それがため皆紛失くなったとは思われぬ。あるいは実際支那人に誘惑《かどわ》かされたのもあろう。あるいは不図《ふと》川に落ちてその儘不明になったのもあろう。あるいは自ら姿を隠したのもあろうが、決してそればかりではない。私の考えでは確かに山男が里に出て来て連れ去るものではないかと思う。

そしてこの山男というのは、日本に住んではいるが、日本人と全く人種が異なり、山に生まれて山に死す我々と異《ちが》った人間が、山奥に住んでいるのではないかと思っている。

（『中学世界』（第十三巻第三号、明治四十三年三月十日、博文館）

山人《やまびと》の研究

日本語としての山人という言葉は古くからあった、それが、いろいろの意味に用いられ、歌なぞでは仙人と使われて居るし、また、天狗という意味に使うのを山言葉として忌んで、山人と使っても居る。そして天狗と山人とを同じ意味に現在でも使って居るところがある。またところによっては山に居る住民として使って居る。しかし、これなぞも意味を誤って居るので、本当の日本語としては、我々社会以外の住民、すなわち、吾々と異った生活をして居る民族ということに違いない。本来の意味がそれであるという証拠は沢山ある。王朝時代の記録に散見して居る山人は、正しくそれである。

吾々日本人の歴史がだんだん正確になっていくに転比例して、この山人の歴史はだんだん暗くなっていく。近代の地方誌を見ると、山人という者を、獣類の中へ入れて居るものが沢山ある。現に、和漢三才図会の中には、獣類の中に入れて居る。あるいは、化物の中へ入れたいのだけれども、地方誌にはその部類がないからそれで獣の中へ入れたのかも知れぬ。

しかるに、今から千年も前には、この山人というのは日本語では確かに人類を意味して居た。日本人の生活して居る部落から、隔絶した山中に住して居る異民という意味であった。そして丁度、台湾の生蕃の頭目《トウモク》がおりおり総督府へ出て来るように、また、南清の苗族が地方官のところへ出て来るごとく、毎年定めの時期に、京都の朝廷へ敬意を表しに出て来たものである。それは、主として神事と関係して居て、延喜式などを見ると、祭の儀式の中に山人が出て来て、庭火を焚いたり、舞いを舞ったり、また、歌を歌ったりしたことが分かる。後には山人が来なくなったので、朝廷の役人を山人に擬して、その役を勤めさしたものである。

しかし、それより今一段古い時代になると、山人に一々名が附けられて居た。すなわち、その中で有名なのは土蜘蛛だとか、蝦夷《えぞ》とか国栖《クズ》とか、佐伯《サエギ》とか、その外にまだ沢山あるが、名は違って居ても、それが共通の人種であったか、あるいは、名と共に人種まで違って居たか、今でも議論があるところである。けれども、土蜘蛛というのは古風土記を見ると九州の果てから、奥州にまで住んで居たことが分かる。もし、名の異ったそれらが、同じ民種であったならば、然う方々に広がって、同じ名があるのに、他の名の出来る余地はないから、恐らく名の異なるに従って、髯があるとかないとか、その民種に多少の違いがあったことと思われる。

日本書紀に、追えばすなわち山に入るというようなことが書いてあるけれども、山人という名は、上古には見えない。その時代にあっては、今の日本人、すなわち大和民族も少なかったので、山人も平地に住んで居たのだから、山人という名のないのももっともであるが、その時代には総括して国神《クニツカミ》と呼んで居た。国神《クニツカミ》の中には、早くから大和民族と和睦して、差し支えのない限り自分たちの昔から住んで居た地を譲歩して一隅へ退いた者もあるし、また、何時までも大和民族へ敵対して、衝突して居た部分もある。

これは、正に台湾の蛮民に、生蕃と熟蕃との二通りあるのと同じことで、すなわち古代の熟蕃は、民族としてはまず滅びて了った。それは、大和民族と平和な交際を続けて居たために、血液も、習慣も混交して了って、民種としては勢力の強い大和民族の方へ同化して了った。これに反して生蕃の方は、圧迫を受けつつも、今までもその民族の命脈を保って居て、幽かながらもその消息を知ることが出来る。

この山人のことを、古い時代には邪神とか、悪神とか、または荒神とも書いて、いずれも荒ぶる神という。神という言葉が今日では、人間でない者という意味になったけれども、古い時代には神と人間との区別が、然うはっきりとして居なかった。例えば人間でも何々の神といえて、いくらか高い位地の人には皆かみという名称が付いた。だから、国神《クニツカミ》とか、荒ぶる神とかいうのは、今の台湾の頭目《トウモク》とか、または酋長とかいうような意味であった。

その荒ぶる神というのは、思想の内容はだんだん変形して来たけれども、今の荒神という言葉の起こりはそれからである。荒神というのは決して外国から来たものではない。荒神の社会的に勢力のあるのは、日本ばかりである。ところで、私どもの調べてみたいと思うところはその荒ぶる神の内容と歴史である。すなわち、その荒ぶる神の内容はどうなったかということである。

それを調べてみるのに、大和民族の文明が段々進歩していくと転比例に、荒神の文明は退歩して居る。今の山人よりか、山人の祖先の昔の荒神の方が、遥かに高い生活程度にあったと思われる。それで、以前は少なくも、印度の半島に英吉利人と雑居して居る旧印度人と同じくらいな地位に居た国神《クニツカミ》が、今は獣の部類に名を掲げられるように零落した。それというのは、民種としての生活力の間に、あまりの差等があったために、長い間の拮抗を続けることが出来なくて、優等なる部分から漸々混交し、または絶滅したからだ。

これだけのことは、私共にはほとんど疑う余地がないのだが、これに対して、人々が疑いを挟む点を予め弁明しておけば、常に孤立の生活を営んで、ついぞ集合生活をして居たという事実がないのに、どうしてその種を保存して来たかという問題である。それが、人の一番信じられない疑問の一つだと思う。

しかし、これはさほど難かしい問題ではない。一体、日本ぐらい婦人や、子供のいわゆる神隠しに逢うところはない。これは、大江山の酒呑童子や、鈴鹿山の鬼以来、婦人や子供を奪い去るのは、彼らのほとんど国是ともいうべきもので、一面においてはその生殖の慾を満たし、かねて血統を存続させるためには、常に配偶者の供給を、掠奪によって平地の住民から仰いで居たに違いない。言い換えてみれば、二千年来の敵人種であるにもかかわらず、山人の血は吾々の間に混交し、また、吾々の血はやはり彼らの中間に混じって居る。

私どもの知って居る範囲においては、西は九州の南端から、東は奥羽まで、全国到るところとして、山人に対する、多少の消息を聞かぬところはない。ところによっては、それを山の神というところもあれば、あるいは山男、山女といったり、また、山童《ヤマワラワ》といったり、山姫《ヤマヒメ》といったり、山丈《ヤマジョウ》といい、山姥《ヤマウバ》といい、あるいは、また、大人《オオヒト》ともいって居る。けれども、その記事は微細な点まで符合して居る。憖《なま》じい学問のある者は、これを神霊といったり、または天狗といったりして居るけれども、中には宗教家のためにする説もあったり、それから迷信家の幻覚もあるであろう。しかし、少なくもその現象の一部分は、この山人の消息と見て差し支えない。

簡単にこの人種の風采を話すと、女は皆色が白くて髪が長いとある。けれども、髪の長いのは結ばずに置けば自然長くなるし、肌の白いというのは、山中で裸の女に逢えば、大抵白く見えるから、これは別に特色とはいわれないが、男の方は丈が日本人よりは高くて、それから目の光りが強い、肌の色は赭味《あか》が勝って居るというのが、最も普通の記載である。

ここに些っと不思議なのは、神代の歴史に見えている猿田彦命の記事が、ほとんど全部現代の山人の想像と符合して居ることである。この神は、国史には正しく国神《クニツカミ》とあって、吾々の祖先が移住の当時における、最初の帰順者なのである。而して、当時の猿田彦命は、言語応対ともに立派な一個の紳士であったけれども、今日山の中に漂泊して居る少数の国神は、ほとんど衣食住の工面も出来ず、天産物を生で食って、たまたま、平地人の影を見れば、野獣と同じく潜み隠れるという、哀れむべき境遇に陥って居るのである。

以上は山人という者に対する簡単な話であるが、それに逢った例の短かいのを二つ三つ話してみる。

山人の一番多く住んで居るのは静岡の安倍川の上流である。どこの山でも、山の神の祟りを恐れて、木樵も、猟師も行かぬところがある。別に怖しいことがあるのでもない、ただ、石を投げ付けられる。石を投げるくらいは、何も神でなくても、猿にでも出来ることだ。

越後のある山の傍に一軒家があった。そこの人々は皆どこかへ行った留守に、主婦が一人残って縮みを織って居ると、窓の傍で跫音がする。開けてみると、背の高い、目の鋭い、肌の赭い年とった山人が立って居た。中々の暢気者で、のそのそ家の中へ入って来て黙って櫃《ひつ》を指さすので、主婦が握り飯をこしらえてやると、喜んでそれを食って帰った。それからは時々家の人々の留守を見計らっては来る。その中に、次第に馴れて心やすくなって了ったということである。

これも同じ越後で、山の中に二三人が毎日仕事をしていた。ある日焚火をして居ると、その傍へ腰のあたりに木の葉を綴った山人が来て同じようにあたる。一二時間温まると、黙って行って了た。度々来る中に、物は言わないけれども馴染みになって、ある時その一人がその山人に向かって、「貴様は腰にへんなものを巻き付けて居るのは恥ずかしいことを知って居るからだろう。また火にあたるのは寒いからだろう、何故獣の皮を取って著《あらわさ》ないか。」と言うと、山人は黙って聞いて居たが、ふいと去って了った。そして、その言葉が分かったとみえて翌日は二疋の山羊を殺して持って来て、その人々の前へ置いて指さすので、早速小刀で皮を剝いてやる、と翌日はそれを藤蔓かなんかで編んで著物に著《き》て来た。けれども、生の皮だから乾くに従って縮んで了う。それで、張り付けて、鞣《なめ》すことを教えた、小刀を一本与えると、山人は喜んで去ったとある。

この話は少し怪しい。一体、山人は自分では言葉は使えないけれども、こちらのいうことはよく聞き分けるという。あるいは、吾々人種を掠奪していくので、自然と日本人の言葉を解するのかも知れぬ。しかし、そんなに複雑したことの分かる道理はないから、品物を見せたり、手真似をしたりして、そういう意味のことをいったのであろう。そこまでは事実と思っても好い。

また、ある地方では、木挽が、山人を使用したということもある。それは、山から木を負わして運ばせるので、金をやっても役に立たないから、握り飯をやる。彼らは非常に握り飯と、塩とを欲しがるということだ。しかし、先にやると食ったまま逃げて了うので、仕事をした後に与える。

これは東北の方のことだが、夕方谷合いのようなところを帰って来ると、その横の山にある宮の方から一人の大きな人が歩いて来るのに出逢った。すると立ち止まって何ともいえぬ非常に驚いた顔をしたが、急いで山へ馳け上った。それが、先にいった山人と同じように、丈の高い、目の鋭い、肌が赭かった。

また、あるところでは山人の移住するのを見た者もある、それは夜、ある街道を非常な速さで通る人がある。それが山人の容貌であった。それは、ある山に住んで居たのだけれども、その山が段々開けて来るに連れて、住むことが出来なくなって、外の山へ移る途であったのだ。見たのはただ一人であったけれども、沢山移ったかも知れない。

山人は力も強いし、それに走ることも早くて、今でも獣などを走って追いかけて捕えて居るらしい。けれども、外の獣と同じように、人間は弱くてもいろいろな道具を持って居ることを知って居るので、それで人間を恐ろしがるのだと想われる。（談）

『新潮』（第十二巻第四号、明治四十三年四月一日、新潮社）

第二章　山人論の変奏と展開

「山人論」を夢想していく時期の柳田には「境界」への執着がはっきりとある。「石神」についての複数の研究者との往復書簡からなる『石神問答』は、その目次に実は論旨が要約されている。それを一読すれば「石神」を柳田は先住民との「境界」と考えていることがわかる。明治期の柳田には一貫して「境界」への視線があった。その背景には「国境」を初めて意識せざるを得なかった明治国家官僚としての柳田の自意識の反映が一つにはある。「境界」のイメージは台湾における先住民族との植民地統治上の軍事境界線としての「隘勇線」と結びつき、山人論に混入する。その一方では被差別部落などのマイノリティや「サンカ」「八瀬童子」などへの多様な関心は非・稲作民、非・定住民の側からの民俗学という山人論が持っていた一つの可能性の萌芽としてもとれるだろう。山人論に隣接していたマイノリティの民俗学の再構築は今、改めて必要なのかもしれない。

石神問答（概要）

シャグジ、**サグジ**または、**サゴジ**と称する神あり
武蔵相模伊豆駿河甲斐遠江三河尾張伊勢志摩飛驒信濃の諸国にわたりてその数百の小祠あり
シャグジに由ありと見ゆる地名は一層分布広し
　本書の目的は主としてこの神の由来を知るにあり
シャグジは石神の呉音すなわち**シャクジン**なりということ現在の通説なるがごとし
石を神に祀れる社ははなはだ多し
延喜式の時代にも諸国に許多の石神社あり
近代においても石を神体とする諸社の外に社殿はなくて天然の霊石を拝祀する者あり
　吾人が天然の奇石と目する者の中にも場所形状において多少の人工を加えたる者あるべし
また多くの石像石塔あり
道祖神姥神子ノ神等も石神なり
単に**イシガミ**と称する小祠も今日なお多し

石神には対立の者多しシャグジにはこのことなし
　シャグジの名称は独立の事由に基くもののごとし
塩尻にはシャグジは三狐神の転訛ならんといえり
　この説根拠なし
稲荷宇賀神田ノ神等とシャグジとは併存せり
南留別志にはシャグジは赤口神なるべしと云えり
赤口赤舌は暦の悪日の名にして神の名に非ず
簠簋によれば大歳の門神中最も兇猛なる二神の番日を赤口赤舌といいて嫌忌する習慣ありき
　大赤小赤のシャクはむしろシャグジと同源より出ずというべきなり

地方によりてはシャグジをオシヤモジサマともいう
　これシャグジを杓子と唱うるがためなり
杓子を報賽とする社あり
杓子を護符とする信仰あり
　中古の思想においては杓子は霊物なりき

シャグジは道祖神なりという説あり
道祖神の祠は全国にわたりて現存す
サエノカミは塞神または障神の義なり
　道祖の祖はもと阻礙の阻なるべし
山中に道祖神祠またはこれに因む地名多し
　これを行旅の守護神となすは信仰の一転なり
　更に幸ノ神の字を用いるに及び信仰は再転せり
道祖神石を祀りまたは石を報賽とすることは今古を通じて異なることなし
道祖神早くより**サヒ**ともいえり
家の敷居を**サイ**という
サイという神名地名も古し
　サイはあるいは四方の義にて外国語にては非ざるか

道祖神の本地仏は地蔵尊なりという
　塞神祠と石地蔵は一体の両面なり
地獄変相中の**サイノカワラ**は近き世の思想に出ず
サイノカワラ及び**ショウヅカ**は現世の地名にして塞神に出ず

道祖神を縁結の神という
　この信仰シャグジにも移れり
この神の神体にはけしからぬ物あり
また報賽の具としても同様の事実あり
道祖神の神体に歓喜天を斎けるあり
古くは男女二神を奉祀して岐神と称せしこと扶桑略記に見ゆ
　クナドはサエと同じく防塞の義なり
門神も双神にしてかつ石神なり
儀軌の堅牢地神は歓喜天に似たり
　歓喜天を塞神と習合したるは障礙神の義に基けるなるべし
歓喜天または聖天は障礙神または象頭神とも称せらる
　象頭というは双神の容貌によれる名なり
象頭またはソウズという地名諸国の山地に多し
　右は仏徒が地鎮の祭を営みし場所なるべし
僧都殿という魔所ありしこと今昔物語に見ゆ

道祖神は猿田彦神なりという説あり
　右は衢神の古伝に基けるならん
猿田彦神は人望ある神なりき
この神を土祖神と称するは久しきことなり
猿田彦神に附会せる神は極めて多し
庚申を猿田彦神なりという
　庚申は道家の説に出ず
我国にては庚申を行路神となせり

ミサキという神あり
諸国の三崎に猿田彦神なりという者少なからず
　右は古事記の御前仕への記事に出ずるか
　猿田は**サダ**と訓み**サダ**と**ミサキ**とは同義なりしか
　鼻といい伊豆というもこの縁語なるか
海岬を**サダ**というところ伊予土佐大隅出雲にあり
　されど**ミサキ**は単に辺境の義にして昔は海角にのみ限らざりしかと思わる
　野の**ソキ**、山の**ソキ**の**ソキ**は**ミサキ**の**サキ**と同源の語なるべし

すなわちミサキは辺境を守る神の義なり

昔は四堺四隅の祭に道饗祭あり
道饗には久那度神を祀る邪神の侵入を防ぐなり
道饗祭漸く衰えて御霊会大いに盛んなり
京師には八所の御霊あり
御霊会は疫神攘斥の祈願を報賽するを目的とす
御霊は冤死者の厲魂を斎くといえり
御霊社は今も諸国に多し
アラヒトガミを御霊の義と解するに至りしこと久し
現人社という社あり

荒神の祠全国にわたりて多くあり
荒神とアラヒトガミとを混ぜしものあり
荒神山神の語は古くより正史に見ゆ
荒神を地主とする思想はむしろ本邦独得の発展なるべし
四方神としての荒神は稀にあり

八方神としての荒神ははなはだ多し
これを八面荒神八大荒神等と称す
荒神を竈神とする信仰の起原は不明なり
ただ竈神を祀ることは古来の風なり
漢土の竈神には庚申の三尸虫と同一なる信仰ありき
　日本の荒神には仏教道教の思想複雑に混同し来れるもののごとし
荒神にも双神の思想あり

山神は由来極めて久し
狩人樵夫石切金堀の徒共にこれを祀る
　新に地を拓き居を構うる者またこれを祀りて邑落の平安を祈願せしか
　山祇の信仰は世と共に発展したり
　山王及び日吉諸社は山神なるべし
日吉の大将軍社を岩長姫なりというはこの女神が大山祇の御娘なるがためなるべし
　姥神もまた山中の神なり
姥神の名には三種の起原混同せるがごとし

山姥は伝説的の畏怖なり
巫女居住の痕跡諸国の山中にあり
姥神はすなわちオボ神には非ざるか
姥石という石多し
石塚と土壇と相互に代用するはあり得べきこと也
列塚も一種の神並なるべし
立石次第に多く塚を築くの風止む
塚の名は何か意味あるべくしてほとんど凡て不明なり
塚には人を埋めざるもの多かるべし

諸国に十三塚と称する列塚あり
多くは邑落の境上に築きたるがごとし
一の大塚と十二の小塚とより成れるがごとし
この形式は出雲風土記神名樋山の石神に似たり
地鎮の趣旨に基くものなるべきは容易に推測し得るも何故に十三なるかは不明なり
大日を中心とする十三仏の拝祀は右と因縁あるに似たり
十二神の信仰は種々の態様をもって今日に伝わる

左義長の壇に十二の青竹を用いる
公家の左義長は正月十五日と十八日と再度あり
十八日の左義長には唱門師これに与る
唱門師は一種の巫祝なり金鼓を打ちて舞う
十五日の左義長は今もその式を民間に伝う
　左義長の壇は厄神塚に似たり
　厄神塚は御霊会の山及鉾の先型なり
　塚は定著の祭壇にして山及鉾は移動する祭壇なり
送り物の習慣は今日も塚と因由あり
信濃越後出羽にては左義長と同日同式をもって道祖神の祭を営む
武蔵の道祖神祭も正月十五日なりこの日社頭に松飾を焼くの風存するものあり
　サギチョウの語は舞踊の歌曲に出ずるか
　鷺宮という社ありこれも因由あるか
サギチョウを**トウド**という
唐土権現藤堂森等諸国に存せり
　森には塚または壇の遺祉なるもの少なからず

今日のいわゆる神道には輸入の分子なお多く存留せり
仏教はこれを取りて彼に入れたれども道教の信仰は自ら来りてこの中に混流せり
　ことに道教の渡来は仏教よりも古し
　八百万神の名のごときは陰陽師の所説なるべし
ただ道教の伝道には些の統一なし
公家また必ずしもこれを重視せず
　世降りては暦法も天文道も共に再び迷信の食物と成れり
道教の信仰は破片となりて海内に散布す
　しかもその威力は決して少小ならざりき
思うに結集以前の道教はその本国にありてもまたかくのごとく錯雑なりしものならん
日本にても道教第二期の隆盛は最も思想の統一を欠きたる足利時代にあり
　この時代には仏教も既にこれを利用して自家の勢力を張るの具となすことあたわざりき
しかれども道教の方は却りて仏教によりて立たざるを得ざりし也
要するに右二種の宗教は癒著して一畸形をなせし也
　いわゆる両部神道なるもの実は三部の習合なり

蕃神信仰の伝播には古来鉦鼓歌舞の力を仮りし例多し
御霊、設楽神の類皆これなり
　これ恐らくは古シャマン道の面目なるべし
公の記録にも渡来神の記事すでに多し
　この他漸をもって民間に入りし者更に多からん
大年神の記事は旧事本紀に見ゆ
その十六の御子神というは各種の信仰の集合なり
　古事記中の同文は攙入なりと信ず
竈神、山神、田神、宅神は皆この中に包含せらる
　聖神は暦法より出でたる神ならん
　大年神は大歳なるべし
後世大歳の信仰衰えてこれを八王子の一となす
八王子神は日吉にも祇園にもつとにこれを説けり
　ただこれを牛頭天王の子とし天王を素盞嗚尊なりというがごとき説は存外近き世の発生なり
　祇園牛頭天王縁起及び簠簋内伝は共に足利初期に成れるに似たり
もっとも素盞嗚尊を行疫神なりということはその以前より存在せし説なり

篳篕の八王子神の名目はまた雑駁なる集合なり
暦の八将神はすなわちこれなり
また八竜王に配し古史の五男神三女神に附会す
凡て八の数の思想に基きて作り上げたる説なり
八王子の中にも大将軍神は孤立して特色を有す
洛東の将軍塚はこの信仰に出ず
諸国に将軍塚あり信濃なるは山頂の列塚也
大将軍は閉塞を掌る神なり
勝軍地蔵はまた同一系統に属するか
地蔵は仏教にても地神なるがごとし
武家時代に及び文字に基きてこれを軍神として崇敬せり
守宮神守公神もまた文字に因みて信仰せられしか
二三の国にては国府の地にこの社存せり
将軍塚と守公神とは因由あるか
また司宮神主宮神四宮神と称する神もこの神なるべし
地名には**ソクジ**、**スクジ**というものあり同じ神の旧祭場なるべし
守宮神司宮神等はすべて当字にてもとは**ソコ**の神すなわち辺境の神という義なるべし

十禅師は注連神にしてまた防境の神なるか

釈日本紀には塁または塞を**ソコ**と訓めり
倭名鈔にてもまた同じ訓あり
ソコは**サキ**、**ソキ**、遠**サカル**、裂**ク**、避**ク**などと同じ語原より出ずと信ず
塞、柵共に漢音にても**サク**なり
アイヌ語にても**サク**に界障の義あり
古き我国の地名にも佐久郡佐久山佐久島佐久間などいうものははなはだ多し
サクには我国にても辺境の義ありしに似たり
延喜式の諸国の佐久神社は塞神のことならん
而して佐久神はすなわち今日の**シャグジ**なるべし
シャグジを土地丈量に因縁ある神なりという口碑あり
延喜式臨時祭の巻に障神祭あり
障の字あるいは鄣と書す塞と同義なり
障神はすなわちまた**サエノカミ**なり
諸国に何障子または障子何という地名多し
障子はすなわち障の神を祀りし場所なり

あるいはこれを精進、精進場などと書す転用なり
精進は**アイヌ**語に出ずという説あり
我民族の国を建るや前には生蕃の抵抗あり後には疫癘の来侵あり四境の不安絶えずすなわち特に地神の祭式に留意し境界鎮守の神を崇祀したる所以なり
三十番神の信仰これに基く
門客神の斎祀また盛んに起これり
日を忌み方位を択ぶの法は道家つとにこれを教えたり
しかれどもこれと共に厭攘の祈願、防護の悃請を神に掛くるは最も自然の業なり
而して石をもって境を定むる本邦固有の思想は塞神の信仰に伴いて永く存続することを得たり
いわゆる神護石の保存もこの結果なり
石棒石剣のごときはことに霊物なり
仮に和合神の信仰に混ずることなくとも神として久しく幽界に君臨すべきものなりき
故に**シャグジ**は石神の呉音に非ずとするもこれを石神と称して些も誤謬なし
赤口神の説牽強なりといえども義においてはすなわち通ぜり

『石神問答』（明治四十三年、聚精堂）

「イタカ」及び「サンカ」　＊　一〜三

「イタカ」及び「サンカ」

七十一番職人尽歌合の第三十六番にイタカあり。エタと組み合せたり、その風体を見るに塗笠を被り覆面して坐せり。手には短き木の卒都婆を持ちてこれを高くさし上げ「流れ灌頂流させたまえい々」といえるところなり。而して歌の文句にも「如何にせん五条の橋の下むせびはては泪の流れ灌頂」とあれば恐らくは彼の橋の下に坐して往来の人々に灌頂をすすむる所を画けるものなるべし。

また同じ条の月の歌の方は「文字はよし見えも見えずも夜めぐるいたかの経の月のそらよみ」とあり。判の詞と合せて考うればイタカは学問もなき賤者なれども経文を暗唱して物を乞いありくと見えたり。歌合の画は伝写本なればおぼつかなけれど僧衣を着てあるもののごとし。運歩色葉集には似仏と書きてイタカと読ませたり。よって思うにイタカは鉦打または鉢叩などと同じく半僧半俗の物貰にて仏教の民間信仰に拠りて生を営む一種類には非ざるか。これよりすこしくこの問題を攻究せんと欲す。

イタカの初見はいずれの時代にや。ただ今知れる限りにては看聞御記応永二十三年七月十六日以降数箇所の記事に阿波ノ法師と称する者あり、その徒と共に山城桂地蔵の霊験を仮托して人を欺き財を貪りついに召捕られたることあり。この僧実は阿波国住人には非ずある者これを罵りてイタカめと呼びしこと見ゆといえり。右の御記の文はいまだ自ら見ずただ桜井秀氏より伝聞せしものなり。

イタカの語義については後に臆説を述べんとす。これに充てたる文字は一様ならず。節用集には居鷹者とあり。運歩色葉集には為多加、移多家などともあり。また似仏百面者ともあり。最後の百面者はイタカの性質を明らかにするためには重要なる鍵ならんもいまだ説を得ず。

新編相模国風土記によれば小田原町古新宿に住する神事舞大夫天十郎大夫なる者は以前伊豆北条の四日町に住し小田原北条家の特別の保護を受けたる旧家なり。この家は浅草の田村八大夫由緒書にも見え江戸幕府初期における関東巫覡の管長なりき。所蔵の古文書というを見るにまず大永八年の下文には舞々イタカ陰陽方より役銭取るべきもの也云々とあり。次に天文二十四年永禄九年天正三年同十四年等の文書には「致卜算移他家唱門師の類は大永八年の証文の旨に任せ舞々の下に之を附け了ぬ」と見ゆ。右の致卜算は恐らくは「ウラヤサンヲイタス」と読むべく移他家及び唱門師は共に卜占を業とし村々を廻りし者にして戦国時代には往々これを細作間諜に利用する者ありしより信用ある土着の舞々大夫をしてこれを支配せしむるの必要ありしなるべし。同家文書の中にも「自今以後堅く相改め不審の者あらば申上ぐべし」などとも見ゆ。

　イタカという称呼の行われしは少なくも西京附近にては存じの外短期にして近代は物論罷みてあり。上方にていう「クチヨセ」または「タタキミコ」は関東にてはこれを「イチコ」といえり。イタカとイチコとは語原を同じくするらしくかつ両者相似の点多きこと次に述ぶるがごとくなれど彼をもってこれの転訛と断ずるは不可なり。イチコという語は古くより存す。吾妻鏡巻二治承五年七月八日の条に「相模国大庭御厨の庤の一古娘召に依り参上す」とあり。この一古はすなわちイチコなり。庤は「カンダチ」すなわち神館にして巫覡の居処支那にていわば道観などに当たるべし。

　奥羽にては近代までイタカあり。新編会津風土記若松城下の条に曰く、イタカ町。今もこの町の者をばイタカと称し他の商賈と混ぜず。常は飴を煉りてこれを販ぎ年の始には夷《エビス》、鍾馗、毘沙門などの画像を城下及び村里の家々に配りかつ祝詞を唱う。その詞の中に「かほど目出たき御大黒祝い申候ては、戸に立てはキチョウテン護りの御経に疑無し、棟に押しては火伏となり舟の中にては云々」ということあり。また常陸国誌には会津の人佐藤忠満の言を引きイタカは大黒の神像を配り大神楽を業とすといえり。いずれにしてもその業体の唱門師または大黒舞の徒とよく似たるは争うべからず。

　活版本和訓栞の頭書には同じき佐藤忠満の説として左のごとく記せり。会津にイタカと云う種類の民あり。公役として城中を始め処々の草を刈らする也。平民と同火を忌むことはなけれども良と混ずることなし。ただし穢多は別にまた一種あり云々。

会津のイタカの家に蔵する寛永年中の古文書あり。上銭受取の証文にして宛名を「エビス大夫中旨?」と記せり。エビスという賤民は常陸にも住す。水戸の台町にその部落あり。竈神または夷神の神像を配るを業とす。鹿島の宮中村にもエビス十戸ほどあり。近世に至るまで人賤みて通婚せず。良と軒を並ぶるあたわず凡て町のはずれに住居す。また足黒村に住する者あり。新安手簡によれば金砂山の田楽の徒もまたこれをエビスと称するよし。以上は新編常陸国誌に見ゆ。この徒をエビスと称するは戎神の神像を配るがためにして大黒舞というもまた舞々の大黒像を配る故の名なると同じかるべく蝦夷のエビスとは直接の関係なきならん。会津のエビス大夫もイタカの旧称には非ずして二称兼用なるべしと信ず。

会津のイタカは口寄せの業をなさざるがごとし。これを業とする者は別にこれを「ワカ」といえり。今日にても福島県にては一般にこれをワカと称す。ワカはすなわち若神子なり。若神子は若宮という語と同じく巫覡は神の血統上の子孫なる故に常人よりは一段神に近く神意を仲介するに適すと信ぜし思想に基きたる名称なり。これは主として婦人の職業にして単にミコともいいまた梓神子とも称す。梓は古き語なり。あるいはまた大弓ともいう。梓の弓を手にして神霊の言を伝うればなり。口寄せという語は最も古くすでに台記の久寿二年八月二十七日の条に見ゆといえり。

梓神子若神子はイタカとは一見関係なきがごときも東国において通例これをイチコと称すること年久しくかつイチコとイタカと二語の相近似することを考うればしかく単純にこれを看過することあたわず。前掲常陸国誌にこの者を「モリコ」と呼びまたは大市小市なとど称することを記しその次に曰く東遊雑記によれば津軽にては婦人の神を祀る者を「イタコ」と呼べり市子の訛なるべし。そのイタコは「オシナ」または「オシラ」と称し桑の木にて作れる棒に絹布など被せて幣帛のごとくなしたるを神明として祀ることあり。イタコの神を祀るを遊ばすという。而して常陸などにて市子をモリコというもまた守護の義なるべし云々。

奥州のイタコのイタカと同じ語なるべきはほとんど説明を要せず。イタコと称する婦人は今日も岩手青森秋田の三県などに多く存す。青森県方言訛語（明治四十年出版）に巫女のことを津軽にてはイダコ、南部にてはイタコというとあり。南部方言集にも巫女《ミコ》をイタコというは徳川時代に常陸潮来《イタコ》より流行り始めたる潮来節と関係あるかといえり。これは単に一臆説に止まりいかに関係あるべきかないしは常陸の潮来の地名はいかにして起こりしかについてはもとより何の考えもなかりしものと見えたり。

東北のイタコについてはいまだ十分の報告を得ざれども口寄せをもって主たる職業となすこと東京辺のイチコと同じくなお卜占をもなすがごとし。外南部大畑の人堺忠七氏曰くイタコと云う女子は珠数の玉を数えて占をなす。若き頃身の上を占問いしに御身は珠数の玉にも乗らぬほど遠きところより妻を娶るなるべしといいしが果たしてその言のごとし云々。

陸中遠野の人佐々木繁氏曰くイタコが神を降す時の辞は常に定れり。「アヤ、中々心掛ケテノ大願カナ、心尽シノ梓カナ、梓ニ呼バレテ物語スル」云々。この詞は節調に相異はあらんもほとんど梓神子イチコの文句と同じき也。また曰く上閉伊郡土淵村大字柏崎に名誉の老イタコあり。浜の方へ頼れて口寄せに往きし時若者共横槌を物陰に吊し置きてイタコの術を妨げんとしたり。イタコ弓を取れども更に神の寄らぬ故、ア、これは誰か悪戯をしたなとやがて口の中に呪文を唱えたれば椽の下に匿れし若者二人たちまち死す云々。

同氏また曰く陸中東磐井郡地方にてはイタコをオカミサマともいう。神がかりの折にはオシラサマの男体を左の手に女体の方を右の手に持ち打振り打振り物語をする由云々。

イタコの徒がオシラ神を奉祀することは常陸国誌の説前に掲ぐるところのごとし。この神の形像並にその由来に関する諸説は卑著石神問答及遠野物語にほぼこれをいえり。この神の行わるるは仙台附近を南の境とすと聞くも越後中魚沼郡田沢村大字市ノ越分にも「大シラ」という地名あれば必ずしも信ずべからず。北方においてはアイヌまたこれを信仰す。彼と我といずれが先なるかは容易に決し難き問題なり。松前志に曰く蝦夷にはオオシラという神あり。その由来を知る者なし。桑の木尺の余なるにおぼろけに全体を彫れり。男女二神なり。信心の者禱ることありて乞えばその木偶神を擁し来りさて願主より木棉の切を出さしめて神体を包み左右に持ちて呪咀す。その神女巫に掛りて吉凶をいうこととなりと云々。

稲葉君山氏曰く上野博物館にあるオシラ神像には胸のあたりに鈴を七つ結び附けたり。この結び方は一所に寄せ集めて附けたることすこぶる満洲のシヤマンがその杖に附けたる鈴と似通えり云々。右はあるは偶合なるかも知れざれどもオシラ神の信仰のアイヌと共通なることは注意すべき問題なりとす。

イタコの語原に関する自分の仮定説は左のごとし。イタコはアイヌ語のイタクに出ずるなるべし。バチェラー氏語彙によれば Itak = to say, acknowledge, to tell とあり。またその次には Itakbe = The stem of a spring bow とあり。イタクベの「べ」は「ペ」すなわち物の義なるべし。弓を名づけて語《カタリ》の物というはすなわち梓の弓と意同じ。金田一京助氏は曰くイタクは我が「言う」に該当すれども普通の談話には用いず。恐らくは荘重なる儀式の詞を意味するならん。ユーカラなどの謡物の中に巫女が神意を告ぐるところには必ずイネ、イタキ（かくのごとく言えり）という語を用いたり云々。

白鳥博士の談にイタクは蝦夷本来の語には非ずして必ず隣接民族より伝えたるものならん。北方の諸民族にはこの語共通に神聖なるものまたは荘厳なるものを意味す。我国の古語のミイヅ、イツク、イツクシなど皆この例なり云々。

更にこれを本邦の古典に徴するに古事記諸尊得三貴子の条下に即其御頸珠之玉緒母由良

邇取由良迦志而。賜天照大御神而詔之。汝命者所知高天原矣。事依而賜也。故其御頸珠名謂御倉板挙之神とあり。御倉は神几にて祭壇の義なるべし。この板挙之神は古註に多那《タナ》と訓めとあれど義通ぜず。恐らくはイタケの神にして姫神が神父を拝祀したもうにこの遺愛の物を用いたまいしことを意味するならん。又紀州の国幣中社伊太祁曾神も社伝には日前国懸の二神斎祀の時に際して現れ来たまえりといえばすなわち一種の斎《イツキ》の神なるべし。この神と五十猛命と同じという現今の通説は単に日本書紀の中に五十猛命を即紀伊所坐大神是也とあるに拠れるのみ。伊太祁曾はイタキソにしてイタケソに非ざることは和名鈔の郷名に伊太杵曾郷とあるもその一証にして旁素尊御父子此国に祀られたまえりとて直に伊太祁曾をもってこれに充るあたわざるを思うべし。伊太祁を五十猛なりとせば曾の字すこぶる解するあたわず。蓋し五十猛命は別に父御神の斎祀に与りてこの名を得たまえるなるべくあたかも後世八幡に若宮あり熊野に王子あると同じくこれらのイタキ、イタケは凡て皆神子思想に胚胎せる霊巫の名称に外ならざるべし。

以上の仮定説はあるいは十分なる証拠を得ずとするも少なくも東北のイタコが神意を宣伝するを職とする一種の語部《カタリベ》なることは疑いなかるべし。東北には板子屋敷または板小塚の地名多きこと正に関東以西に神子《ミコ》垣内《ガイト》、市子作《ツクリ》、または君塚等あるに同じ。陸中上閉伊郡鱒沢村大字下鱒沢に字神子《イタコ》あり。足利時代のイタカはいまだ知らず今日のイタコが梓神子と同じきことは以上の説明にて明らかなるべし。

常陸の潮来《イタク》の地名に関する古風土記の説はもとより一の小説に止まれり。これを論ずるはほとんど無用の業なれど痛く殺しつといえりとてこれをイタクと称すというは口合としても拙劣かつ不自然なり。この地はつとに水陸の駅次として船車の輻湊するところ下級の巫女が土着して生を営むに適しかつ鹿島香取の二大社を前後にして近ければ語部に因みて地名を附せしことも想像に難からず。風土記の同じ条には特にこの駅の西方に榎林ありしことを記せり。榎は大昔より道傍に栽え境上に植え最も民間の信仰生活と関係深し。このことについては別に所見あり他日これを述ぶべし。最後に今一つ常陸のイタクのイタカ、イタコと関係あることを証し得る点あり。後段にこれを詳論せんとす。

イチコという語も前代の分布は遥かに今よりも弘かりしがごとし。地名とし現存するイチコは中国に及ぶ。もし市木市来の類またこれと同じとせば更に九州四国諸地方に及べり。これに反してイタコの語ははなはだ聞くところ少なし。中国の山村にあるいはイタケ峠といい板木と称する地名の少からざるは仮にその痕跡として注意し置くべきなり。和訓栞によれば夏の日田や溝の水面に浮かびて輪を書きて走る黒き虫、東京にては水スマシという物をあるいはマイマイ虫といい美作備中にてはミコマイといい四国の東部にてはイタコ虫と呼ぶといえり。自分等は幼少の折よくこれをすくいて遊びたり。ゴマヒ虫といいしように記憶す。微々たる一小虫なれどイタコが舞々または神子《ミコ》と同じく舞踏をもなす巫女なりしことを想像せしむるに足る者なり。ただし前掲の天十郎大夫文書には舞々は移他家《イタカ》と同じ者に非ざることを示せども同一系統に属することは同時にこれを覗知るを得べきなり。

『人類学雑誌』（第二十七巻第六号、論説及報告、明治四十四年九月十日、東京人類学会事務所）

「イタカ」及び「サンカ」（其二）

イタカ、イタコの性質論はいまだ尽さざれども順序としてまずいうべきことあり。小田原の舞々が家の古文書にはイタカを移他家と記し、運歩色葉集にはこれを移多家と書せるは注意すべきことなり。この三文字はもちろんあて字には相違なけれどもこの時代の人はよく理の詰みたる当字をなすなり。イタカの万葉仮名ならばいかほどもあるべきに故にこの字を択びたるは必ず仔細あるべきなり。思うにイタカは一定の邑落に住せず常に家を移して行きしためにこの文字を用いしならんか。会津のイタカも東北のイタコも近代にありては皆定住するが故にこの説はすこぶる臆測に過ぎたるがごときも、通例村々を廻るイチコ梓神子の中には出処素性の不明なる者多し。その原因は基督がナザレにて軽蔑せられしと同じく、何兵衛の母たり何作の女房たることが分りては神怪を説くに不適当なる故に態と遠方に出て稼ぐ為もあるべく、またかくのごとき職業は桶屋や鋳懸のごとく狭き得意場にては生計に十分なる需要者を得られぬためもあらん（江戸にては亀井戸に梓神子の家筋あり西京にては大原より出でたりといえば大都の附近にては必ずしも遠く漂泊せざりし也）。しかし総体にこの類の職業には遠国の者というよりも住所不定の者今も多きかと思わる。

現今のイチコは単身にて漂泊すれど家を移していくことなし。一家族を挙げて終始漂泊的生活をなすものは今日別に一種族あり。多くの地方にてはこれをサンカと称す。サンカの語にもまたいろいろの宛字ありて本義不明なり。すなわちこれを散家《サンカ》と書するは彼徒の家が固定せざるがため、山家《サンカ》山稼《サンカ》と書するは山の陰などに仮の住居を作り盗伐をもって生を営むがため、また山窩の文字を用いるは岩の窪み土窟の中などにいるがための宛字らしけれど、共にいまだサンカという語の意味を説明する者とは信ぜられず。

サンカの生活状態については言うべきこと多し。無頓着なる人にはこれをもって乞食の別名のごとく考うる者もあれど、サンカはたとえ全然物貰を止め一地に定住して村落をなしてもやはり一の特殊部落なり。大坂其他の市街地にはこの徒の混入して常人の職を営む者あり。または荒野、河原などの不用地において居住を公認せられ戸籍に編せらるる者段々多くなる傾はあれども、この徒の特色として農業を好まざる故に土地との親み今なおはなはだ少きなり。もしそれ漂泊するサンカに至りては旅人もし少しく注意すればしばしば途上にて遭遇することを知るなるべし。衣類など著しく普通民より不潔にして眼光の農夫に比して遥かに鋭き者、妻を伴い小児を負い、大なる風呂敷に二貫目内外と思わるる小荷物を包み、足拵えなどは随分甲斐甲斐しきが、さも用事ありげに急ぎ足にて我々とすれちがうことあり。これ大抵はサンカ也。彼らはジプシイなどと異なり決して大群をなさず力めて目立たぬように移転す。一月二月間の仮住地においても小屋の集合すること二戸か三戸に限りかつその地を択ぶこと巧妙にして人里に近くしてしかも人の視察を避くるの手段もっとも周到なり。例えば京都にては東山にこの者住することを知れども、その場所を突留むること難く、東京の西郊二三里の内にも多分サンカならんかと思わるる漂泊者の小屋掛あるなれど警察官すらその出入を詳にせざるがごとし。

サンカは外部の圧迫なき限りは大抵夏冬の二季にのみ規則正しき移動をなしその他はなるべく小屋を変えざるに似たり。夏はすなわち北方または山の方に、冬はこれに反し南方または海の方に近づき気候に適応すること候鳥と同じ。彼らの最も好むは川の岸なり。その理由は水筋に沿いて上下するの便あると水を得やすきと魚を捕え流れ物を拾うとの利あるる外に川端は遠方より見らるる虞あるに似たれど川除地には竹藪多くして密陰をなし小屋掛の手数少なき上に無代にて手工品の原料を得るの便もあればならん。彼らの簡易なる建築にては風呂敷はすなわちテントにて、油紙は常にこれを所持しこれを重ねて雨水を凌ぐ。家具としては二三の食器刃物などあるのみその他は到るところ自由に採取調製して用を弁ず。

大垣警察署長広瀬寿太郎氏は明治二十六年以来サンカの問題に注意し種々なる方面より

彼らの生活を研究したる人なり。本年の旅行において知得たる左の諸点はサンカの来由を明らかにするためにもっとも肝要の者なるが、その大部分は右の広瀬氏より聞けり。今順序を立ててこれを述べんに、第一サンカには種類多く中には全く乞食と縁なき者あることなり。サンカの中にて野外に小屋を作り魚を捕りササラ箒籠草履などを作りて売りまたは人の門に立ちて物を乞う者はセブリという一種なり。セブリは数において最も多けれどもこの他になおジリヤウジ、ブリウチ及びアガリという三種あり。彼らはいずれも小屋を掛けず木賃宿または善根宿を求めて宿泊しやはりまた一所不住なり。警察道に熱心なる広瀬氏の眼より見れば右の四種のサンカは直に四種の犯罪団体なりともいい得るがごとし。ことに後の三種に至りてはその社会に及す害極めて小ならず、しかも彼らの犯罪は各一定の手筋ありて容易にいずれのサンカに属するかを知り得る由なり。すなわち右の中にてジリヤウジというは必ず神仏の霊験に仮托して詐欺をなす。その手段は杜騙新書などにあり得るがごとき古臭き者なれど愚民のこれに欺かるるもの年々絶えず。例えば婦人の顔の色悪き者などを見て何々の祟りなり何々に祈禱してやらん供物は百種を調進せよ。物調わずば金を包みて仮にこれを供えよと命じ、数日往来の間に隙を見て盗み去るなり。ブリウチの手口はややこれと異なり、神仏を仮托することは同じけれど、こちらは霊薬または霊符などと称して埒もなき物を高く売りて行くなり。アガリと称するサンカは常に難船して郷里に帰るあたわずとかまたは親族を頼りて遠くより来たるに大火の跡にて行方を知らずとかありそうなる不幸話をして人の恵与を詐取するなり。而して三者共に最初の計画失敗すれば多くは転じて破壊窃盗をなす云々。

広瀬氏の観察にてはセブリもまた主なる職業は窃盗なりといえり。わずかばかりのササラ箒などを売りても衣食に給すべくも非ず川魚などもさまでの収獲ありとは思われず。故に乞食をして不足なる部分は常に他人の所有物より内々補充すと推測したる也。なるほどサンカはよく掻払をなす。自分も幼少の折に四つ身の着物を乞食に持ち行かれたることあり。一里ばかり追い掛けて捕えたるに五十あまりの女サンカなりき。かかる例は郷里にてしばしばこれを聞けり。その他山の物田畑の物にても入用の都度これを取るを意とせず。しかれどもこれらの侵害の多くは財貨に対する観念の相異に基くものともいうべく、大体よりいえばこの部類と我々との関係は平穏なる交通なり。ただ彼らの間において犯罪の歩合やや多きが故に余分の警戒をなす必要あるのみ。

サンカの徒が普通人の零落してたまたま変形したる者に非ざる一証としては彼らの間に完全なる統一と節制とあることを述べざるべからず。もちろん常民のこの仲間に混入したる者は少なからざらんも、これら一代サンカは決して勢力を得るあたわざるのみならず十分に既存の不文法に服従し去りついに慣習の一部分をも変更しあたわざるがごとし。サンカには地方毎に必ず一の親方ありその権力はなかなかに強大にして時としては部内の美女を択び二三人の妾を持つ者あり（サンカには美人多しと称す）。もっとも広瀬氏の談に尾張三河美濃三合の境に三国山という松山あり。ある時この山中にサンカの大集合あるを見たり。小屋の数は百を超え炊煙の盛んなること夏季の軽井沢比叡山のごとくなりき。而してかくのごとき大部落は永く継続することなくほぼ二三日をもって散去るものなるが、後に及び毎年一回この地において会をなし仲間の婚儀を行うものなることを知れり云々。これらは小屋掛をなすサンカすなわちセブリの習慣なれど他の犯罪団体の方にも各親方ありて部下を統率し相互に有力なる援助をなす者のごとく、例えばある村に施しを好む富豪ありまたは永煩の病人などのために祈禱加持に手を尽す家あれば甲より乙に速にこれを通知しいろいろのサンカの来訪する者絶えず。また彼らの仕事に都合よき村落の報謝宿のごときは一覧表のごときものにでもあるにや。聞き伝えて来らざることなし。凡そこの徒の数全国を通じて極めて多く往来錯綜を極めたるに、途上に相見ていかにして互いにサンカたるを認むるか。恐らくは掏摸などと同様に綿密なる暗号または作法等の存するならんも、規律厳にして外間にありてはこれを知るあたわず。たまたま一二のサンカの職を得て土着せる者などを賺し実を吐かしめんとするも、仲間の制裁を怖れて決してこれに応ぜず。またこれらの者の中には他日意外なる惨殺に遭いたる者も少からずという。

この文を草する時まで不明なるはサンカの種々の名称が自称に出でしかはた他称に基きしかという問題なり。この徒はいかなる場合にも身分を自白することなければ仲間において何と称するかを知るあたわず。稀に定住して村をなせる者はこれに対して汝はサンカなりやと問うにしかりと答うるのみ。またセブリ等の四種の名目も果たして我々の推測のごとくなりや否や、いまだこれを確むるの道なき也。外部よりの称呼としては少なくも関西地方にてはサンカの語最も弘く行わる。あるいはこれをオゲと呼ぶ者あり。またノアイとも称す。その生活状態に基きてはあるいはこれを川原乞食と呼ぶ者あり。ポンスまたはポンスケと呼ぶはこの徒が川漁に巧みにしてことに鼈を取るに妙を得たる故なり。ポンスは鼈の隠語なり。オゲという語はいまだ解を得ず。ノアイは野合にして郊野に居を占むることを意味するがごとし。行政官は古語を愛せず単にこれを浮浪者と呼べり。

サンカの人口は予想外に多し。大阪の附近にはその数一万三四千ありという。河川の改修及び人家の増加によりおいおい小屋掛の適地を失い、是非なく市中に入りて安宿等を根拠とする者多く、早くその生活を調査せざればついにこの趣味ある問題を逸し去るの虞あり。ことに近来に至り警察の圧迫漸く強大となりたるため我々の観察には一層不便となれり。しかれどももし自分の想像するがごとく自他共にサンカの名を用いざるも宿泊の材料と少量の家具とを携帯して郊野に仮居する者をもって皆この部類に属するとせばこの徒の分布ははなはだ広大にして警察上の一大問題なると同じく文明史の研究としても決して閑却すべき現象に非ざる也。今少しく東国における漂泊者のことを記述せんに、まず東京の周囲にもいわゆる乞食の仮住地あることを往々にしてこれを耳にす。和田堀之内より大宮八幡辺に掛けての松山雑木林の奥などにこの頃乞食の住む者ありということ新聞の三面に何かのついでに記載せしこと数回なり。石黒君の話に十年ばかりも前には高田馬場の射的場の後の辺、今山手線の停車場となれる附近にもよく小屋を見しことあり。狩野博士は二三年前に南郊馬込村の辺へ地面を見に行かれしにやつれたる小児の薬罐に水を汲みて林の中へ入り行くを見て跡をつけたれば丘の陰にしばらく住みたるらしき小屋あるを見られたり。また東北地方にても磐城相馬郡の石神村などに毎年来住する数家族あり。二宮徳君の談にこの村の外山には山腹には十数の土窟あり。村民この穴より煙の出ずるを見て今年も来て居ることを発見す。この地方にてはこれをテンバという。ササラまた箒などをも作りて売れど主としては農家の箕を直すをもって活計とす。村民とは年久しき馴染となり居りテンバの女房は家々を廻り注文をきき箕を持ちてその土窟へ帰り行く由なり。右の箕直しの職業は関東いずれの地方にても特殊部落に属するものにて、サンカ問題については極めて重要の観察点なりとす。昨年暮茨城県にて特殊部落の調査をなせしが、常陸にては所在十数所の箕直し部落あり。これは一定の地に家居するも男子は箕直しのために村々を巡業す。而してこの徒の中には破壊窃盗を常業とする者はなはだ多く、箕直し村へ来れば民家にても警察にても非常に用心を加う。鋭利なる刃物を有し切破りの手口に特色あること西部のサンカとよく似たり。

以上の事実はいまだ十分に詳細ならざれども自分はこれに基きて今のサンカと古のクグツと系統を同じくすることを論ぜんと欲す。松屋筆記巻六十五に曰く、関東にて箙を造る者を久具都《くぐつ》と呼び平民おとしめ思えり。これ古の傀儡の類にて住処不定の者筬を売りあるきたるなるべし。その子孫民間に雑処するを賤しみて平民縁などを結ばざる也。陸奥岩城辺にてはこれを「筬かき女」と称す。橋辺空閑の地などに家居し筬を売りありきてその料に米銭を乞うなり。米袋を持ちありく故に乞食に似たりとなん。梅花無尽蔵巻三ノ上に二日透過傀師之桟《くぐつのかけはし》登三国之岳云々とあり（以上）。右の傀師の桟は地名なれどあの時代においてすでに傀を作る者をクグツと呼びし立派なる一証なり。筬または傀と前に挙げたる箕ササラなどとは物は異なれども、得やすき山野の材料により鋭利なる刃物を利用して手工をなすは相似たり。次に「筬かき女」の袋はまた注意を要す。米銭を入るといえばこの麻布などにて製せしものならんが、クグツに袋は昔より附物なり。今日にても米穀などをもらうことなき都会の乞食にてもなおこの一物を所持せざるなきは全く年来の由緒あるがためにして、要するに漂泊生活に便利なるためなり。而して昔の袋は布製には非ず。和訓栞にはクグツまたはテクグツの語はもと傀儡の文字とは関係なしとし、袖中抄等を引用してクグツとはクグと称する一種の草にて編みたる袋のことにして、この徒の必ずこれを負いあるきしよりの名なるべしといえり。これは小事ながらクグツが袋を負いしこと、大国主神の絵のごとくなりしとは信じ難し。袋の用は物を携うるために手を煩さざるにあり。故に多分はこれを首より胸に掛けまたは腰のまわりに結び附けしならん。万葉集巻三の「しほひのみつのあまめのくぐつもち玉藻苅るらんいざ行きて見ん」という歌など思うべし。

さてこの歌の万葉抄の解にもクグツは細き縄にて作れる物入れにて田舎人の持つ物なりとあり、万葉註疏には更にこれに附加してクグツのツは苞《ツト》の義ならんといえどこれはなお疑いあり。またその原料もクグすなわち現今東京にてクゴ縄など称するクゴを用いしことはいまだ明らかならずとしてもとにかく、袋の一種にクグツと称するものあること及びクグツが古くより袋を持ちたりしことは疑いなし。融通念仏縁起中に画きたる鉢叩も腰に編みたる袋を下げたり。この徒も宗教を衣食の種としかつ中古は漂泊の生涯を送りしがごとくしかも茶筅を作りてこれを鬻ぎしなど幾分クグツまたはサンカと似たるところあり。

サンカと云う語の古く見ゆるは俊頼の散木奇謌集なり。同書巻十、連歌の部に「伏見にクヾツシサムカまうで来たりけるにさき草に合せて歌うたはせんとて喚びに遣はしたりけるにもと宿りたりける家には無しとてまうで来ざりければ、家綱、うからめはうかれて宿も定めぬか、つく、くゞつまはしはまはり来てをり」と見ゆ。ただ一つの証なれば誤字等も計り難けれど右の詞書によれば傀儡師をその頃一にまたサムカと称せしなりとも解し得。右にいう「サキクサ」は人形芝居の一曲なるか。前掲松屋筆記の巻九十五に遊女と傀儡と同じからざりし一証として体源抄の今様のことの条を引用し「前草《サキクサ》」は始めはクグツにて後には遊女になりて両方のことを知りてめでたかりけりとある由をいえり。これを考合すに舞を奏すべきクグツシのみ来てあるにこれに合せて歌う者不在なりし失望を紛さんがためにかかる連歌はありしにやあらん。要するにクグツとサンカとは漂泊の生活をなすこと、竹を原料とする手工をもって生計をなすことにおいて古今相似たる上に右のごとく「くゞつ舞わし」をサムカと呼びたるらしき記事も存するなり。（未完）

『人類学雑誌』（第二十七巻第八号、論説及報告、明治四十四年十一月十日、東京人類学会事務所）

「イタカ」及び「サンカ」（其三）

クグツまたはサンカが山野の竹や草を採りわずかばかりの器物を製作してこれを販ぐはかかる大種族の生計の種として誠に不十分なり。大量生産の盛んに行わるる今日となりてはその不足いよいよ甚だしくついに悪事の収入をもって幾分これを補足せんとするに至るも是非なき次第なり。しかしながら遠く古代の状況に遡りて見れば彼らはこの外にまだ相応の収入の道を有せし也。その一はすなわち祈禱にしてその二はすなわち売笑の業なり。而して歌唱と人形舞しはまたこれに伴える第三の職業なりし也。時勢の変易と共にこれらの業は既に分化して一々の専門となり、残余の一半のクグツにして智巧これに適せざるものは次第に零落してかかる気の毒なる漂泊者となり、その本源のすでに別異なる上、生活程度の差等はいよいよもって平民との間に劃然たる分堺を生ぜしむに至りしかと思わる。

クグツの生活を明らかにするには傀儡子記（朝野群載巻三）は最も大事なる史料なり。

されどあの漢文には文章の趣味に駆られたるらしき部分ありて少しく不安心なり。例えば「定居なく、常の家なし」とか「一畝の田を耕さず一枝の桑を採らず故に県官に属せず皆土民に非ず自《おのずか》ら浪人に限れり」とかいうは写実ならんも、「穹廬氈帳水草を逐いて以て移徒す」とあるがごときは誇張に近くかの顕宗紀の牛馬満野、または銀銭一文などの記事と同じく漢史の丸取りかも知れず。しかし反証なき間は仮にその他の記事をもって総て真なりとしてこれによるべし。この記によれば従来クグツに傀儡師の字を宛てたるはすこぶる穏当ならず。クグツが「木人を舞わしめ魚竜曼延の戯を為す」は単にその生業の一部たるに止まり、この他になお男子は「弓馬を使い狩猟を事とす」とあり。この「馬」なども何分信用しにくし。またマジックもその一の職業なりき。次の文には「沙石を変じて金銭と為し、草木を化して鳥獣と為す」とあり。末の方にはまた「夜はすなわち百神を祭る、鼓舞喧嘩以て福助を祈る」とも見ゆ。クグツの語義すでに人形舞しに縁なかりしとすれば、何故に支那の傀儡をもってこれに当てたるかという説明としては、漢字の選定に疎漫なりしというか、しからざれば唐朝以前の支那の傀儡にも移徒の風ありかつ巫術を兼行いたりしと見るの外なく、しかも後者についてはいまだ十分の根拠を見出さず。

クグツには団体あることと及び定住なきにもかかわらずはなはだ富有なりしことはまた傀儡子記に見ゆ。曰く「東国にては美濃参川遠江等の党を豪貴と為す。山陽播州山陰馬州(但馬ならん)等の党之に次ぎ西海の党を下と為す」と。而して何故にクグツのある者が財に富み豪貴とまでいわるるに至りしかと思うに、到底人形舞しの収入を主とせざりしことは明らかなり。すなわち伎芸以外別に身分ある常人より金銭を巻き上ぐる方法としてはやはり近代のジリヤウジ、ブリウチの徒と同じく人の迷信を利用せしに相違なし。その次には歌舞なれどもこれも女色を種にしての歌舞なるべし。同じ記の文に「女はすなわち愁眉、啼粧、折腰歩、齲歯笑（何れも唐代美人の媚術）を為し云々」と形容沢山に彼らが色を鬻ぐの風習を述べたり。院政時代の文学には実際クグツは重要の地位を占む。京都の貴夫人は支那などと違い夫に伴いて地方に赴任すること少なかりし故、田舎の生活はいかにも無聊にて良家の子弟はこれを厭い、たまたま使いなどに出ずることあれば往々にしてクグツの女の歌舞に耳目を楽ましめたりき。東路にては鏡山野上、西道にては江口神崎などにクグツの優良なる者居住し、京都の風流人は後には用もなきに旅をしてこれを愛するに至れり。いわゆる一曲纏頭不知数にてこの収入はまたもってクグツを豪貴ならしむるに至りしならん。

江口神崎の遊女はこれをクグツと記するものを見ざれどもこれもまた漂泊の生活をなせしものなることは次にいわんと欲するところなり。その第一には遊女という文字なり。娼婦をアソビというは古きことにて、倭名鈔にも遊女、一に阿曾比というとあり。アソビメと宇津保などにも見えたれば、人は往々にして遊女の遊は右のアソビのことならんと思えり。しかれどもすでに狩谷氏もいわれしごとく、アソビの義は音楽を奏することにて、この輩が歌舞を職とせしよりの名称なり。遊女の遊は全くこれと関係なく単に漂泊を意味したりし也。遊女古くは遊行女婦と書せり。例えば万葉集六に筑前水城の遊行女婦、字を児島という者あり、同第十八に遊行女婦の字を佐布流及土師と称するあり、第十九には遊行女婦蒲生あり。倭名鈔の遊女の説明に楊氏漢語抄を引きて遊行女児、宇加礼女とあるごとく、凡て皆ウカレメまたはウカラメと訓みしなるべし。ウカレは天智紀に浮浪人をウカレビトともあれば、右の遊行はすなわち一定の貫住なく旅行をもって生涯とする意と解して可なるべし。その証としては懐風藻の釈智蔵が伝にも負担遊行とあるはこの僧の雲水生活をいうらしくまた本朝文粋の大江以言が見遊女詩序にも「蓋し遊行を以て其名と為すは以て名を信にする所」ともある也。後世においても遊行上人の遊行はすなわち同じ意味なり。また大和物語等に見えたる河尻の遊女其名を白と呼ぶ者が亭子院の御門に詠みて送りし歌に「浜千鳥飛び行く限ありければ雲居る山をあはとこそ見れ」というがごときも単に「遥にして遠きよしを歌に仕れ」とありし命を奉ぜしのみならず、自分の漂泊生活をもって千鳥の水上を飛ぶに譬え、意の欲するままに東西することを得る身にはあれど、都の貴人の御側には近より難きことあたかも高峰の雲を見るがごとしと巧みに言現せしが故にことにその才を感ぜられし也。

　水上に住むを遊女といい陸路に居るを傀儡と云うとの説は恐らくは別に拠なき推測ならん。江口神崎の遊女とても常々は陸上に居りただその去来のみ船によりし也。しかしこれをもって強いて区別すれば遊女は西国より来るもの多かりしなるべく、傀儡子は略京以東の物なれば、二種の名称は地方的の相違すなわち方言の差なりというを得るなり。クグツの生活は前述傀儡子記の外に本朝無題詩の中にこれを詠ぜし詩数篇ありてその一端を知り得べし。例えば法性寺入道の詩には「傀儡子もと往来頻なり万里の間に居尚新なり」とあり、敦光の詩には「穹廬妓を蓄へて各々身を容る山を屏風と作し苔を茵と作す」とあり。あるいは「郊外居を移して定処無し」とも「茅簷は是れ山林に近く構へ竹戸は屢水草を追ひて移る」ともあり。彼らが行人を物色し旅亭を訪問して笑を売りしこともまた顕著に描写せられたり。またこれら娼女の晩年いかに成行しかは「壮年には華洛の寵光の女暮歯には蓬廬の留守の人」、「棲はトす山河幽僻の地怨は深し声貌老来の中」もしくは「そのれ奈にせん穹廬年の暮れたる後容華変じ去つて心を傷ましむ」などとあるにて知られ、「旅亭月冷にして夕に客を尋ね古社嵐寒くして朝に神に賽す」とあるにて彼らの巫女の業の一端も髣髴せらる。ことに珍奇なるは丹波のクグツのいずれも醜女にしてなお客を得たりしこと、三河赤坂のクグツには口髭ありて口髭の君と呼ばれしがありしこともこれにて分かる也。

南方熊楠氏の言によれば巫と娼と相兼ぬること外国にも例多しとのことなるが、日本にてもこの風近代まで存せり。遊女考には王朝時代の名妓の名を多く蒐集す。その中には観音小観音文珠御前孔雀など仏教に因める名称多し。これ一の見所なり。遊女が白太夫神にことという遊女記の記事は最も注意に値す。白太夫は道神または道祖神の一名にして、彼らは「人別に之れを刻期し数は百千に及ぶ能く人心を蕩す亦古風のみ」とあれば、恐らくはその光景現今東北の倡家がコンセサマを神棚に安置すると同様なるべく、しかもこの神が倭名鈔及び江談抄にもいえるごとく行旅を保護するいわゆる遊行の神なるを思えばまたもって遊女の生活の陸上のクグツと異なることなかりしを証するに足るべき也。中右記元永二年九月三日の条に神崎の遊女小最見ゆ。これもコサイと訓み小道祖の義なるべし。

カムナギにはもちろん上下優劣の階級ありて、朝家の御祭などを仕うる者は清浄なる女子なりしならんも、身分低き田舎の巫女に至っては神を祀りし歌曲舞踊を転用してまた庶人の耳目をも悦しめたりしかと思わる。新撰字鏡には娥、媛、魃三ながら同じ、巧也、冶也、遊也、加年奈支とあり。新猿楽記には「四の御許は覡女なり、卜占神遊寄《よりつる》絃口寄の上手なり、舞袖飄颻として仙人の遊の如く、歌声和雅にして頻鳥の鳴くが如し、非調子の琴の音には天神地祇も影向を垂れ、無拍子の鼓の声には□□野干必ず耳を傾く、仍て天下の男女踵を継で来り遠近の貴賤市を成して挙る云々」とあり。白拍子もその表面の業は仏神の本縁を歌うるにありといい、その白拍子という文字も興福寺の延年舞古譜、春日若宮神楽歌などに見ゆるが始めなりといえば、あるいはまた始めより祭事と遊宴とに両用せらるべき性質の者なりしならんか。

遊女にも夫ありしことは例えば大江以言の詩序に「その夫婿ある者は責むるに淫奔の行

少なきことを以てす」とあり。近江海津のかねという大力の遊女は法師を夫にしたりと著聞集に見ゆ。この法師というはいわゆる阿弥陀聖または聖坊主などの類なるべし。今昔物語等を見ればこの種在家妻帯の聖人多くあり。その中には道力の清僧にも優れるが稀にはありたれども、一般にはすこぶる賤しき者として取り扱われたり。梶村土佐守の山城大和見聞随筆によれば、奈良坂のシュク部落に寛元二年の訴状を蔵せり。彼らは自ら非人と称ししかもその名前は近江法師淡路法師らのごとく皆法師と称すること前号に掲げしイタカの阿波法師などと同様なり。この徒も皆妻あり。琵琶法師などの法師もまたこれなるべし。この問題は枝葉なれば詳述せずといえどもとにかくに近代まで箱根その他の修験派の道場においては山伏の女房は凡て比丘尼と称してすなわち巫女なりし也。而してその巫女の最も粗末なる者はやはり倡を兼ねたり。熊野比丘尼はその最も顕著なる例なり。元禄頃の漢学者の随筆仲子語録に支那の三姑六婆を説明して道姑は我国の熊野比丘尼のごとしといえり。比丘尼とはいいながら普通の女僧にては非ざりし也。和訓栞に曰く熊野比丘尼は紀州那智に住みて山伏を夫とし諸国を修行せしがいつしか歌曲を業とし拍板を鳴らして歌う。これを歌比丘尼といい遊女と伍をなすの徒多く出来れり、すべてその歳供を受けて一山富めり云々。いかなる材料に基きしかは知らず那智のためには大分不名誉なる記事なり。勧進比丘尼のことを説くものは人倫訓蒙図彙でも東海道名所記でも皆この徒が倡を営むは後世に及びての堕落のごとく主張するも、夫は決して確なる証拠ある説に非ず。今日の眼より見ればはなはだ兼ねにくき二種の職業も中世の社会慣習はこれを当然と見しものかと思わる。

和訓栞の編者はまた庭訓往来の中に県神子傾城とつづけて書けるに注意し、更に曰く信州の諏訪にては普通の巫女の外に別に一種神家を離れたる県神子ありて娼を兼ねたりと。よって考うるに摂州住吉社の御田植の神事等のごとく古来遊女の出でて祭礼に奉仕するの例あるはまた右の下級巫女なるべし。遊女を太夫と呼ぶは男の舞々を神事舞太夫設楽太夫などというと同じ趣旨に出で、共に陰陽道の末流に属することを示すものなるべし。これについて一の伝説あり。竹葉寅一郎氏の調査によれば、伊勢飯南郡射和《いざわ》村大字庄に二十二戸の特殊部落あり。この徒自ら称すらく、その祖先は尾州熱田の禰宜なりしが、ある遊女と馴染を重ねたる後、女が此郡花岡村大字山室の穢多なりしこと現れその職にあることあたわず、ついに女に伴いてこの地に移り来ると。伊勢は我々が知れる範囲においてはこの種人民の最も多き地方なり。而してまた今日も娼妓の最も多く出る地方なり。明治三十九年にはこの県の特殊部落より出でて娼妓となれる者四百五十人あり。この外にこの業に就くと共に本籍を移せるものなお多し。この徒においては昔よりこれを出世奉公と称し金に困らぬ者もこの業をなすあり。彼らの奉公先は半分は東京なり。ある妓楼の主人は娼妓は穢多に限る由を打ち明けたりと聞く。この問題は遺憾ながらあまり詳細に討究するあたわずといえども、自分は右の現象をもって偶然のものと考うることあたわず。

諸国の特殊部落には今なお歌舞、音曲をもって主たる生業とする者多けれども、いわゆる皮作衆に至ってはややこれと部類を異にするがごとく見ゆ。大和その他のシュクの者は昔は一種の非人なりしには相異なきも、段々旧平民と近接しかつ穢多を賤視して相伍せず。サンカもまた生活程度はかえって皮太より低きにもかかわらずなお常に後者をもって自分より一段低き者と主張す。しかしこれをもって彼らの根原の全然別物なることを推測するは恐らくは誤りならん。皮作の土着定住は戦国以来のことなるべし。戦国時代軍用の皮革の需要が増加ししかも各領主がこれを領内において供給せしめんとしたる努力はすなわち多くの穢多村発生の由緒なるべく、それ以前は彼らもまた群れをなして国々を漂泊せしならん。エタという語が餌取に出ずとしてもこれただ名称の適用にしてこれをもって今のエタを餌取の子孫とすることとあたわず。他の部落が穢多を疎遠するに至りしはやはりまた彼らが獣屍の取り扱いを専門とするためにていわば境遇の分化に他ならざるべし。すなわち中世の社会においては同一人に結合して些も不調和と感ぜられざりし種々なる生活方法がそれぞれ分立して後世多くの部類を生ぜしなり。徳川時代の末に及び江戸の学者にもてはやされたる団左衛門の文書は偽造には相異なきも、あの中に列記したる支配下の賤業なるものは別に何か拠ありしものならん。当道すなわち盲法師の団体にても二十八種の下《さが》り職ということあり。また身分は下りに非ずして職業のみ下りなるものあり。その名目を検するに大部分足利時代の職人尽の職業と合致し、いずれも土地の占有と関係なく従って本貫を重ずるを要せざる雑戸なり。彼らが社会上の地位は果たして一般に後世のごとく低かりしか否かは疑問なるも、とにかく通例百姓と呼ばるる階級の外に立ちしは事実にして、しかもその原因は一身上の変動にあらずして家の状態に存せしなり。この類の穿鑿は往々にして迷惑を人に及ぼすことあればもちろん斟酌の必要あり。今日となりてはすでに普通人の職業となり新たにこれに従事する人には多少気の毒なれど、少なくも旧時代においては遊女屋が一種の雑戸と認められしは事実なり。ただ一方には特許を受けて久しく営業する者が旧家一相応の格式を保有し、更に名妓崇拝という妙な風習の発生するあり、また劣等の私娼あるために公娼の地位の比較的に高めらるるあり、記録の欠乏のおおいに伝説捏造に便宜を与えたる等種々なる事情の集合はついに完全に右の好ましからざる性質を隠蔽するに至りしのみ。

日本の売笑史は中世誠に闇黒に属せり。諸国の遊所の由来も多くは不明にして、たまたま記録あるは江戸幕府以後の特許を云々するのみなれど、それ以前にありてこの徒の甚しく少数なりしということは到底認め難し。東京附近にありては常陸筑波山の遊所は恐らくははなはだ古きものにてまた彼の神社と関係あるべし。同国潮来の遊廓に至りては文書焼けたりといえど由来古きがごとく、これまた例のイタカと関係ありて巫女の兼業に基きしものと想像せらる。江戸にて一種の娼女をヨタカと称するも自分は同じ語の転用ならんと思えり。もし今後の捜索によりこの仮定を立証することを得たりとせば、これに次では関西地方のサウカもまた少なくもサンカの語と来由を同じくするものとせん。サンカの名義は今なお不明瞭なり。同じく京都附近の特殊部落に産所または算所と称するもあれば、サンカはあるいは算家すなわち卜占を業とするの義ならんかとも思えど、すこしく安ぜざるところあり。この徒の製作する竹器にサウケと称する一種の笊あり。この語主として九州に行わるるも越前地方などにも笊をサウケというと聞く。サンカ転じてサウカとなるというは必ずしも強弁にあらざらんか。(完)

○本篇散漫にして予期のごとく材料を蒐集するあたわざりしも徒に期日を遅延せんことを虞れ一旦筆を収む。他日更に不備を補うべき也　柳田生

『人類学雑誌』(第二十八巻第二号、論説及報告、明治四十五年二月十日、東京人類学会事務所)

鬼の子孫

鈴木百平氏の鬼南来説《おになんらいせつ》（四巻八十二頁）の当否はいまだ知らず、吾邦にはある特殊の家筋で鬼の後裔と称する者のあったことは、自分も「毛坊主考」の結論においてすでにこれを述べて居る（二巻七一三頁）。すなわち漢の帰化人の末と伝えらるる豊後日田《ひた》の大蔵氏はその一例で、大和大峰《おおみね》の五鬼《ごき》はその第二の例である。これ以外において近い頃まで鬼の子孫であることを自認して居た一大部落は、京都に近い八瀬《やせ》の一村である。この村には正徳六年の六月に村民九十余人の連署をもって筆録した『八瀬記』という記録がある。自分は前年この地を訪うた際に頼んで写してもらったものを持って居る。村の西北の山中に鬼《おに》ケ《が》洞《ほら》または鬼ケ城と称する大きな窟《いわや》があって、毎年七月十五日をもって終わる一週間、村の老幼この洞の口に行向い鉦《かね》を鳴らし念仏供養をするのを彼らもまた先祖の鬼の弔《とぶら》いと称して居た。黒川道祐の『雍州府志』及びその誌料と見るべき『近畿歴覧記』中の北肉魚山行記、北村季吟の次嶺《つぎね》経《ふ》、その他名所都鳥等の諸書にも同じ記事を載せて居る。ただし鬼というたのは人か何か、また何故に鬼というたかの説明は自他共に大いに曖昧であって、あるいは鬼ケ洞の一名を酒顚童子《しゅてんどうじ》の洞といい、酒顚童子比叡山より追われて大江山に入るまでの間、この洞に栖《す》んで洞内の鬼石という岩の上に起臥して居たともいうが（『出来斎京土産』五）、この説は八瀬の人がどうしても承知をせぬのは無理もない。『蹇驢嘶余』という書には、八瀬の民は叡山御門跡が閻魔王宮から帰らるる時輿《こし》を舁《か》いて来た鬼の子孫で、今でも八瀬童子と称して門跡の御輿舁きだとあるそうだ（『山城名勝志』十五）。地獄からの帰化人ということは何分にも信じにくい話である。鬼という名称が今日の日本人が解して居るような意味しか有《も》たぬ者ならば、実に奇怪を通り越した一風説であるけれども、世人をしてあるいはそうでもあろうかと思わせた仔細は、わずか京から一二里を隔てた在所であるにもかかわらず、その風俗に変わった点が多かったことである。今では何の痕跡すらもないが、百年二百年前の記録を見ても、不思議は独り鬼城窟前の念仏のみではなかったのである。

『京師巡覧集』巻十五八瀬の条に曰く、「当村の男女ともに強気はげし、男も女の如く髪を巻き、女も男の如く脚絆《きやはん》して、言訛《なま》りて暹国《せんこく》の人かと疑わる云々」。彼らは自ら称してゲラというた（『東海道名所記』）。ゲラは下郎《げろう》の意で謙称であろうとのことであるが、外部の人も彼らをゲラと呼んでいる。年老いるまで前髪を剃《そ》らず頭の上で一所に束ねて居た。それが「男も女の如く」といわれた所以である。『山城名跡巡行志』巻三には、「頭に油を用ゐず、惣髪《そうがみ》にて人相言語世に類せず」とあり、『皇都午睡』第三編中には「惣髪にて髷《まげ》も結はず、髪をくゝりて巻立て公卿《くげ》の冠下《かんむりした》に同じく、歯は鉄漿《かね》を黒々と染め云々、女を外に働かせ、己《おのれ》は内に居て飯を炊き世帯を為す云々」とある。あるいは中古以前は髪を結ばず首に被《かぶ》って居たというが（『近畿歴覧記』）、それは出来斎の京土産に、「八瀬の里人は比叡の童子の末なれば、今も四方髪に鉄漿つけ、四月初辰の日、此里天神の祭の日には殊さら仮粧して、うつくしく衽《えり》さしたる帷子《かたびら》に色々の帯を襷《たすき》に掛け、拝殿に入りて幸《さい》あれ〳〵と云ふて声の限り踊りつゝ御輿《みこし》を渡し云々」とあるのが正確で、ある儀式の時ばかりこんな頭をしたのを意味することであろう。要するに彼らはその職掌がらとして年老いるまで童子をもって呼ばれ、また童子相応の風をして居たまでだと見ることが出来る。

さて彼らが職掌というのはいろいろあったことと思うが、前に挙げた輿舁きのほかは今は明白でない。北村氏の説によれば、昔鬼ヶ洞に住んで居た鬼は、日枝《ひえ》の西方院の某阿闍《あじゃ》梨《り》に仕えて居た。八瀬の里人はその鬼の子孫とて、日枝の法会にもうでて飯を鬼喰《おにぐい》と称して食うことがあった、頭を唐輪《からわ》にわげて鬼童《おにわらわ》というて居たという（『次嶺経』五）。右は果たして比叡山の旧記中にも旁証のあることであろうか。江戸時代の初めに当たって彼らは山の占有権について延暦寺と大きな訴訟をした。それ以後はほとんど寺とは絶縁の姿で古い関係を辿《たど》るべき風習があまり残って居らぬ。しかしこの村があたかも叡山の西麓《にしふもと》に接して一方の登山口であること、あたかも相州大山の蓑毛《みのげ》村のごとくであることを思うと、ほぼ村の成立が想像し得られる。黒川氏また左のごとくいうて居る。伝教大師以後叡山の僧で朝廷から牛車《うしぐるま》を聴《ゆる》された者は、その車を八瀬の者に預け牛を飼わしめ、入洛の時これを乗用するには八瀬の民をもって牛童《うしわらわ》とした。故に彼らが皆惣髪を束ねて後に垂れて居るので、必ずしも鬼の子孫だからではないと(『雍州府志』)。なるほど八瀬の口は最も平地に近くまた京にも近いから、そうありそうに思うがいまだその実否を知らぬ。もっとも村民は牛馬を使うに巧みで耕耘にこれを用いて居たともいうが、前掲『八瀬記』の中には頓と牛車のことは見えず、これに反して輿を舁いて山に登ったことは数多見えて居る。すなわち御八講懺法講に坐主《ざす》登山の時、北野の正遷宮に寺務発向の時等のほか、山門の大会《たいえ》に勅使参向の時などにも、常に六人の八瀬童子が山上に出役したのである。近世の三百年はこの勤務が何村の人に帰したかを知らぬが、一方には八瀬人の禁裡駕輿丁《かよちょう》の参役は次第に多くなったようで、八幡《やわた》行幸には放生川《ほうじょうがわ》より山上まで、鞍馬《くらま》行幸には八丁坂より山上まで、伊勢行幸には中山三里の間、数十人の童子参役するの古例で、更に承応万治延宝宝永等の内裏炎上には御出入共に火急の御用を勤めた。日吉山王の行幸にはもちろんのことで、ことに彼らは一郷の眉目として、後醍醐天皇の山門行幸の御伴《おんとも》が忠節の始めであったと誇って居り、その由緒をもって一切の公役を免ぜられ、地租条例の時まで年貢六十石は全部これを宥されて居た。現行の法規ではこの古例を追うことが不可能であるために、ある老大官の奔走によって、今もって年々地租額に相当する金員を宮内省から給与せられて居る。これに対しての村からの義務は、常に若干の人員を仕人《つこうど》として出すことであるが、この職業の得にくい時世に至って、それが何の辛《つら》い役目であろう。我も我もと望んで出て九年も十年も働き、村の公職にある人々はことごとく一度は宮内吏をした者ばかりである。かくのごとくにして鬼の子孫の村は今では立派な模範村である。これに比べると大峰の五鬼の末などは損な者であった。『塩尻』巻廿九などは彼らを称して、「世に出ること無く髪も髭《ひげ》もはやして異類の愚民なり」といって居る。延宝元年の頃に了覚上人と称する木食僧《もくじきそう》に随従して奈良に来たのが、彼らの浮世の風に当たった始めで（大阪陣には引出されたという話もあるが）、月代《さかやき》を剃って次第に男を作るようになったというから、ただの人の娘に添うて鬼の通力が絶えたなどといわれたのもこの頃のことであろう。しかも聖護院の門主入峰の時、輿の先に立って啓行する例であったという点までやや似て居るのを見ると（『雍州府志』四）、八瀬のゲラの惣髪を牛飼に起こるとする説はすこしく信用しにくくなる。

大峰の五鬼は一にまた前鬼《ぜんき》とも善鬼《ぜんき》とも呼ばれて居た。それ故に誤って前鬼と後鬼の二種族とし、後鬼は同じ国の葛城山《かつらぎさん》に居たのが後にこの地に合併したなどとも伝えて居た（『塩尻』）。これは多分役《えんの》行者《ぎょうじゃ》が常に葛城金峰《きんぷ》両山の間を往来したということから出た俗説ではあろうが、まるまる根拠のない話でもなかろうと思うのは、鬼の子孫が往々分家して他国に移住して居ることである。備前児島の五坊の山臥《やまぶし》が大和の五鬼と出自を同じくすること、及び下野古峰原《こぶがはら》の石原氏が前鬼後鬼の像を安置し、役行者に仕えた妙童鬼《みょうどうき》の子孫と称して居たことは前にすでに述べた。山城相楽郡高麗《こうらい》村大字神童寺《しんどうじ》の北吉野山《きたよしのさん》神童寺のごときも、本尊は役行者の作と称する蔵王権現《ざおうごんげん》で、その境内には木をもって一の洞を作り、岩に腰を掛けた四尺ばかりの行者の像を安置し、その前に前鬼後鬼《ごき》の像があった（『山州名跡志』十八）。同郡東和束《ひがしわづか》村大字原山の鷲峰《じゆぶ》山金胎寺《さんこんたいじ》も同じく修験道の霊場で、本尊は愛染明王、開山堂にはまた役行者の像を安置し傍に前鬼後鬼があった（同上）。中古本山の大峰に大蛇あって行人《ぎようにん》を妨げ入峰断絶して居た時、鷲峰山をもって大峰に比し神童寺をもって吉野山に准《なぞら》えた。よって北吉野と称したのである（『山城名跡巡行志』六）。玆にいうごとく、大峰山上の信仰には久しい中絶があった。しかもその期間は決して山臥道の衰微ではなかった。東西各処数十の名山が各自独立して峰入《みねいり》の修行をしていたことは、あたかも中央政府の威令が行われずして諸大名が地方に割拠して居たのと状勢を均しうして居る。山に達者で修法の助手に適した前鬼の徒が、縁について諸方に移住したのは自然のことである。吉野の下市《しもいち》の入《いり》にも善城《ぜんき》という部落があり、善城垣内《ぜんきがいと》という地名もある。吉野山の盛んだった時代には彼らはこの山口にも居住して居たのである。その境遇の叡山に対する八瀬童子とよく似て居たことは想像に困難でない。北吉野において神童寺という寺の名の存するのも、間接には役行者の末と称する鬼どもの宗教的勢力を窺わしむるものである。自分は必ずしも八瀬のゲラをもって吉野の奥からの移住民だとはいわぬが、二者の性質の近似は独りオニという奇なる名称ばかりでないことを注意せざるを得ぬのである。

　これに附け加えて一二なお述べねばならぬことは、第一には洞の生活である。行者の末流が洞窟中の修法を重んずることは前にも述べたが（一巻五八三頁）、また考えてみると高山の休泊所に室《むろ》と称して穴の家または石をもって囲んだ小屋の多いのは、単に風雨の難を避くるに便なだけではなかった。もっとも最初には洞窟でも多いような険阻岩石の地に住み馴れたからの思い附きかも知れぬが、不必要に奥深い穴の中はことに道力の高い行人の好むところで、その奥には仏神の像を奉安し時として常人に近づけず、霊異の力を陰暗と不案内とに助けさせんとした形跡がある。だから八瀬西北の鬼ケ洞のごとき、その中に神怪なる一箇の鬼石があったというのは、すなわちまた尾芝君のいわゆる腰掛石対面石の類と見られる。この上に酒顛童子が起臥したというのは不都合であるにしても、誰かまた昔の語《ことば》で鬼といった童子が眠りかつ語ったところの石かも知れぬ。一説にはこの洞に居たのは酒顛童子ではなくて鬼同丸《きどうまる》だとある。鞍馬道の市原野《いちはらの》というところへ出て源頼光の一行を襲うた鬼同丸という者は、著聞集などには何村の者ともいってないが、あるいはこの地より乾《いぬい》に当たって一の岩窟あり、鬼同丸と称する比叡山の児《ちご》、山から追い出されてこの洞に隠れ住んだと記した書物もあって、その窟は八瀬の鬼ケ洞を指したものらしい（『山城名勝志』十五）。後にはまた鬼童丸《きどうまる》とも書いたが、その鬼同丸の名もことによると鬼洞と関係があったのかも知れぬ。それはともかくも右の洞穴に栖んだという山鬼《さんき》の子孫が、永く釜風呂《かまぶろ》をもって家業として居たという一事は（『山城名跡巡行志』三）、注意せねばならぬことである。釜風呂というのは一種の蒸風呂《むしぶろ》のことであった。八瀬の里人等、農閑には各斧鎌《おのかま》を腰にして山に登り木を伐り、尺許にしてこれを束ね、窖《つちあな》に入れてこれを蒸すに、湿気去れば青色たちまち変じて黒くなる。これを黒木と称して日々京師に販《ひさ》いだということで（『雍州府志』）、その跡の竈《かまど》へ塩薦《しおごも》を敷きこの穴に入ると湿気を払うといって、京都から男女保養に遣《や》って来る者があったという（『近畿歴覧記』）。自分は曾て中世の寺院に属した人民に風呂と称する家筋の者があって、浴室の管理を業として居たことを述べ、フロという語の起こりが土窟石窟を意味するムロと同じらしいことを論じたことがある（三巻一五三頁）。もしかの推測を当たれりとするならば、洞中の生活は八瀬人の言語服装髪《かみか》容《たち》等と共にこの種族の一特性として算うべきものかと思う。

次にいうべきことは八瀬の村民の名の附け方である。前に引いた『皇都午睡』第三編上に外良《げら》のことを説いて、「亭主は皆若狭の和泉のと国名を附け、名跡《みょうせき》を我子に譲り六七十歳になれば漸くに元服して何右衛門何兵衛と名《なづ》くるなりとぞ云々」というて居る。あたかも駿州千葉の三度坊主と同一の談である（二巻七頁）。正徳六年の村誌に連署した村民の名を検してみても、この説の虚誕でないことは知れる。すなわち九十四人の顔ぶれの中で、国名を附けぬ者はただの二人か三人で、しかも近国と中国四国の名が多いから、いろいろの追加をもって自他を区別して居る。例えば近江には西近江・豆腐屋《とうふや》近江《おうみ》・藤近江・増《まし》近江の他人・千馬近江の岩・東近江の入道・新近江の入道・石千代近江の入道があり、出雲には河原出雲・乙出雲・東米屋出雲・さる出雲・口出雲のかめ・六郎出雲の入道・若出雲の六・別所出雲のぬどう・石出雲のまま・少出雲の岩等あり、伊予には道伊予・六郎伊予・承伊予・岩法師伊予・小法師伊予・小坊伊予・法師伊予の法師・七伊予の若・まし伊予の岩・ちち伊予のまし・茶屋伊予の九十郎・いて伊予の小坊等がある類で、この中のかめ・さる・まし・岩・七・ぬどう等は童名の類らしく、また中には親の名を頭《かしら》に附けて同称の者と区別したのもあるかと思う。ヒジリの徒に国名をもって房に名づくる者は多かった。相応な地位にある修験者などは、あるいは父の受領名《ずりような》を承《う》けて呼ばるること、武家に上総五郎や備後三郎あるに同じいかと思って居たが、中には何の意味もなく譬えば今の軍艦などのように国名を附したのもあるようだ。大和奈良坂の夙者《しゆくのもの》にも近江法師播磨法師等があったことはすでに度々いうて居る。これは今時の山窩《さんか》乞食《こじき》などが「オイ播州」などと互に呼び合い、ないしは流れ渡りの博徒に甲州無宿等の肩書あるに同じく、彼ら過去の漂泊生活を反映するものと考えて居たが、少なくも後年の命名法においては流行といおうかあるいはまた惰性といおうか、何という訳もなく親が河内だから子が和泉というように、ふいと附けたものが多かったようである。ただしはまた何か重々しい由緒でもあるのか、それは他日誤りのないところを聞くとして、まずはこの珍しい習俗をも鬼の子孫が特質の一と算えておくに止どめよう。

　最後に今一つだけ一寸言っておきたいのは、この村民の宗教心のことである。四月初辰日の天神祭のことは前に述べたが、その他にも正月二十日の弓始め、三月躑躅《つつじ》の盛の花の弓、いずれも厳重な儀式でいわゆる年占《としうら》の面影を遺《のこ》して居る。天神の社内にある綸旨《りんじ》の宮というのは、実は叡山との訴訟に尽力して切腹を余議なくされた秋元但馬守の御霊《ごりよう》であるというが、果たしてそんな悲劇があったことか否か、私はまだ確かめたことがない。またこの村には一年神主と称して出雲の美保関《みほのせき》などと同じく、氏子の総員が年番に祭儀に関与する風がある。京都文科大学の学者の中でこれを調べられた人があるというから、その報告を待ちたいと思うが、村で自分の見た正徳六丙申年の記録にも、赤岩播磨の下に「中年神主也、左右両座より一人づゝ神役を勤、日参皆潔斎」とあり、西近江の名の下には「中年承仕《じようし》也、当村惣役者一年勤」とある。すなわちこれによるも、鬼の子孫と称する八瀬人が、神を奉じてこの地に来住した最初からの一団体であることは疑いのないところであるが、しからば何故に祭神が天神様であるかに至っては、自分はまだこれを理解することが出来ぬのである。ただし問題の鬼ヶ洞はこの天神社の鳥居の西の山に当たり、南北に通った谷を四町ばかり上ったところにその口があったというから(『山州名跡志』五)、鬼という名称のよって来るところは、東の方叡山の仏教にこれを求めるよりも、西の方天神社の神道について尋ねる方が順序であるように思われる。

『郷土研究』(第四巻第三号、大正五年六月一日、郷土研究社)

山人考

大正六年日本歴史地理学会大会講演手稿

一

私が八九年以前から、内々山人《やまひと》の問題を考えているということを、喜田《きだ》博士が偶然に発見せられ、かかる晴れがましき会に出て、それを話しせよと仰せられる。一体これは物ずきに近い事業であって、もとより大正六年やそこいらに、成績を発表する所存をもって、取り掛かったものではありませぬ故に、一時ははなはだ当惑しかつ躊躇をしました。しかし考えてみれば、これは同時に自分のごとき方法をもって進んで、果たして結局の解決を得るに足るや否やを、諸先生から批評していただくのに、最も好い機会でもあるので、なまじいにまかり出でたる次第でございます。

二

現在の我々日本国民が、数多《あまた》の種族の混成だということは、実はまだ完全には立証せられたわけでもないようでありますが、私の研究はそれをすでに動かぬ通説となったものとして、すなわちこれを発足点と致します。

我が大御門《おおみかど》の御祖先が、初めてこの島へ御到着なされた時には、国内にはすでに幾多の先住民がいたと伝えられます。古代の記録においては、これらを名づけて国つ神と申しているのであります。その例は『日本書紀』の神代巻出雲の条に、吾は是《こ》れ国つ神、号は脚摩乳《あしなづち》、我妻《わが》号は手摩乳《てなづち》云々。又高皇産霊神《たかみむすびのかみ》は大物主神《おおものぬしのかみ》に向かい、汝若《も》し国つ神を以《もっ》て妻とせば、吾は猶《なお》汝疏《うと》き心有りとおもわんと仰せられた。神武紀にはまた臣は是れ国つ神、名を珍彦《うずひこ》と曰《い》うとあり、また同紀吉野の条には、臣は是れ国つ神名を井光《いひか》と為《な》すとあります。『古事記』の方では御迎いに出た猿田彦神《さるたひこ》をも、また国つ神と記しております。

令《りよう》の神祇令《じんぎりよう》には天神地祇という名を存し、地祇は『倭名鈔《わみようしよう》』の頃まで、クニツカミまたはクニツヤシロと訓《よ》みますが、この二つは等しく神祇官において、常典によってこれを祀ることになっていまして、奈良朝になりますと、新旧二種族の精神生活は、もはや名残なく融合したものと認められます。『延喜式《えんぎしき》』の神名帳には、国魂郡魂《くにたまこおりたま》という類の、神名から明らかに国神に属すと知らるる神々を多く包容しておりながら、天神地祇の区別すらも、すでに存置してはいなかったのであります。

しかも同じ『延喜式』の、中臣《なかとみ》の祓詞《はらえことば》を見ますると、なお天津罪《あまつつみ》と国津罪との区別を認めているのです。国津罪とはしからば何を意味するか。『古語拾遺《こごしゆうい》』には国津罪は国中人民犯す所の罪とのみ申してあるが、それではこれに対する天津罪は、誰の犯すところなるかが不明となります。右二通りの犯罪を比較してみると、一方は串刺重播畔放《くしざししきまきあはなち》ということく、主として土地占有権の侵害であるに反して、他の一方は父と子犯すといい、獣犯すというような無茶なもので、明白に犯罪の性質に文野の差あることが認められ、すなわち後者は原住民、国つ神の犯すところであることが解《わか》ります。『日本紀』景行天皇四十年の詔《みことのり》に、東夷《ひがしのひな》の中蝦夷《なかえみし》尤《もっと》も強し。男女交り居り父子別ち無し云々ともあります。いずれの時代にこの大祓の詞というものは出来たか。とにかくにかかる後の世まで口伝えに残って居たのは、興味多き事実であります。

同じ祝詞の中には、また次のような語も見えます。曰く、国中に荒振神等《あらぶるかみたち》を、神問はしに問はしたまい神掃《かみはら》ひに掃ひたまいて云々。アラブルカミタチはまた暴神とも荒神とも書してあり、『古語拾遺』などには不順鬼神ともあります。これは多分右申す国つ神の中《うち》、ことに強硬に反抗せし部分を、古くからそういって居たものと自分は考えます。

三

前九年後三年の時代に至って、漸く完結を告げたところの東征西伐は、要するに国つ神同化の事業を意味して居たと思う。東夷に比べると西国の先住民の方が、問題が小さかったように見えますが、豊後肥前日向等の『風土記《ふどき》』に、土蜘蛛《つちぐも》退治の記事の多いことは、常陸陸奥等に譲りませず、更に『続日本紀《しょくにほんぎ》』の文武天皇二年の条には太宰府《だざいふ》に勅《ちょく》して豊後の大野、肥後の鞠智《きくち》、肥前の基肄《きい》の三城を修繕せしめられた記事があります。これはもとより海寇《かいこう》の御備えでないことは、地形を一見なされたらすぐにわかります。土蜘蛛にはまた近畿地方に住した者もありました。『摂津風土記《せっつふどき》』の残篇にも記事があり、大和にはもとより国樔《クズ》が居りました。国樔と土蜘蛛とは同じもののように、『常陸風土記』には記してあります。

北東日本の開拓史を見ますると、時代と共に次々に北に向かって経営の歩を進め、しかも夷民の末と認むべき者が、今なお南部津軽の両半島の端の方だけに残って居るため、通例世人の考えでは、すべての先住民は圧迫を受けて、北へ北へと引き上げたように見て居ますが、これは単純にそんな心持ちがするというのみで、学問上証明を遂げたるものではないのです。少なくとも京畿以西に居住した異人等は、今ではただ漠然と、絶滅したように看做されて居るが、これももとより何らの根拠なき推測であります。

種族の絶滅ということは、血の混淆ないしは口碑の忘却というような意味でならば、これを想像することが出来るが、実際に殺され尽しまた死に絶えたということは景行天皇紀にいわゆる、撃てばすなわち草に隠れ追えばすなわち山に入るというごとき状態にある人民には、到底これを想像することが出来ないのです。『播磨風土記』を見ると、神前《かみさき》郡大川内、同じく湯川の二処に、異俗人三十《みそ》許口《たりばかり》ありとあって、地名辞書にはこれを今日の寺前長谷二村の辺に考定して居ます。すなわち汽車が姫路に近づこうとして渡るところの、今日市川と称する川の上流であって、実はかく申す私などもその至って近くの村に生まれました。和銅養老の交まで、この通り風俗を異にする人民が、その辺には居たのであります。

右にいう異俗人は、果たしていかなる種類に属するかは不明であるが、『新撰姓氏録《しんせんしょうじろく》』巻の五、右京皇別佐伯直《さえきのあたい》の条を見ると、この家の祖先とする御諸別命《みもろわけのみこと》、成務《せいむ》天皇の御宇《ぎょう》に播磨のこの地方において、川上より菜の葉の流れ下るを見て民住むと知り、求め出しこれを領して部民となす云々とあって、あるいはその御世から引き続いて、同じ者の末であったかも知れませぬ。

この佐伯部は、自ら蝦夷の俘《ふ》の神宮に献ぜられ、後に播磨安芸伊予讃岐及び阿波の五国に、配置せれた者の子孫なりと称したということで、すなわち景行天皇紀五十一年の記事とは符合しますが、これと『姓氏録』と二つの記録は、共に佐伯氏の録進に拠られたものと見えますから、この一致をもって強い証拠とするのは当たりませぬ。恐らくは『釈日本紀』に引用する暦録の、佐祈毘（叫び）が佐伯と訛《なま》ったという言い伝えと共に、一箇の古い説明伝説と見るべきものでありましょう。

サヘキの名称は、多分は障碍《しょうがい》という意味で、日本語だろうと思います。佐伯の住したのは、もちろん上に掲げた五箇国には止まりませぬが、果たして彼らの言の通り、蝦夷と種を同じくするか否かは、これらの書物以外の材料を集めて後に、平静に論証する必要があるのであります。

四

国郡の境を定めたもうということは、古くは成務天皇の条、また允恭《いんぎょう》天皇の御時にもありました。これもまた『姓氏録』に阪合部朝臣《さかあいべのあそん》、仰せを受けて境を定めたともあります。阪合は境のことで、阪戸《さかと》阪手《さかて》阪梨《さかなし》（阪足）などと共に、中古以前からの郷の名里の名にありますが、今日の境の村と村との堺を劃するに反して、昔は山地と平野との境、すなわち国つ神の領土と、天つ神の領土との、境を定めることを意味したかと思います。高野山の弘法大師などが、猟人の手から霊山の地を乞《こ》い受けたなどという昔話は、恐らくはこの事情を反映するものであろうと考えます。古い伽藍《がらん》の地主神が、猟人の形で案内をせられ、また留まって守護したもうという縁起は、高野だけでは決してないのであります。

天武天皇紀の吉野行幸の条に、獦者《かっしゃ》二十余人云々、または獦者之首などとあるのは、国《く》樔《ず》のことでありましょう。国樔は応神紀に、其為人甚淳朴也《そのひととなりはなはだじゅんぼくなり》などともありまして、佐伯とは本来同じ種族でないように思われます。『北山抄《ほくざんしょう》』『江次第《ごうしだい》』の時代を経て、それよりもまた遥か後代まで名目を存していた、新春朝廷の国栖の奏は、最初には実際この者が山を出でて来り仕え、御贄《みあえ》を献じたのに始まるのであります。『延喜式』の宮内式《くないしき》には、諸《もろもろ》の節会《せちえ》の時、国栖十二人笛工五人、合せて十七人を定としたとあります。古注には笛工の中の二人のみが、山城綴喜《つづき》郡にありとあります故に、他の十五人は年々現実に、もとは吉野の奥から召されたものでありましょう。『延喜式』の頃まではいかがかと思いますが、現に神亀三年には、召出されたという記録が残って居るのであります。

また平野神社の四座御祭、園神三座の祭などに、出でて仕えた山人という者も、元は同じく大和の国栖であったろうと思います。山人が庭火の役を勤めたことは、江次第にも見えて居る。祭の折に賢木《さかき》を執って神人に渡す役を、元は山人が仕え申したということは、もっとも注意を要する点かと心得ます。

ワキモコガアナシノ山ノ山人ト人モ見ルカニ山カツラセヨ

これは後代の神楽歌で、衛士が昔の山人の役を勤めるようになってから、用いられたものと思います。ワキモコガはマキムクノの訛り、纏向穴師《まきむくのあなし》は三輪の東に峙《そばだ》つ高山で、大和北部の平野に近く、多分は朝家の思召に基いて、この山にも一時国樔人の住んで居たのは、御式典に出仕する便宜のためかと察しられます。

しからば何が故に右のごとき厳重の御祭に、山人ごときが出て仕えることであったか。これはむつかしい問題で、同時にまた山人史の研究の、重要なる鍵でもあるように自分のみは感じて居る。山人の参列はただの朝廷の体裁装飾でなく、あるいは山から神霊を御降し申すために、欠くべからざる方式ではなかったか。神楽歌の穴師の山は、もちろん後に普通の人を代用してから、山かずらをさせて山人と見ようという点に、新たな興味を生じたものですが、『古今集』にはまた大歌所《おおうたどころ》の執り物の歌としてあって、山人の手に持つ榊の枝に、何か信仰上の意味がありそうに見えるのであります。

五

山人という語は、この通り起原の年久しいものであります。自分の推測としては、上古史上の国津神が末二つに分かれ、大半は里に下って常民に混同し、残りは山に入りまたは山に留まって、山人と呼ばれたと見るのですが、後世に至っては次第にこの名称を、用いる者がなくなって、かえって仙という字をヤマビトと訓ませて居るのであります。

自分が近世いうところの山男山女・山童山姫・山丈山姥などを総括して、仮に山人と申して居るのは、必ずしも無理な断定からではありませぬ。単に便宜上この古語を復活して使って見たまでであります。昔の山人の中で、威力に強いられないしは下され物を慕うて、遥かに京へ出て来た者は、もちろん少数であったでしょう。しからばその残りの旧弊な多数は、行く行くいかに成り行いたであろうか。これからが実は私一人の、考えてみようとした問題でありました。

自分はまず第一に、中世の鬼の話に注意をしてみました。オニに鬼の漢字を充てたのは随分古いことであります。その結果支那から入った陰陽道《おんみょうどう》の思想がこれと合体して、『今昔物語』の中の多くの鬼などは、人の形を具《そな》えたり具えなかったり、孤立独往して種々の奇怪を演じ、時としては板戸に化けたり、油壺になったりして人を害するを本業としたかの観がありますが、終始この鬼とは併行して、別に一派の山中の鬼があって、往々にして勇将猛士に退治せられて居ります。斉明天皇の七年八月に、筑前朝倉山の崖の上に踞まって、大きな笠を着て顋《あご》を手で支えて、天子の御葬儀を俯瞰して居たという鬼などは、この系統の鬼の中の最も古い一つである。酒顚童子《しゆてんどうじ》にせよ鈴鹿山の鬼にせよ、悪路王大竹丸赤頭にせよ、いずれも武力の討伐を必要として居ります。その他吉備津の塵輪《じんりん》も三穂太郎《さんぼ》も、鬼とはいいながら実は人間の最も獰猛なるものに近く、護符や修験者の呪文だけでは、煙のごとく消えてしまいそうにもない鬼でありました。

また鬼という者がことごとく、人を食い殺すを常習とするような兇悪な者のみならば、決して発生しなかったろうと思う言い伝えは、自ら鬼の子孫と称する者の、諸国に居住したことである。その一例は九州の日田付近に居た大蔵氏、系図を見ると代々鬼太夫などと名乗り、しばしば公の相撲の最手《ほて》に召されました。この家は帰化人の末と申して居ます。次には京都に近い八瀬の里の住民、俗にゲラなどと呼ばれた人々です。この事については前に小さな論文を公表しておきました。二三の顕著なる異俗があって、誇りとして近年まででこれを保持して居ました。黒川道祐などはこれを山鬼《さんき》の末と書いて居ます。山鬼は地方によって山爺のことをそういい、眼一つ足一つだなどといった者もあります、一方ではまた山鬼護法と連称して、霊山の守護に任ずる活神《いきがみ》のごとくにも信じました。安芸の宮島の山鬼は、おおよそ我々のよくいう天狗と、することが似て居ました。秋田太平山の三吉《さんきち》権現も、また奥山の半僧坊《はんぞうぼう》や秋葉山の三尺坊の類で、地方に多くの敬信者を持って居るが、やはりまた山鬼という語の音から出た名だろうという説があります。

それよりも今一段と顕著なる実例は、大和吉野の大峰山下の五鬼《ごき》であります。洞川《どろかわ》という谷底の村に、今では五鬼何という苗字の家が五軒あり、いわゆる山上参りの先達職を世襲し、聖護院の法親王御登山の案内役をもって、一代の眉目《びもく》としておりました。吉野に下市の町近くには、善鬼垣内《ぜんきかいと》という地名もあって、この地に限らず五鬼の出張が方々にありました。諸国の山伏の家の口碑には、五流併立を説くことがほとんど普通になって居ます。すなわち五鬼は五人の山伏の家であろうと思うにかかわらず、前鬼後鬼とも書いて役の行者《えんぎょうじゃ》の二人の侍者の子孫といい、従ってまた御善鬼様などと称して、これを崇敬した地方もありました。

善鬼は五鬼の始祖のことで、五鬼の他に別に団体があったわけではないらしく、古くは今の五鬼の家を前鬼というのが普通でありました。その前鬼が下界と交際を始めたのは、戦国の頃からだと申します。その時代までは彼らにも通力があったのを、浮世の少女と縁組をしたばかりに、後にはただの人間になったという者もありますが、実際にはごく近代になるまで、一夜の中に二十里三十里の山を往復したり、くれると言ったら一畠《ひとはた》の茄子を皆持って行ったり、なお普通人を威服するに十分なる、力を持つ者のごとく評判せられて居りました。

とにかくに彼らが平地の村から、移住した者の末ではないことは、自他共に認めて居るのです。これと大昔の山人との関係は不明ながら、山の信仰には深い根を持って居ます。そこでこの意味において、今一応考えてみる必要があると思うのは、相州箱根三州鳳来寺、近江の伊吹山上州の榛名山、出羽の羽黒紀州の熊野、さては加賀の白山等に伝わる開山の仙人の事跡であります。白山の泰澄大師《たいちょうだいし》などは、奈良の仏法とは系統が別であるそうで、近頃前田慧雲師はこれを南洋系の仏教と申されましたが、自分はいまだその根拠のいずれにあるかを知らぬのであります。とにかくに今ある山伏道も、溯って聖宝僧正《しょうぼうそうじょう》以前になりますと、教義も作法も共に甚だしく不明になり、ことに始祖という役小角《えんのおづの》に至っては、これを仏教の教徒と認めることすら決して容易ではないのです。仙術すなわち山人の道と名づくるものが、別に存在して居たという推測も、なお同様に成り立つだけの余地があるのであります。

六

土佐では寛永の十九年に、高知の城内に異人が出現したのを、これ山みことという者だといって、山中に送り還した話があります。ミコは神に仕える女性もしくは童子《どうじ》の名で、山人をそう呼んだことの当否は別として、少なくとも当時なおこの地方には、彼らと山神との何らかの関係を、認めて居た者のあったという証拠にはなります。山の神の信仰も維新以後の神祇官系統の学説に基き、名目と解釈の上に大なる変化を受けたことは、あたかも陰陽道が入ってオニが漢土の鬼になったのと似て居ります。今日では山神社の祭神は、大《おお》山祇命《やまつみのみこと》かその御娘の木花開耶姫《このはなさくやひめ》と、報告せられて居らぬものがないという有様ですが、これを各地の実際の信仰に照らしてみると、何としてもそれを古来の言い伝えとは見られぬのであります。

村に住む者が山神を祀り始めた動機は、近世には鉱山の繁栄を願うもの、あるいはまた狩猟のためというのもありますが、大多数は採樵と開墾の障礙なきを禱《いの》るもので、すなわち山の神に木を乞う祭、地を乞う祭を行うのが、これらの社の最初の目的でありました。そうしてその祭を怠った制裁は何かというと、怪我をしたり発狂したり死んだり、かなり怖ろしい神罰があります。東北地方には往々にして路の畔に、山神と刻んだ大きな石塔が立って居る。建立の年月日人の名なども彫ってありますが、如何して立てたかと聴くと、必ずその場処に何か不思議があって、臨時の祭をした記念なること、あたかも馬が急死するとその場処において供養を営み、馬頭観音もしくは庚申塔などを立てるのと同じく、しかも何の不思議かと問えば、大抵は山の神に不意に行逢うた、怖ろしいので気絶をしたという類で、その姿はまぼろしにもせよ、常に裸の背の高い、色の赭い眼の光の鋭い、ほぼ我々が想像する山人に近く、また一方ではこれを山男ともいって居るのであります。

天狗を山人と称したことは、近世二三の書物に見えます。あるいは山人を天狗と思ったという方が正しいのかも知れぬ。天狗の鼻を必ず高く、手には必ず羽扇を持たせることにしたのは、近世のしかも画道の約束見たようなもので、『太平記』以前のいろいろの物語には、随分盛んにこれを説いてありますが、さほど鼻のことを注意しませぬ。仏法の解説ではこれを魔障とし、善悪二元の対立を認めた古宗教の面影を伝えて居るにもかかわらず、一方には天狗の容貌服装のみならず、その習性感情から行動の末までが、仏法の一派と認めて居る修験山伏とよく類似し、後者もまたこれを承認して、時としてはその道の祖師であり守護神ででもあるかのごとく、崇敬しかつ依頼する風のあったことは、何か隠れたる仔細のあることでなければなりませぬ。恐らくは近世全く変化してしまった山の神の信仰に、元は山人も山伏も、共にある程度までは参与して居たのを、平地の宗教が段々にこれを無視しまたは忘却していったものと思って居ります。

今となってはわずかに残る民間下層のいわゆる迷信に拠って、切れ切れの事実の中から昔の実情を尋ねてみるの他はないのであります。一つの例を挙げてみますれば、山中には往々魔所と名づくる場所があります。京都近くにもいくつかありました。入っていくといろいろの奇怪があるように伝えられ、従って天狗の住家か、集会所のごとく人が考えました。その奇怪というのは何かというと、第一には天狗礫《てんぐつぶて》、どこからともなく石が飛んで来る。ただし通例は中《あた》って人を傷つけることがない。第二には天狗倒し、非常な大木をゴッシンゴッシンと挽き斫《き》る音が聴こえ、ほどなくえらい響きを立てて地に倒れる。しかも後にその方角に行ってみても、一本も新たに伐った株などはなく、もちろん倒れた木などもない。第三には天狗笑い、人数ならば十人十五人が一度に大笑いをする声が、不意に閑寂の林の中から聴こえる。害意はなくとも人の胆を寒くする力は、かえって前二者よりも強かった。その他にやや遠くから実験したものには、笛太鼓の囃しの音があり、また喬木の梢の灯の影などもあって、実はその作者を天狗とする根拠は確実でないのですが、天狗でなければ誰がするかという年来の速断と、天狗ならばしかねないという遺伝的類推法をもって、別に有力なる反対者もなしに、後にはこうして名称にさえなったのであります。

しかも必ずしも魔所といわず、また有名な老木などのない地にも、やはり同様の奇怪はおりおりあって、ある者は天狗以外の力としてこれを説明しようとしました。例えば不思議の石打ちは、久しく江戸の市中にさえこれを伝え、市外池袋の村民を雇い入れると、氏神が惜しんでこの変を示すなどともいいました。また伐木坊《キリキボウ》という怪物が山中に住み、毎々大木を伐り倒す音をさせて、人を驚かすという地方もあり、狸が化けてこの悪戯をするという者もありました。深夜にいろいろの物音がきこえて、所在を尋ねると転々するというのは、広島で昔評判したバタバタの怪、または東京でも七不思議の一つに算えた本所の馬鹿囃子《ばかばやし》の類です。単に一人が聴いたというのなら、おまえはどうかして居ると笑うところですが、現に二人三人の者が一所に居て、あれ聴けといって顔を見合せる類の、いわゆるファルシナシオン・コレクティブであるために、迷信もまた社会化したのであります。

私の住む牛込の高台にも、やはり頻々と深夜の囃子の音があると申しました。東京のはテケテンという太鼓だけですが、加賀の金沢では笛が入ると、泉鏡花君は申されました。遠州の秋葉街道で聴きましたのは、この天狗の御膝元に居ながらこれを狸の神楽と称し、現に狸の演奏して居るのを見たとさえいう人がありました。近世いい始めたことと思いますが、狸は最も物真似に長ずと信じられ、独り古風な腹鼓《はらづつみ》のみにあらず、汽車が開通すれば汽車の音、小学校の出来た当座は学校の騒ぎ、酒屋が建てば杜氏《とじ》の歌の声などを、真夜中に再現させて我々の耳を驚かして居ます。しかもそれを狸のわざとする論拠は、皆がそう信ずるという事実より以上に、一つも有力なものはなかったのです。

これらの現象の心理学的説明は、恐らくさして困難なものでありますまい。常は聴かれぬ非常に印象の深い音響の組み合わせが、時過ぎて一定の条件の下に鮮明に再現するのを、その時また聴いたように感じたものかも知れず、社会が単純で人の素養に定まった型があり、外から攪乱《こうらん》する力の加わらぬ場合には、多数が一度に同じ感動を受けたとしても、少しも差支えはないのでありますが、問題はただその幻覚の種類、これを実験し始めた時と場処、また名づけて天狗の何々と称するに至った事情であります。山に入ればしばしば脅かされ、そうでないまでも予め打合せをせずして、山の人の境を侵すときに、我と感ずる不安のごときものと、山に居る人の方が山の神に親しく、農民はいつまでも外客だという考えとが、永く真価以上に山人を買い被って居た、結果ではないかと思います。

七

そこで最終に自分の意見を申しますと、山人すなわち日本の先住民は、もはや絶滅したという通説には、私も大抵は同意してよいと思って居りますが、彼らを我々のいう絶滅に導いた道筋についてのみ、若干の異なる見解を抱くのであります。私の想像する道筋は六筋、その一は帰順朝貢に伴う編貫《へんかん》であります。最も堂々たる同化であります。その二は討《うち》死《じに》、その三は自然の子孫断絶であります。その四は信仰界を通って、かえって新来の百姓を征服し、好条件をもってゆくゆく彼らと併合したもの、第五は永い歳月の間に、人知れず土着しかつ混淆したもの、数においてはこれが一番に多いかと思います。

こういう風に列記してみると、以上の五つのいずれにも入らない差引残、すなわち第六種の旧状保持者、というよりも次第に退化して、今なお山中を漂泊しつつあった者が、少なくともある時代までは、必ず居たわけだということが、推定せられるのであります。ところがこの第六種の状態にある山人の消息は、極めて不確実であるとは申せ、つい最近になるまで各地方独立して、随分数多く伝えられて居りました。それは隠者か仙人かであろう。いや妖怪か狒々《ひひ》かまたは駄法螺《だぼら》かであろうと、勝手な批評をしても済むかも知れませぬが、事例は今少しく実着でかつ数多く、またその様にまでして否認をする必要もなかったのであります。

山中ことに漂泊の生存が、最も不可能に思われるのは火食の一点であります。一旦その便益を解していた者が、これを抛棄《ほうき》したということはあり得ぬように思われますが、とにかくに孤独なる山人には火を利用した形跡なく、しかも山中には虫魚鳥小獣のほかに、草木の実と若葉と根、または菌類などが多く、生で食って居たという話は沢山に伝えられます。木挽炭焼の小屋に尋ねて来て、黙って火にあたって居たという話もあれば、川蟹《かわがに》を持って来て焼いて食ったなどとも伝えます。塩はどうするかという疑いのごときは疑いにはなりませぬ。平地の人のごとく多量に消費しては居られぬが、日本では山中に塩分を含む泉至って多く、また食物の中にも塩気の不足を補うべきものがある。また永年の習性でその需要は著しく制限することが出来ました。吉野の奥で山に遁げ込んだ平地人が、山小屋に塩を乞いに来た。一握《ひとつか》みの塩を悦んで受けて、これだけあれば何年とかは大丈夫といった話が、『羇旅漫録《きりよまんろく》』かに見えて居りました。

それから衣服でありますが、これも獣皮でも樹の皮でも、用は足りたろうと思うにかかわらず、多くの山人は裸であったといわれて居ります。恐らくは裸体であるために人が注意することになったのでしょうが、我国の温度には古今の変は少なかろうと思うのに、国民の衣服の近世甚《はなは》だしく厚くるしくなったのを考えますと、馴《な》らせばなしにも起臥し得られて、この点はあまり顧慮しなかったものと見えます。不思議なことには山人の草鞋と称して、非常に大形のものを山中で見かけるという話がありますが、それは実用よりも何か第二の目的、すなわち南日本のある海岸の村で今でも大草履を魔除けとするごとく、彼ら独特の畏嚇法《いかくほう》をもって、なるべく平地人を回避した手段であったかも知れませぬ。

交通の問題についても少々考えてみました。日本は山国で北は津軽の半島の果てから南は長門の小串《こくし》の尖《さき》まで、少しも平野に下り立たずして往来することが出来るのでありますが、彼らは必要以上に遠くへ走るような、余裕も空想もなかったと見えて、居るという地方にのみいつでも居りました。全国の山地で山人の話の特に多いところが、近世では十数箇所あって、互いに隔絶してその間の聯絡は絶えて居たかと思われ、気を付けてみると少しずつ、気風習性のごときものが違って居ました。今日知れて居る限りの山人生息地は、北では陸羽の境の山であります。殊に日本海へ近よった山群であります。それから北上川左岸の連山、次には只見川の上流から越後秋山へかけての一帯、東海岸は大井川の奥、次は例の吉野から熊野の山、中国では大山山彙《だいせんさんい》などが列挙し得られます。飛驒は山国でありながら、不思議に今日はこの話が少なく、青年の愛好する北アルプスから立山方面、黒部川の入《いり》なども今はもう安全地帯のようであります。これに反して小さな離島でも、屋久島は今なお痕跡があり、四国にも九州にももちろん住むと伝えられます。四国では剣山の周囲ことに土佐の側には無数の話があり、九州は東岸にやや偏して、九重山《くじゅうさん》以南霧島山以北一帯に、最も無邪気なる山人が住むといわれて居ります。海が彼らの交通を遮断するのは当然ですが、なお少しは水を泳ぐことも出来ました。山中にはもとより東西の通路があって、老功なる木樵猟師は容易にこれを認めて遭遇を避けました。夜分には彼らも随分里近くを通りました。その方が路が楽であったことは、彼らとても変わりはないはずです。鉄道の初めて通じた時はさぞ驚いたろうと思いますが、今では隧道《トンネル》なども利用して居るかも知れませぬ。火と物音にさえ警戒して居れば、平地人の方から気が付くおそれはないからであります。

山男山姥が町の市日《いちび》に、買物に出るという話が方々にありました。果たしてそんなことがあったら、衣服風体なども目に立たぬように、済ましてただの田舎者の顔をするのだから、山人としては最も進んだ、すぐにも百姓に同化し得る部類で、いわば一種の土着見習生のごときものであります。それ以外には力めて人を避けるのがむしろ通例で、自分の方から来るというはよくよくの場合、すなわち単なる見物や食物のためではなかったらしいのです。しかも人類としては一番強い内からの衝動、すなわち配偶者の欲しいという情は、往々にして異常の勇敢を促したかと思う事実があります。

もっとも山人の中にも女はあって、族内の縁組も絶対に不可能ではなかったが、人が少なく年が違い、久しい孤独を忍ばねばならぬ際に、堪えかねて里に降って若い男女を誘うたことも、稀ではなかったように考えます。神隠しと称する日本の社会の奇現象は、あまりにも数が多く、その中には明白に自身の気の狂いから、何となく山に飛び込んだ者も少なくないのですが、原因の明瞭になったものは曾てないので、しかも多くは還って来ず、一方には年を隔てて山中で行逢うたという話が、決して珍しくはないから、こういう推測が成り立つのであります。世の中が開けてからは、仮に著しくその場合が減じたにしても、物憑き物狂いがいつも引き寄せられるように、山へ山へと入っていく暗示には、千年以前からの潜んだ威圧が、なお働いて居るものと見ることが出来ます。

それをまた他の方面から立証するものは、山人の言語であります。彼らが物を言ったという例は、ほとんどないといってよいのであるが、平地人のいわゆる日本語は、大抵の場合には山人に理解せられます。随分と込み入った事柄でも、呑み込んでその通りにしたというのは、すなわち片親の方からその知識が、段々に注入せられて居る結果かと思います。それでなければ米の飯をひどく欲しがりまた焚火を悦び、しばしば常人に対して好意とまではなくとも、じっと目送りしたりするほどの、平和な態度を執ったという話が解せられず、ことに頼まれて人を助け、市に出て物を交易するというだけの変化の原因が想像し得られませぬ。多分は前代にあっても最初は同じ事情から、耕作の趣味を学んで一地に土着し、わずかずつ下流の人里と交通を試みて居るうちに、自他ともに差別の観念を忘失して、すなわち武陵桃源《ぶりょうとうげん》の発見とはなったのであろうと思います。

これを要するに山人の絶滅とは、主としては在来の生活の、特色のなくなることでありました。そうして山人の特色とは何であったかというと、一つには肌膚の色の赤いこと、二つには丈高く、ことに手足の長いことなどが、昔話の中に今も伝説せられます。諸国に数多き大人《おおひと》の足跡の話は、話となって極端まで誇張せられ、加賀ではあの国を三足であるいたという大足跡もありますが、もとは長髄彦《ながすねひこ》もしくは上州の八掬脛《ヤツカハギ》ぐらいの、やや我々より大きいという話ではなかったかと思われます。北欧羅巴《ヨーロッパ》では昔話の小人というのが、先住異民族の記憶の断片と解せられて居ますが、日本はちょうどその反対で、現に東部の弘い地域にわたり、今もって山人のことを大人と呼んで居る例があるのです。

私は他日この問題が今少し綿密に学界から注意せられて、単に人類学上の新資料を供与するに止まらず、日本人の文明史において、まだいかにしても説明し得ない多くの事跡が、この方面から次第に分かって来ることを切望いたします。ことに我々の血の中に、若干の荒い山人の血を混じて居るかも知れぬということは、我々にとっては実に無限の興味であります。

『山の人生』（大正十五年、郷土研究社）

山人外伝資料＊一〜五

久米長目

山人外伝資料（山男山女山丈山姥山童山姫の話）

拙者の信ずるところでは、山人《やまびと》はこの島国に昔繁栄して居た先住民の子孫である。その文明は大いに退歩した。古今三千年の間彼らのために記された一冊の歴史もない。それを彼らの種族がほとんど絶滅したかと思う今日において、彼らの不倶戴天《ふぐたいてん》の敵《かたき》の片割たる拙者の手によって企てるのである。これだけでも彼らは誠に憫《あわれ》むべき人民である。しかしかく言う拙者とても十余代前の先祖は不定《ふじよう》である。彼らと全然血縁がないとは断言することが出来ぬ。無暗《むやみ》に山の中が好であったり、同じ日本人の中にも見ただけで慄《ふる》えるほど嫌な人があったりするのを考えると、ただ神のみぞ知《しろ》しめす、どの筋からか山人の血を遺伝して居るのかも知れぬ。がそんなことは念頭に置かない。茲には名誉ある永遠の征服者の後《こう》裔《えい》たる威厳を保ちつつ、かのタシタスが日耳曼人《ジェルマンじん》を描いたと同様なる用意をもって、彼らの過去に臨まんと欲するのである。幸にして他日一巻の書を成し得たならば、恐らくはよい供養となることであろうと思う。

山人史の史料は乏《とも》しくしてかつ若干の矛盾がある。いずれの国の歴史にも事実に伝説の織込まれてあることあたかも金襴《きんらん》に金糸の織込まれてあるごとくであると同様に、山人の歴史もまた今では子供よりほか承知しない多くの夢物語を雑《まじ》えて居る。而してその原因がまた共通のものである。すなわち傍観者の誤解と語部《かたりべ》の善意の誇張、ことにはまた聴者《ききて》の物を信じやすい癖である。これらの三《みっ》が著しく減少したのがすなわち現代である。今もし伝説を混じて居るという理由で排斥するならば、多くの国に古代史がなくなる。ただし前にもいうがごとく、将《まさ》に出《いで》んとする山人外伝は一敵人の筆に成るものである。従ってその記述は一国の創業史のように国民的確信を基礎として築き上げることが出来ぬ。論争から超脱した前提なるものがすこしもない。山人が曾《かっ》てこの国に存在したという単純なる事実からが、すでに厳しい吟味批判を受けねばならぬのである。拙者はこの出発点の困難を凌《しの》ぐために、将来に向かってももちろんあらゆる便利なる及び不便利なる史料を蒐集《しゅうしゅう》しかつその抵触を解説するだけの勇気を有《も》って居る。独自分の予断を確めていくに止まらず、また各種の懐疑派の立場にも立って、想像し得る限りの反対説に熟慮を吝《おし》むまいと思う。しかし徂徠翁《そらいおう》の「なるべし」や平田氏《ひらたし》の「疑《うっ》なし」や某々氏の「ならん」「あらざるか」などの連続では歴史は書けない。故にこの際賢明なる読者に対して切に望むことがある。自分はあえて山人は人であるという仮定を承認して下されとはいわぬ、ただ願わくは少《すこし》くこの仮定に同情をしてもらい申したい。せめては自分が山人に与えて居る同情の七分の一ぐらいの同情が望ましい。

支那《しな》は昔から史料編纂官《しりようへんさんかん》を優遇した国である。孔丘董狐《こうきゆうとうこ》等の筆を神のごとく尊敬した国である。世が治れば蛮夷戎狄《ばんいじゆうてき》が八荒の果てからその都に集った。これほど豊なる見聞を備えながら、山海経《さんかいきよう》を始めとして歴朝のいわゆる職方《しきほう》の記録はどうであったか。鶴《つる》に食われるような小な人、腹に眼《め》があり穴があるという人間、不精密もまた甚《はなは》しいではないか。これ皆民族としての同情が足らぬからである。初めから五感四肢自分の類ではないと考えて掛かったのが誤りの本である。比較文明史の研究者から見れば、我邦でも尻《しり》に尾があったなどという風説を史書に載せたということは、かえって国民の外交能力の未発達を示して居る。しかしあの時代には山人の眷属《けんぞく》もまだ多く、狭いこの島に雑居して居たのであるから、存外詳しい消息が伝えられている。世降《くだ》って日本人《にほんじん》が充満し彼らがいわゆる山人となり終わった頃は、あたかも郷土誌編纂の事業が大いに頓挫《とんざ》した時である。山人の生活はさておき、平民の歴史までがおいおい不明になった。しこうしてついには馬来型《マレイがた》の顔もアイノ手《で》の眉鬚《まゆひげ》もことごとく源平藤橘《げんぺいとうきつ》いずれかの朝臣《あそん》に決定することとなったのである。歴代の対山人策も無論田舎文献の消長に伴って変遷している。今これを諸国の大和種族の植民地がこの連中を観察した態度によっていえば、幸にも近世の流行に従った時期の分割《ぶんかく》をすることが出来る。御愛嬌《ごあいきよう》に先生方のもっともらしい口吻《こうふん》を真似《まね》てみようと思う。第一期は名づけて国津神時代という。神代より以降ほぼ山城遷都の頃《ころ》をもって終わる。山人の先祖がまだ多く谷平野に群居して我々の部落と対抗した時代である。日本人は彼らの酋長《しゅうちょう》を荒神《あらぶるかみ》邪神《あしきかみ》と呼び、一朝帰順して路《みち》を開けばすなわち彼らが信仰を尊重して一番優《えら》い者を国津神といい、その家の祖先を国魂郡魂《くにたまこおりたま》などといって祀《まつ》ることにした。第二期は少く短いが鬼時代または物時代という。坂上田村麿《さかのうえたむらまろ》らの名将軍の尽力で、帰化する者は早く帰化をさせその他は深山の中へ追入れた。しかし官道《かんどう》の通らぬ山地には険を憑《たの》んで安住し、与党がやや集れば再出でて交通を劫《おびやか》した。大江山鈴鹿山《すずかやま》の峠のみならず、時には京都の町中まで人を取りに来る。京都人は彼らが出没の自在なるに驚いて人間以上の物と認め、当時いろいろの浮説をこれに附加《つけくわ》えたようである。また武具の力では制せられぬと断念して祈禱《きとう》の方に力を入れ、従って山人をもって単純なる鬼物《きぶつ》と認めようとした。しかしこの鬼物が空想の産物であればその空想のよって来るところがなければならぬのに、その記事は文字通りの変化百出であって、少くもその中心の実験の綜合《そうごう》であることがよく分かる。この時代の終期は一段と定めにくいが、自分は例によって鎌倉開幕《かまくらかいばく》の時までとしておく。実際太平記その他次の期の書物の鬼は前代の書籍に養われた思想であることがよく分かる。第三期は山神《やまのかみ》時代であって江戸将軍の始めにまで及んで居る。山人の多くは鬼といわれながらやはり帰化土著《どちゃく》した。山に残る頑冥派《がんめいは》はいよいよ孤居寂寞《せきばく》の者となり、もはや平地人と戦うの勇気もなく、わずかに姿を見せることはあっても人を畏《おそ》れてすぐに隠れた。しかもそのために山人の不思議はかえって加わり、堂々たる敵人の態度を罷《や》めて盗《ぬすびと》に近い卑屈な作業をあえてするのまでを、地方人はその神徳の中に数え、鬼時代には曾てしなかった禍福についての祈願をした。あるいはまた狗賓《ぐひん》時代天狗時代と名づけても宜《よろ》しい。この信仰の発生に参与したのが山を半生の家としたいわゆる馳出《かけだし》の山伏らである。山中の修行のただの人に出来ぬことを立証するために、山人に緋《ひ》の衣《ころも》を著せたり頭巾《ときん》を戴《いただ》かせたり羽扇《はうちわ》を持たせたり、その他突飛なるいろいろの特性を附加えて今もその伝説を各地に留《とど》めて居る。第四期に至っては大なる零落である。自分は涙を揮《ふる》ってこれを猿時代と名づける。足利氏《あしかがし》の末頃からおいおい進んで来た医学につれて物の名を詳《つまびらか》にする本草家という学問が起こり、徳川時代の文明がこれを成長させてついに貝原氏の大和本草、寺島氏の和漢三才図会となった。これ以後の書には山男山爺《やまじい》などは寓類《ぐうるい》の中に数えられて、狒々《ひひ》の次に置かれてある。実際山人族の文化の退歩もまた甚しいものがあった。彼らと我々との懸隔は莫大《ばくだい》なことであれば、人類学の今のように進むまでは抗議をするにも材料がなかったかも知れぬが、実はこの分類は支《し》那《な》書《しょ》の受け売りであった。さて自分が今自《みずから》評判して居る書物がもし出版屋を見出したならば、日本人の対山人史は明らかにその第五期に入ることであろう。

右に陳述した歴史上の五大分期は、形は御覧の通り立派なものであるが、やはり他の多分の例に洩《も》れず、各期の尻と頭とが錯綜《さくそう》して曙染《あけぼのぞめ》をなして居る。結局何のために分けてみたか一寸《ちょっと》答えられぬことにならぬでもないが、少くも眼前紛雑を極めて居る山人史の資料を、右の思想の変遷に従って処理淘汰《とうた》していくに都合が良い。しかし自分は誓ってそのような易行道には赴かない。その理由は沢山あるが、一にはこの時代分《じだいわ》けは更に第二の大いなる仮定である。第一の仮定の確立せぬ中にまた一歩を進めるのは信任の濫用である。二には自分の取り扱わんとする問題は今日の山男である。近世の史料に基《もとい》して近世の山人の生活を明らかにせんとするのである。日本人に滅されたまたは日本人となりすました彼らが従兄弟の伝記に多くの力を割《さ》くことが出来ぬ。三にはこの五期の分類によるときは到底いずれにも属せしめ得ない近代の貴重な材料がある。本草家の中には一方に山人を猿の類に入れるような事大主義の存するると同時に、我々と同じ心掛で重《おもき》を実際の観察に置き、これを忠実に書き残して断定を後昆《こうこん》に任せた一派がある。この労力を徒《いたずら》にせぬためには、時代時代の思潮から立ち離れて、面倒を厭《いと》わず個々独立の見聞録の矛盾を解《と》き明《あ》かしてみねばならぬ。しかもその矛盾には大分厄介なものがある。自分は生憎研究法《あいにくメソドロジスト》の学者を友人に有《も》たぬために、自ら考えてみてもちと不細工な粗い分類をして居る。諸君笑われては困るが、それは第一類山男らがものを言ったといわぬ記事第二類山男らがものを言ったという記事である。彼らを神でも妖怪《ようかい》でもないとする自分の仮定に従えば、ごく大ざっぱに一類を事実に近きもの二類を伝説と分けてもよいようであるが、そうは出来ない仔細《しさい》があって後に述べる。また伝説だから顧るに足らぬというような不親切なことはいわぬ。一々鄭寧《ていねい》に考察すべきはもちろんであるが、順序としてここからまず第一類の史料に手を著《つ》けてみよう。

近世の山男記事では駿河《するが》と土佐の二国に存する者が最も古い。しかもこの二国は今日に至るまで山人の足跡のはなはだ多い地方である。

慶長十四年四月四日、駿府《すんぷ》御殿の庭に人あり。四肢に指無し。弊衣を著《き》、乱髪にして青蛙《あおがえる》を食ふ。何方《いずかた》よりとも無く来る。其居所《そのきょしょ》を問ふに唯《ただ》手を以《もっ》て天を指すのみ。天より来ると言ふなるべし。左右之を殺さんとす。家康公仰に殺すことなかれとのこと故、之を御城外に放つ。其行方を知らず。(『東武談叢』)

この話は駿国雑志に従えばまた一宵話《いっしょうわ》という書にも載せてあって、多少の相違があるそうである。思うに当時の大評判であって区々《まちまち》の噂《うわさ》があったらしい。天を指した時に見たのであれば指のなかったことは確であろうが、それは怪我《けが》でもして居た山人である。弊衣を著て居たとあってもその材料は不明なのは遺憾なことだ。天より来たと解したのはいわゆる山神思想の痕跡《こんせき》であるが、静岡《しずおか》に現れたといえばどうしても安倍川《あべかわ》または藁科川《わらしながわ》の上流の居住者と見ねばならぬ。

寛永十九年壬午《みずのえうま》の春、豊永郷《とよながつう》の深山より山ミコと云《い》ふ者を高知へ連来《つれきた》る。大の男にて肉合逞《たくま》しく、年齢は六十ばかりに見ゆ。食を与ふれば何にても食ふ。二三日して本の処《ところ》へ返し遣《つか》はす。(『土州淵岳志』)

寛永十九年は前の話より、三十三年の後、今から二百七十年ばかり昔である。豊永は吉《よし》野川《のがわ》の上流で土佐長岡《ながおか》郡、この辺では山ミコという名もあり本のところも知れて居たのである。同じ時代に山陰道の方面にもこれについて若干《そくばく》の実験をし得た者があった。

寛永年中の事也。安成久太夫《やすなりきゅうだゆう》と云ふ武士あり。備前因幡《びぜんいなば》国換《くにがえ》の時節にて、未《いまだ》居屋敷も定らず、気高郡鹿野《けだかごおりしかの》の在に仮に住みけり。或《ある》夜山に入りけるに、夜更け月の光も薄く木立も奥暗き岨陰《そばかげ》より、何とも知らぬ者駆出《かけい》で、久太夫が連れたる犬を追掛け遥《はるか》の谷へ追落して、傍なる巌窟《がんくつ》に駆入りたり。久太夫不思議に思ひ、犬を呼返して其穴に入れんとするに、犬怖《おそ》れて入らざれば、若党に命じて彼《かの》者を探求めしむ。人の長《たけ》ばかりの猿の如き者也。若党引出《ひきいだ》さんとするに、力強く爪尖《つめとが》りて若党の手を掻破《かきやぶ》りけるを、漸《ようやく》に引出したり、久太夫葛《かずら》を用ゐて之を縛り村里へ引出し、灯をとぼして之を見るに、髪長く膝《ひざ》に垂れ面相全く女に似て、其荒れたること絵にかける夜叉《やしゃ》の如し。何を尋ねても物言うこと無く、只にこ〳〵と打笑ふのみ也。食を与ふれども食はず、水を与ふれば飲みたり。遍《あまね》く里人に尋ぬれども仔細を知る者無し。一村集りて之を見物す。其中《うち》に七十余の老農ありて謂《い》ふには、昔此村に産婦あり、俄《にわか》に狂気して駆出でけるが、鷲峰山《じゅうぽうざん》に入りたり。親族尋求むと雖終に遇ふこと無しと言伝へたり。其年歴を計るに凡《およそ》百年に余れり。若《もし》は此者にてもあらんかと也。久太夫速に命を助け山に追返しけるに、其走ること甚早し。其後又之を見る者無しと云へり。（『雪窓夜話』）

因幡西部の山地での見聞である。里の男女が発狂して山に入った話は多いことで、何の目印もなく彼女《あの》であろうは速断であったが、少くもこの辺の深山にもほかにあまり心当たりのないほど、珍しい事件であったことが分かる。犬を追落した様子によって幾分かこの者の常の生活も察せられる。なおおいおい列挙する記事と比較してもらいたい。

『郷土研究』（第一巻第一号、大正二年三月十日、郷土研究社）

山人外伝資料（山男山女山丈山姥山童山姫の話）

山人《やまびと》が尋常一様の妖怪《ようかい》の類でない証拠としてまず諸君の注意を乞《こ》いたいのはこの物が小さな島に居らぬという点である。もし我々の想像の産物でありとすれば、人の行くところには必ず追随すべきはずであるが実際の遭遇談は旧日本の三箇の大島《だいとう》の、しかも凡《およそ》定まった十数箇所の山地にのみ伝えられて居るのである。要約していえば山男の居りそうなところにばかり山男はいる。たとえその話の十中二三が幻覚《まぼろし》であったとしても、なお幻覚相応の根拠があるらしい。今地図の上においてこれら山人の居住地の相互関係を考察すると、海上交通の問題だけは特別の説明を必要とするかも知らぬが、そのほかにおいては極めて自然なる聯絡が存して居るように思われる。すなわち最初は麓の方から駆登ったとしても、一旦山に入ってから後の遷徙《せんし》異動に至っては、全然下界と没交渉にこれを行うことが出来るところばかりである。九州で申さば今でもこの徒の活動して居るのは彦山《ヒコサン》の周囲と霧島の連山である。阿蘇《アソ》火山の東側の外輪山を通ればほとんど無人の地のみである。ただし坂《サカ》梨《ナシ》の峠を鉄道が横《よこぎ》るようになったら彼らは大いに面食らうことであろう。四国では石鎚山《イシツチサン》山彙《さんい》と剣山《ツルギサン》の奥が本拠であるらしい。吉野川の上流には処々に閑静な徒渉場があるのみならず、多くの山の峰は白昼大手を振って往来しても見咎《みとが》める者もなく、必要があれば一寸鬱散《うっさん》のために海岸に出てみることも自由である。それから本土においても彼らにとって不退の領土がある。前に述べた大井川の上流から、例えば木曾の親類を訪問するにも良い路が幾筋もある。赤石農鳥《ノウトリ》について北に向かえば、高遠の町の火を眼下に見つつそっと蓼科《タデシナ》の方へ越えることも出来る。夜行の貨物列車に驚かされるのが厭《いや》なら、守屋《モリヤ》岳《ダケ》の峰伝《みねづた》いに岡谷《オカヤ》の製糸工場のすこし下流で天竜川を渡っても宜しい。塩尻峠《シオジリトウゲ》や鳥居峠では日本人の方が閉口して地《じ》の底を俯伏《ふふく》して居る。山人にとっては恐らくは里近い平野が我々の方の山路峠路に該当することであろう。我々の旅人が麓《ふもと》の宿の旅籠《はたご》に泊まって明日の山越《やまごし》の用意をするように、彼らはまた一人旅の昼道は危いなどと、いって居るかも知れぬ。いわゆる赤石山脈の縦断などは近頃になって山岳会の諸君が冒険をするまでは、徳川氏の初期に勇敢なる駿州《スンシュウ》の武士がこれを企てたのを伝えて居るのみである。秋葉の奥山のごときもまた安全な路線である。天竜の峡谷で足を沾《ぬら》すことさえ承知ならば、何の骨折もなく木曾駒岳《キソコマガダケ》一帯の幹路に取り附き得る。木曾から立山《タテヤマ》へ、または神通川《ジンヅウガワ》が面倒なら位山川上岳《クライヤマカワカミダケ》の峰通に直接に白山《ハクサン》に掛かり、能郷の白山から夜叉池《ヤシャガイケ》の霊地を巡遊して、北国海道などは一飛に比良《ラ》にも鞍馬《クラマ》にも比叡《ヒエ》にも愛宕《アタゴ》にも出られ、柳桜の平安城を指点して、口先だけならば将門《マサカド》純友《スミトモ》の豪語もなし得たのである。それから西へ行けば大山三瓶山《ダイセンサンベサン》、因幡出雲にも小さな植民地がある。また熊野の奥へ越えるのには逢坂山《オウサカヤマ》に往来の人がちと多過ぎる。故に湖東胆吹山の筋を迂回して伊勢大和の境山を行く。路はやや遥《はる》かではあるが住心地の好《よ》い南の海辺である。夜寒の苦《くる》しみが少くしてかつ白く柔い海の魚を取り得る望みもある。伊豆の天城《アマギ》よりは近所が静かでよい。夏になれば富士川を越えて東北の新天地にも遊ぶことが出来る。富士の八湖を左手《ゆんで》にして籠坂《カゴサカ》を夜半に横り、笹子大菩薩《ササゴダイボサツ》を経て秩父《チチブ》の奥に行けばゆるりと休息する。荒船から碓氷《ウスイ》にかかり浅間の中腹を伝って、左に折れて戸隠黒姫妙高山《トガクシクロヒメミヨウコウザン》附近の故郷を訪ねるもよし、あるいはまた白根《シラネ》から南会津に入れば、只見川の水源地のごときは安楽国の一である。駒ヶ岳飯豊朝日岳《イイデアサヒダケ》まで行けば広い国と大な海が見える。鳥海山へは大分迂回《うかい》せねばならぬが、奥州境の山に沿うて北秋田に入り、田代岩木《タシロイワキ》の山に行けば多くの同類が居る。阿仁《アニ》から岩手山の方に出てもよし、鹿角《カヅノ》の沢へ下ると銅山の煙には弱るが、北上川の分水嶺《ぶんすいれい》を過ぎて東海の荒浜の見える閉伊《ヘイ》の山地にも落ち付くことが出来るのである。もちろん山人の道中記とは符合せぬかも知れぬ。また彼らの間にはかくのごとき大旅行の必要はなかったかも知れぬが、諸国の山奥に散在するこれらの人民がもと一種族であったことだけは容易に想像し得ることである。

前に列挙した山国においては山人の居たという確かな話が段々あるが、後の説明に入用なものは先ここには略しておき、最初にはただこの者に逢《あ》ったというだけの例を二つ三つ出してみよう。

対馬某は物産に精し。常に薬を叡山に採る。或日渓《たに》の側に憩ひしに、偶々谷を隔てたる山の下に、一入の小児が出でゝ石の上に遊べるを見たり。数々躍下りて復《また》上る。是は必麓の村の民家の子が来りて遊ぶならんと思ふ程に、其小児は去行きぬ。其後此辺《あたり》を通り見るに、石は高さ数丈あるものなりき。之を以て料れば、かの折小児の如く見えしは身長《みのたけ》一丈もありしなるべきか。蓋山魅《けだしやまのかみ》の類なるべしと。(『有斐斎劄記』)

川路聖謨先生或年公の命にて木曾に入りある山小屋に宿す。月の明かなる夜深に、小屋の外に来て頻に声高く喚ぶ者あり。刀を執りて戸を開けばそこには早影も見えず、極めて丈高き男の小屋の前なる山を降行く後姿、遠く月の光にて見ゆ。山男なるべしと其折従者に語られしが、他日終に再此事を口にせられず、日記にも伝にも未《いまだ》之を記するものを見ずと。(石黒忠篤君談)

越前丹生郡三方村大字杉谷の、勝木袖五郎と云ふ今五十余の男、十二三歳の頃の事なり。秋の末枯木を取りに村の山へ行くに、友だちは欺きて皆外の処へ行き、此者一人村の白山神社の片脇なる堂ケ谷と云ふ処にて木を拾ひてありしが、ふと見れば目の前のカナギ（くぬぎ）の木に凭《もた》れて大男の毛脛《けずね》すくと見えたり。見上《みあぐ》れば目の届かぬ程に丈高し。怖しければ直に引返して程近き我家の背戸口に馳せ帰り再其山の方を振返り見るに、大男は尚もとの場所に立ち、凄き眼をしてじっと此方を見てありしかば、其時になりて正気を失ひたりと云へり。堂ケ谷は宮にも民家にも近き低き山なり。

（前田雄三君談）

四国の深山に山爺《やまじじ》と云ふ物あり、形は痩《や》せたる老人なるが絶崖巉岩を行くこと平地の如し。山民時として之を見る。さまで神仙の術あることも聞かず。誠に山沢の癯仙と看つべきもの也。南部の山中にも松柏《しょうはく》の葉のみ食ひて余物を食はず、潤飲して年代を知らざる者あり。皆是此類ならんと云へり。（『日東本草図彙』巻十二）

『郷土研究』（第一巻第二号、大正二年四月十日、郷土研究社）

山人外伝資料（山男山女山丈山姥山童山姫の話）

拙者の山男談は二回や三回で種の尽きるほど不景気なものではない。ただ天孫人種の昔話であまり賑《にぎや》かである故に、山男風にしばらく退嬰《たいえい》して居たのだ。またそろそろと御意を得たいものである。さて山男が真の人間である証拠として最も有力なるは食物《たべもの》の話かと思う。この人種の気《き》の毒《どく》なのは火を自由に用い得ないことである。それも初めから火食の便宜をまるまる知らぬのならばよいが、火という物は暖いこと正に夜分の太陽とも名《な》づくべきもので、わずかの間その上に肉類を載せておくと、大変に脆《もろ》くかつ香《こう》しくなることを記憶しまたは聞伝えて居る身には、生活の大必要からとはいいながら、火の光を避けねばならぬ第二の天性を作るまでには定めて苦艱《くかん》を忍んだことだろう。自分で火を焼《た》くなどということは窟《いわや》の中でも断念せねばならぬ。ことに次の冬まで持越すべく夏中火の番をして居るには労力の融通がつかぬ。故に是非もなく寒さに堪えるだけの皮膚になった（山から小僧が泣いて来たという歌は、あれは御寺《おてら》の小僧のことである）。彼らは谷川の魚または山鳥羚羊《くらしし》等の肉を生で食ったらしい。これは人の想像し得ることであるが、慥《たしか》な史料もあるのである。その一例を挙げるなら、

高田（越後）の大工又兵衛、西山本に雇われをり一夜急用ありて一人山路《やまみち》を還る。岨《そば》道《みち》の引廻《ひきめぐ》りたる処にて図らずも大人《おおひと》に行逢ふ。其形裸身《はだかみ》にして長《たけ》は八尺ばかり、髪は肩に垂れ眼《め》の光星の如し。手に兎《うさぎ》一つ提《さ》げて静かに歩み来る。大工驚きて立止れば、彼も亦驚けるさまにて立止り終《つい》に物も言はず路を横《よこぎ》りて山に登り去りしとぞ。（『北越雑記』巻十九）

大人という語は我国東半分に弘く行わるる山男の別名である。この兎は何のために運搬して居たか、いわずとも知れた彼らの弁当ないしは家苞《いえづと》である。本草綱目釈義《ほんぞうこうもくしゃくぎ》、獣の部に、

「山㺊」ヤマヲヂ（筑前）ヤマヂ、（阿波）ヤマヂイ（讃岐）。九州又は四国に多し。山深く続く処に居る。木曾《きそ》にも有り。常の人よりも小にして男の形、はだか也云々。杣人《そまびと》山中に入る時火を焚《た》けば、傍に来て蟹《かに》などを焼きて食ふ。何事も害をせぬ物なり。

とある。大分多勢の口を経たらしい記事であるがほかにも、これと似た記録がある。

会津《あいづ》領耶麻郡《やまごおり》磐梯山《ばんだいさん》の西北の谿《たに》、多く薬草を産す。川芎《せんきゅう》殊に宜《よろ》し。山下《さんか》の村民稼穡《かしょく》の暇《いとま》には山を攀《よ》じて之を採る。文化の初年に、村民二人深く奥山に入り出ること能はず、澗《たに》の側《かたわら》なる大木の虚洞《うつろ》にて夜を明すとて穴の辺《ほとり》に火を焚きてありしに、其谿の内より出来《いでき》る者あり。其状猿の如く唇長く、長は六尺ほどにて女人の姿に似たり。髪の毛は六尺余、大凡踵《くびす》を隠すばかり也。両人を見て笑ふ。其凄《すご》きこと言語に絶えたり。やがて火の傍により捕へ来たりし沢蟹を焙《あぶ》り食ふ。是俗に謂ふ山ワロと云ふ物にて野猨《やえん》の年経たるなりとぞ。奥羽の間の深山にはまゝ居る由なり云々。（『竜章東国雑記』第六集）

この話の中、唇長く云々の二三句は皆様御信用御随意である。火を借りに来て世辞笑いをしたのを物凄いなどという両人が、口元によく気を留めたとも思われぬ。これは全く野猨の年経たものと聞いて居たからの文飾らしい。そのことは後に狒々《ひひ》の条に述べたいと思う。

次に常識者流のいいそうなことは塩の問題である。我々は山人を海より杜絶《とぜつ》して甲斐《かい》の信玄にして了《しま》った。交易なしにどうして山中に住めると詰《な》じるであろう。これに対しては簡単に山塩または塩の井のことを告げたら十分だ。明治四十三年かに、専売局がいわゆる塩田整理をするときまで、信州飯田《いいだ》の収納所で買上げてやらねばならぬ製塩があった。それは南朝皇族の御隠家であった下伊那郡大鹿《おおしか》村大字鹿塩《かしお》の塩井《しおのい》の産であった。赤石の北、白根の西、稀《まれ》なる深山の奥であったが、拙者知合の阿波の人が久しく住んで塩を造り、ついにこの時賠償金を貰《もら》って罷《や》めた。塩の字の附いた温泉鉱泉は最も多い。交雑物はあるが塩水である。甲州では奈良田《ならだ》の塩の井、すなわち西山の湯の所在地である（『甲斐国志』）。越後《えちご》では魚沼《うおぬま》郡妻有《つまり》郷の塩沢駅、古志《こし》郡橡尾《とちお》郷塩谷の塩川村、蒲原《かんばら》郡菅名庄下条《すがなのしょうしもじょう》村塩沢の塩泉、同郡奥山庄塩谷村塩入《しおのいり》の温泉外数箇所（『北越雑記』）。会津大塩の塩泉などもこれを煮て塩を製した（『東国雑記』）。出羽の庄内《しょうない》では東田川郡東《あずま》村の田麦俣《たむぎまた》、飽海《あくみ》郡平田郷円道河内《えんどうごうち》の台浄権現《たいじょうごんげん》の奥院《おくのいん》鷺《さぎ》の沢《さわ》も塩井である（『三郡雑記』）。羽後北秋田郡切石村西山の麓の塩井は弘法の突塩と称《とな》え、大師の法力によって出たもので元は白塩であったといい、今でもこの水で魚を煮たり疏菜を儲蔵《ちょぞう》する（秋田県案内）。西部の諸県にもあるがあまり多くて煩《わずら》わしい。これだけあれば山男の嘗《な》めるには沢山であろう。駿州奥仙俣《おくせんまた》の奥に青色の泥の出るところがある。土に塩気があって時々鹿が来て嘗める（『仙梅日記』）。鹿の湯、狐《きつね》の湯などという温泉に、これらの動物に教えられて霊験を知ったという口碑がよくあるが、こんなのを見掛けたのが元であろう。野飼の牛馬が烈《はげ》しく塩を欲求することは誰でも知って居るが、野獣も野獣相応に需要を充《みた》す術があったのである。ただし山に住む者は習慣の力をもって出来るだけ消費を制限していたには相違ない。吉野《よしの》の山中の異人が一握《つかみ》の塩を小屋に来て貰い、これだけあれば十年は凌《しの》がれるといった話が、馬琴の『羇旅《きりょ》漫録《まんろく》』かに見えて居た。

植物性食物《しょくもつ》の方面においては、拙者は本誌第三号の大野君の問、同第四号の南方《みなかた》君の答によって大いに弁明が楽になった。野生植物の食用に適する物は年中ほとんど間断がない。実が尽きると根が肥える。春より夏にかけてはいろいろの嫩芽《わかめ》が出る。次から次へ食べていかれる。ことに樹果《きのみ》には人をして山を愛せしむるに足るものがある。今昔物語の猿などは、山に入って栗柿梨子《くりかきなし》栢《かや》榛《はしばみ》郁子《むべ》山女《あけび》などを採来って僧に供養したとある。梨子なども山中の休場に大木があって旅人の食うに任せてある者が今でもある。ことに栗などはあまり多くして貪《むさぼ》って取って来ることも出来ぬのは、一寸《ちょっと》平野の人には想像のならぬところである上に、時としては早く山人に占領せられ居る樹があった。

伊那《いな》郡（信濃）と筑摩《つかま》郡との境に、南小野《おの》より諏訪《すわ》へ越ゆる少しの峠あり。三分《みわけ》村の峠なれば之を三分峠と云う。峠の下に天狗《てんぐ》の林と云うあり。小さき林なれど一本も余《よ》の木は無く、すべて皆栗の木なり、此栗枝垂れて柳か糸桜の如く、実のある時には其枝地を掃くばかりなれど、是《これ》天狗の栗なりとて之を打落す者なく、唯地に落ちたるを拾うなり。実は至って小さく何にもならねば取る人も無しと謂えり。（『千曲之真砂』

附録）

山越の者がこの木を採らぬようになったのは、多分何度も石を打ち附けられるとか劫《おびや》かされるとかした経験によるので、何にもならぬというのは危険を犯すだけの価値がないというまでであろう。而して栗を食う天狗とはすなわち山男のことに相違ない。次に根を掘って食う物には山百合《やまゆり》などが主たるものである。この草の多い場所は浅い山にもある。アイヌの姥百合《うばゆり》の例を見てもわかるごとく、三百人や五百人の食物はどこにでもある。山慈姑《かたくり》蕨《わらび》 薯《いも》野老《ところ》も澱粉《でんぷん》に豊かである。しかしこのほかにも町の人が蕗《ふき》の薹《とう》を食うように、オツな食物としては何があったか分からぬ。山人の食鑑は我々にはとても編輯《へんしゅう》が出来ぬ。

中村沢目蘆谷村と云うは、岩木山（陸奥津軽）の崥（?）にして田畠《たはた》も多からねば、炭を焼き薪を樵《こ》りて活計の一助とす。此里に九助と云ふ者あり。常の如く斧《おの》を携へて山に入り、柴立《しばたち》を踏分け渓水《たにみず》を越えて二里ばかりも登りしが、寥廓《りょうかく》たる平地に出《い》でたり。年頃此《としごろこの》山中を経廻《けいかい》すれども未だ見たること無き処なれば、始めて路に迷ひたるを覚《さと》り、且は山の広大なることを思ひ歎息して佇《たゝず》みしが、偶々《たまたま》あたりの谷蔭《たにかげ》に人語の聞えしまゝ、其《その》声を知辺《しるべ》に谷に降りて打見やりたるに、身の長《たけ》七八尺ばかりの大男二人、岩根の苔《こけ》を摘取る様子なり。背《せな》と腰には木葉《このは》を綴《つゞ》りたる物を纏ひたり。横の方を振向きたる面構《つらがまえ》は、色黒く眼《め》円《まろ》く鼻ひしげ、蓬頭《ほうとう》にして鬚《ひげ》延びたり。其状貌《じょうぼう》の醜怪なるに九助大に怖《おそれ》を為し、此や兼て赤倉に住むと聞きし大人《おおひと》ならんと思ひ急ぎ遁《に》げんとせしが、過ちて石に蹶《つまず》き転《まろ》び落ちて却《かえ》りて大人の傍に倒れたり。仰天して口は物言ふこと能はず脚は立つこと能はず、只手を合せて拝むばかり也。彼者等は何事か話し合ひしが、やがて九助を小脇《こわき》に抱へ、嶮岨《けんそ》巌窟《がんくつ》の嫌なく平地の如くに馳《は》せ下り、一里余も来りたりと思う頃、其まゝ地上に引下して忽《たちまち》形を隠し姿を見失ひぬ。九助は次第に心地元に復し、始めて幻夢の覚めたる如く首《こうべ》を挙げて四辺を見廻《みめぐ》らすに、時は既に申《さる》の下《さが》りとおぼしく、太陽山際に臨み返照長く横《よこた》はれり。其時同業の者手に〳〵薪を負ひて樵路《しょうろ》を下り来るに逢ひ、顚末《てんまつ》を語り介抱せられて家に帰り着きたりしが、心中鬱屈《うっくつ》し顔色憔悴《しょうすい》して食も進まず、妻子等色々と保養を加へ五十余日にして漸く回復したりしと也《なり》。（小田内通敏君写本）

大井川（駿河）の奥なる深山に山丈《やまじょう》と称する怪獣あり。島田の里人に市助と云ふ者、材木を業として此山に入ること度々あり。或時谷畠《たにばた》の里を未明に立ち、智者山《ちしゃやま》の嶮岨を越え八草《やくさ》の里に至る途中、夜既に明けんとするの頃深き林を過ぐるに、前路数十歩を隔てゝ大木の根に長一丈余の怪物凭掛《よりかか》りて立ち左右を顧みるを見たり。案内の者潜《ひそか》に告げて謂ふ、かしこに立つは山丈なり。行逢へば命は計り難し。近《ちかづ》くべからず、又声を揚ぐべからず。此林の繁みに影を隠せと云ふ云々。かの怪物樹下を去り峰の方へ疾走す。之を窺《うかゞ》ふに形は人の如く髪は黒く、毛は身を蔽《おほ》ひたれど面《おもて》も人のやうにて、眼きらめき長き唇反りかへり、髪は一丈余にしてかもじを垂れたるが如し。市助は之を見て身の毛竪《た》ち足の踏所《ふみど》を知らず。されど峰の方へ走り行くを見て始めて安堵の思を為し、案内と共に彼処《かのところ》に至りて其跡を閲《けみ》するに、怪獣の糞《ふん》樹下に堆《うずだか》く其多きこと一《ひと》箕《み》ばかりあり。あたりの木は一丈ほど上にて皮を剝《む》き採りたる跡あり。導者謂ふ、是怪物があま皮を食ひたるなり。又好みて篠竹《しのだけ》を食ふと云へり。糞の中には一寸ばかりに嚙砕《かみくだ》ける篠竹あり。獣の毛も交りたりしとかや云々。（『駿河国巡村記』、志太郡巻四）

この話は単に唇の点のみならず、よほど疑わしい部分があるから、どれまでを採択してよいかちょっと決しかねる。しかし大井川の源頭は山人人口の最も稠密《ちゅうみつ》な地方であれば、この記事は参考にせぬわけにはいかぬ。さて話がいよいよ終局まで来たから、次には章を改めて山男が米の飯を欲しがるということを述べたいと思う。（七月二十三日）

『郷土研究』（第一巻第六号、大正二年八月十日、郷土研究社）

山人外伝資料（山男山女山丈山姥山童山姫の話）

山男がむやみに背の高い大人《おおひと》であるという話と対立して、子供のように小さいという記事の少なくないのは妙な現象である。段々と比較をしてみると結局はさほど大きくも小さくもないのが事実らしい。更に山人の食物のことを御話してみよう。

「山𤢖」俗に山ワロと云ふ。按ずるに九州の深山に山童《やまわろ》と云ふ物あり。容貌十歳ばかりの童子の如し。遍身細毛あり。柿褐色《かきかちいろ》にして長き髪面《めん》を蔽ひ、肚《はら》短かく脚長く、立行して人言を為し早口なり。杣人《そまびと》と互に相怖れず。飯雑物《ぞうもつ》あれば喜びて之を食ひ、木を斫《き》る用を助く。力甚だ強し。若し之に敵すれば則ち大に害を為す。(『和漢三才図会』巻四十)

右の寺島氏の説はどう見ても実験者の言ではない。肚短く云々から早口であるという点まで、近世の川童《かっぱ》に関する九州からの報告と吻合《ふんごう》して居るのはすこぶる注意すべきことで、あるいは次の「夏は川に住みて川太郎と云う」とある記事に筋を引いては居ないかと思う。ただし川童には飯を喜ぶというような話はあまり聞かぬ。

九州西南の深山に俗に山童《やまわろ》と云ふ物あり。薩州《さっしゅう》にても聞きしに、かの国山の寺と云ふ処にも山わろ多しとぞ。其形は大なる猿の如くにして常に人の如く立ちてあるく。毛の色甚だ黒し。此寺などに毎度来りて食物を盗み食《くら》ふ。然れども塩気ある物を甚だ嫌へり。杣人などは山深く入りて木の大なるを伐出《きりだ》す時、峰を越え谷を渡らざれば出し難く出し悩む折には、此山童に握飯《にぎりめし》を与へて頼めば、如何なる大木といへども軽々と引きかたげて、よく谷峰を越し杣人の助となる。人と共に大木を運ぶときは、必ず後の方に立ちて人より先に行くことを嫌ふ。飯を与へて之を使へば毎日来り手伝ふ。先づ使ひ終りて後に飯を与ふる也。始に少々にても飯を与ふれば食し終りて逃去るが故なり。常には人の害を為すことなし。若し此方より之を打ち或は殺さんと思へば不思議に祟《たゝり》を為し、其者発狂し或は大病に染《そ》み或は其家俄に火を出すなど、種々の災害起りて祈禱医薬も及ぶことなし。此故に人皆大に怖れ敬ひて手ざすこと無し。此物只九州の辺境にのみありて他国にあることを聞かず。冬より春へかけて多く出ると云ふ。冬は山に在りて山わろと云ひ、夏は川に住みて川太郎と云ふと或人の語りき。されば川太郎と同じ物にして所により時によりて名のかはれるものか。(『西遊記』)

この話はこれを載録した書物と共に非常に有名になったもので、享和元年の野翁物語《やおうものがたり》を始めとし、多くの随筆類にも丸写しに転載せられて居るが、もとより著者が旅行中に聞いて来たというばかりで、実は空な噂《うわさ》である。一体がちと仰山な人であるから、ことによるといわゆる薩州山寺の話のついでに、平素愛読して居た和漢三才図会の記事を面白く布衍《ふえん》したのかも知れぬ。山男が人の心中を洞察するということ及び冬は山童夏は川童ということなどは、ことに九州で聞いて来たとは思われぬ。これらは山男に関する最もありふれた俗説であって、「他国にあることを聞かず」などというのは、人を疑ってはすまぬが少々とぼけ過ぎて居ると思う。しかしながら拙者はこれがために山男の米飯《こめのめし》を愛しあるいは人家に入ってこれを盗みあるいは労働と交易するという事実を否定しようとは思わぬ。次に挙げる一報告のごときは、根拠の確でないことは同じながら、話がよほど具体的である。

またこれを旁証《ぼうしょう》し得べき他国の例も段々あるのである。

豊前中津領の山賤《やまがつ》など、奥山より木を伐出す時、馬牛の通ひ難き場所は山男と云ふ者に頼みて山の口まで之を出す。甚だ便利なり。山男は大抵長《たけ》六尺、高きは六尺四五寸もあるべし。力量至つて強き者なり。材木を負《おわ》せて出すに、一向人と言語を為さず、唯此方の言ふことは聞分《ききわく》ると見えたり。此木を山口の何と云ふ処まで出しくれよ、其賃には此握飯を遣すべしと約束す。又もし此木二本持たば二つ遣《やら》んと言へば、其側《そば》に寄り木を持試み、二本持たるゝと思へば之を傍《そば》へよせて二本一所の由を示すなり。足は至つて遅し。総身人と同じくして毛多し。尤も裸なり。下帯とても無し。男女しるしはあれど股《もゝ》のあたりは殊に毛深く、眼の色と大小とにて男女を別つばかりなり。甚だ正直なる者にて、約に違《たが》へば大に怒り大木なりとも之を微塵《みじん》と為し、且つ其人を忘れず重ねて逢《あ》うことあれば無二無三に飛掛りて半死半生に為す也。そは握飯二つと言ひて一つ遣しなどしける折のことなり。此様子蝦夷人《えぞじん》に似たりと謂ふべきか。山中往来の場処限ありと見えて、其処よりは少しも里へ出でず。又岩角谷川如何《いか》やうの所にてもゆたり〳〵と歩む。川深ければ牛の如く頭《かしら》の隠るゝ川にても底をば平地の如く歩み行くなり。男は大抵肥えて色青黒し。又山女は木葉樹皮《きのはきのかわ》ていの物を割きて莚《むしろ》の如く編綴《あみつゞ》り、それを身に纏《まと》ふなり。色は青白く丈も男より少し低く痩《や》せたる方なり。是《これ》は一寸《ちょつと》は人の眼に係れど中々傍へは寄来らず。如何やうの場処に住み居るにや知る者無し。猟人《かりうど》などたま〳〵深山の岩窟《がんくつ》に眠りて居るを見ることありと云ふ。国により住む国と住まぬ国とあるにや、はた山によるにや知れ難し。仙人などとは様子異なるものなり。平生は何を食類と為すかと思ふに、多く木実《きのみ》又は鳥獣それ〴〵の得物を求め生《いき》物《もの》を食す。或は其皮を着もし敷きもすると見えたり。又藤葛《ふじかずら》を裂きて糸の如くし用ゐることとあり。歯は男女とも至つて白し。されど甚だ穢《けがらわ》しき臭気ある由なり。(『周遊奇談』巻三)

この書も近世出板《しゆつぱん》の通俗読本《よみほん》であって、その目的の都人士をして驚歎瞠目《きようたんどうもく》せしむるにあったことは西遊記と同じく、いずれは行逢《ゆきあい》の旅人から聞伝えたものに相違ないが、よほど上手に根掘葉掘をしたと見えて、記実が要領を得て居る。橘春暉《たちばなしゆんき》がもしこの本を見たなら、恐らくは冬は山童《やまわろ》夏は川太郎などの俗伝を蛇足しなかったであろう。出板もたしかこちらが大分後である。ただしこの著者が秋田方面において自身山男を見たとあるのはちといかがなものかと思う。見たにしては冷淡な記事である。

出羽国仙北より水無銀山阿仁《あに》と云ふ処へ越ゆる近道、常陸内《ひたちない》と云ふ山にて路を踏迷ひ、炭焼小屋に泊りし夜、山男を見たり。形は豊前《ぶぜん》のに同じけれど力量は知れず。木も炭も石も何にても負ひもせず、唯折々其小屋へ食事などの時分を考え来ると也。飯などを握りて遣せば悦《よろこ》びて持《もち》退く。人の見る処にては食せず。如何にも力はありさうなり。物は言はず、のさ〳〵立廻《たちまわ》り歩くばかり也。尤《もつと》も悪きことはせず、至つて直《すなお》なる由な

り。此処にては山女は見ず、又其沙汰《さた》も無し。（同上巻三）

飯の時刻を狙《ねら》って来るとは随分と山人を蔑視《べっし》した言であるが、彼らの無邪気なことはよく解《わか》る。なおこれと同じく山人が米の飯に心を引かれたという例は沢山ある。

飛騨の山中にオウヒトと云ふ者あり。丈は九尺ばかりもあるべし。木葉《このは》を綴りて衣とす。物をも言ふにや之を聞きたる人無し。或猟師山深く分入りて獣多き処を尋ねけるが、思はず此者に逢ひたり。走り来ること飛ぶが如し。遁《のが》るべきやうなければせん方なく、せめては斯《かく》もすれば助からんかと、飢《うえ》の用意に持ちたる団飯《むすび》を取出で手に載せて差出せしに、取食ひて此上《このうえ》無く悦べる様《よう》なり。誠に深山に自《おのずか》ら生れ出でたる者なれば、かの洪荒《こうこう》と云ふ例も思出でられて、斯る物食ひたるは始てのことなるべしと思はる。暫くありて此者 狐貉《きつねむじな》 夥《おびたゞ》しく殺しもて来て与えぬ。団飯の恩に報いるなりけり。猟師労なくして獲物多きことを悦び、夫よりは日毎《ごと》に団飯を包み行きて獣に換へ還りたり。然るに隣なる猟師之を怪み、窃《ひそか》に覗ひ置きて深夜に彼に先《さきだ》ち行きて待つに、思はず例の者に行逢ひたり。鬼とや思ひけん弾こめて撃ちたり。打たれて遁《に》げければ猟師も帰りぬ。前の猟師此事を聞きて、あな不便《ふびん》のことやとて猶山深く尋ね入り峰より見たるに、此者谷底に倒れ伏したるを、同じやうなる者の傍に添ひたるは介抱するなるべし。もし近づきなば他《ひと》に打たれし仇《あだ》を我に怨《うら》みやせんと怖《おそろ》しくなりてやみぬ。斯て後には死にたるなるべしと、後に此事を人に語りしを人の伝へたりし也。深き山に

は斯《かか》る物もありけるよとて細井知慎《ほそいちしん》語れり。（『視聴草第四集』巻六、荻生徂徠筆記）

この話はあまり調子がよくて話のようだ。隣同士の二人の爺《おやじ》などは花咲爺《はなさかせじい》と同じ形式である。ただ話した人も聴いた人も立派な先生である上に、多くある例であれば飯と獣の交易までは信用したいと思う。

越後魚沼郡堀之内《ほりのうち》より十日町へ越ゆる山中七里の間道あり。或年夏の初、十日町の縮《ちぢみ》問屋《どいや》より堀之内の問屋へ、白縮若干急ぎ送るべしと言来りしかば、其日の昼過る頃より竹助と云ふ剛夫を選び荷物を負せて出したり。道半に至る頃日ざし七つに近し。竹助は道の側の石に腰掛け焼飯を食ひ居たるに、谷合の根笹《ねざさ》を押分けて来る者あり。近づくを見れば猿に似て猿に非ず、頭の毛長く背《せな》に垂れたるが半は白く、長《たけ》は常並の人より高からず、顔は猿のやうに赤からず、眼大にして光あり。竹助心剛なる者故、用心の山刀を提《ひっさ》げて身構したれど、此者は害を為すべき気色も無く、石の上に置きたる焼飯を指し、くれよと云ふさま也。心得て投げ与へければ嬉《うれ》しげに食ひけり。此に心を許し又も与へければ近よりて食ふ。竹助曰く、明日は帰りに又与ふべし。急ぎの使なれば行くぞと、下したる荷物を負はんとせしに、彼者之を取りて軽々と肩に掛け先に立ちて行く。さては焼飯の礼に我を助くるならんと跡に附きて往《ゆ》くに、彼は殆《ほとん》ど肩に物無きが如く、嶮阻《けんそ》の山路も此為に安く越え、凡そ一里半も行き池谷村に近くなりて、荷物をば卸し山へ駈登《かけのぼ》る。其早きこと風の如くなりしと云ふ。竹助此《この》事を十日町の問屋にて詳しく語りたり。是今より（天保中より）四五十年前の事なり。其頃は山稼する者折々此異獣を見たる者ありと云へり。（『北越雪譜』第二編巻四）

池谷村（越後南魚沼郡）の者の話に、我十四五の時、村内の娘に機の上手あり。問屋より名をさして縮をあつらへられ、雪のまだ消え残りたる窓の下に機を織りて居るに、窓の外に立つ者あり。猿のやうにて顔赤からず、髪の毛長く垂れて人より大なるが、内を覗《のぞ》きてあり。此時家内の者は皆山挊《やまかせ》ぎに出でて娘一人なれば、殊更惧《おそ》れ驚き逃げんとすれど、機に掛りたれば腰に巻著《まきつ》けたる物ありて心に任せず。兎角《とかく》する程に彼者《かれは》そこを立去り、やがて竈《かまど》の下《した》に立ち、頻《しきり》に飯櫃《めしびつ》を指してほしきさま也《なり》。娘この異獣のことを兼て聞きたりし故、飯を握りて二つ三つ与へければ嬉しげに持去りぬ。其後家に人無き時は折々来りて飯を乞ふ故、終には馴《な》れて恐しとも思はず食わせけり。其頃は山中にてたまさかに見たる者あり。一人にても連あるときは形を見せずとぞ。（同上）

勢州桑名に良伝《りょうでん》と云ふ遁世者《とんせいしゃ》、人の情《なさけ》にて僅なる草菴《そうあん》を結び栖《す》みけるが、或日遠方へ行きて帰りしに、戸の鑰《かぎ》は人の入りたる体は無くして、竈の中にのみ薪取りくべて火の熾《さかん》なること全く人の為せるが如し。釜《かま》の蓋《ふた》を取りて見れば、中には炊米《かしぎよね》既に熟して飯となれり。良伝怪みながら定めて近辺の若者などの悪戯《いたずら》ならんとさのみ心にも留めざりしが、其後留守の度毎《ごと》に飯つぎ家具など取散しあり。狐狸《こり》の所業なるべしと思ひ、一日畳を除《の》け床板を放し見るに、方三尺深さ六七尺も窪《くぼ》みたる穴あり。さればこそと思い内を視《み》るに、三尺ばかりの坊主あり。曲者《くせもの》よと引出せば、年は八十余と見えたり。人の顔を見てにこにこと笑ひ居たり。集り来れる壮夫共、此ぞ狐狸の妖《よう》ならんとて、手毎に松明《たいまつ》を持ち口鼻を薫《いぶ》せどもさして傷《いた》む気色も無く、さては人にやと詞《ことば》を掛くれども返答せず。皆々腹を立て殴《たた》き殺さんに如《し》かずと既に撃たんとせしに、其中に老人ありて云ふ、我若き時に聞きしことあり、越前の家中に斯様《かよう》の物出でて庭に遊びしを家の侍鉄砲にて撃殺せり。此物人に害なし、又凶事も無し。北国《ほくこく》にては下屋入道《したやにゅうどう》と謂ふと云へり。命を取るも詮《せん》なし。遠く追放《おいはな》すべしと云ふ。皆々同心して放ちたり。後六年を過ぎて又或山寺の古井より出でたり。此古井もとより水無し仔細《しさい》ありて之を埋《うず》めんとし、草を払いて見たるに、以前の法師容貌《ようぼう》前に変らずして出でたりと云ふ。

（『日東本草図彙』巻十二）

明治の始頃、三州豊橋《とよはし》の北方、南設楽《みなみしだら》郡海老《えび》町の東にあたる官林に小屋を掛けて木を伐りし者外《そと》の仕事より小屋に帰りて見るに、長ことの外高く髯《ひげ》生ひたる男、小屋の内に入り頻に自分の用意したる飯を食ひ居たり。つと小屋に入りたれど一語をも交さず、飯を只したゝかに食ひて去る。其後も折々来て食ふ。物は言はず、又人に害を為さず。

（土尾小介氏話）

桑名の坊主はあるいは普通の老人であったかも知れぬが、こんな平野の海近くまでも山男の出て来るということも想像し得られぬことではない。つまりは食物《しょくもつ》のためである。これは別としても白髪《しらが》の翁《おやじ》になるまで、ひたすらに米の飯に執着《しゅうちゃく》するのはまたしかるべき仔細があったのである。その仔細を語るにはまず順序として彼らの食物以外の生活上の必要について考えてみねばならぬ。

『郷土研究』（第一巻第七号、大正二年九月十日、郷土研究社）

山人外伝史料

山人《やまひと》の国は次第に荒れかつ狭くなった。新来の日本民族の方ではこれを開発と名づけて慶賀して居る。谿《たに》に桟橋《かけはし》を通じ嶺に切通しを作って馬も荷車も自在に来往するようになっても、まだまだ深山は山人の領土であって、深夜雨雪の折は元よりのこと、必要があればいつでも平地人を畏嚇して逐い退けることが出来たものが、船来の大踏鞴《おおたたら》を持込んで来て山の金銀を鎔《とか》す時節となっては、騒がしく眩《まばゆ》くしてもはやその沢には住まれず、ましてやかの真黒《まっくろ》な毒煙には非情の草木すら枯れる。さてはまた夜中も罵り走る怖しい鉄車がある。とてもうかうかと峰を伝うて遠国の友を訪うことは出来ぬ。山人の人口は夙くより稀少であったが、それよりもなお淋しいのは右のごとき文明の遮断であろうと思う。

私は力《つと》めて外側から見た山人の生活誌を多く羅列しようとしたが、今に及んで切に感ずるのは、将来この類の話が手元に集まって来る速力よりは、彼種族の性情境遇の変遷の方が一層急激ではなかろうかという虞である。語を換えて申すならば、確実に近しと見ゆる史料のみによって、今日の歴史家が書くような山人の歴史を書き得る時代は、いつに成っても到来しそうに思われぬ。すなわちこの勇壮にして昔風なる民族の生活の跡は、わずかに我々のごとき気紛《きまぐ》れ者の夢物語によって辿《たど》るの外はないのである。いかにも気の毒な話といわねばならぬ。

私は今存する限りの史料により次のごとく想像して居る。山人とは我々の祖先に逐われて山地に入り込んだ前住民の末である。彼らの生活は平地を占拠して居た時代にも至って粗野なものであったが、多くの便宜を侵入民族に奪わるるに及んで更に退歩した。ことに内外の圧迫が漂泊を余儀なくさせたために、彼らは邑落群居の幸福を奪われ、智力啓発のあらゆる手段を失った。しかも配偶の要求は天性である故に、時には無理な方法をも用いて平地人と雑婚し、しばしば優等人種の感化を受けて潜かに敵国に帰化したものもあって、いよいよつまらぬ者ばかりが元の状態に遺《のこ》ることになった。そのために平地の人から往々野獣ないしは怪物と誤らるる場合が多かった。しかしこの群島のある部分、例えば駿遠甲信の境山などには、稍々大きなる集団があって、微弱なる社会交通も行われたらしく、そんな地方には国語も保存せられ歴史も伝承せられて、国土恢復の大業は企てぬまでも、比較的強力なる反動心敵愾心が存して居たかも知れぬ云々。

そこで自分らの最も意味深しと考えるのは、各地方における遭遇記事の変化である。地方によって山人の気風ともいうべきものに相異のあることである。これはもちろん個人的受性または境遇のしからしむるものもあろう。しかし彼らとても要するに人であるならば、歴史的の怨恨が無意味な怖畏と変じ、警戒の忍耐が饑餓または孤独の苦痛によって弛《ゆる》むたびに、体内の一部を流るる母の血に誘われて、徐ろにその故郷をなつかしむの情を催すのは自然で、撃たるるとは知らずに里に近よる例もおりおりあるのであろう。どうかしてこの問題を今少し討査してみたいものだと志して居る。

山人が物を言ったという話は多くは型に嵌《はま》った怪談に限られて居る。これに反して人語を聞分けるというのみの話にはいろいろの変化があるようである。これはしかるべき理由あることで、彼らはたとえ日本語を解するにしても不完全に相違ない。また久しい間口舌を働かせぬ者が、突如として横浜のガイドのごとく見知らぬ人に話し掛けられるものでもあるまい。よって物を言ったという話は虚誕として自分は除外するのである。

山日両人種の関係は恐らくはこれを三様に区別するがよかろう。その一は単純なる排斥である。恐ろしい顔をして立ち去りまたは我々を逐い退け、甚しきは害を加える。一番やさしいので担いで平地まで持出してくれる。この類の話は前に若干の例が載せてある。第二は冷淡なる応接である。握飯をくれるから働いてやるの類で、特に謝恩等の情誼のため一時限り好態度を示すなどもこの部である。第三には歓迎というか降伏というか、つまり何とかして我々と親しくなろうとする態度である。この第三の例を主として次に挙げてみようと思う。

日向国南部某村の人身上千蔵《みかみせんぞう》氏の談に、二十年ばかり以前（明治四十年頃より）此人の祖父山に入りて異人に逢ふ。白髪の老人で腰から上は裸体、腰に帆布の如き物を纏《まと》へり。にこ〳〵と笑ひながら此方を目掛け近より来る。此辺の人は山に行くには背《せな》に小さき刀を負ひ、肩より之を抜きざまに手裏剣に打ちて獣などを仕留める風あり。身上氏も此時此刀の柄《つか》に手を掛け、来ると打つぞと怒鳴りたれども、老人は少しも頓《とん》著《ちゃく》せず猶笑ひながら側近く来る故、段々怖しくなり引返して遁げ下りたり。それより一月ばかりも過ぎて、同じ村の若者でよく人に附いて狩などに行く者、只一人で此山に入り雉《きじ》を見付けて鉄砲の狙《ねら》ひを定め、将に打放さんとしてありしに、不意に横手より近よりて此若者の右の腕を柔かに叩くものあり。振返りて見れば則ち其白髪の異人なり。やはりにこ〳〵と笑ひ掛け、白髪《しらが》の端には木の葉など附きてあり。あまりの怖しさに気が遠くなり、鉄砲を差上げたるまゝ久しく其場に立ちてありしを、後に里人に見出され喚活かされて此話を語る云々（水野盈太郎氏談）。

自分のこの話を聞いた時の感じは、どうしても里から入った痴人変人の類とは思われなかったが、これを人に信ぜしむるためには二度までも物を言わざりし点を指示するの外はない。次には女のにこにこした例を一つ挙げる。

猟夫金谷《かなや》（磐城相馬郡金房村大字）の深山に入り櫓《やぐら》を揚げ、暁毎に笛を吹き鹿《しか》の来るを待つ。一夜四更に笛を吹きしに前の物蔭に大なる音あり。大鹿の来たるならんと思ひ鉄砲を取上げしに、藪《やぶ》の中より女の頭出でたり。其大さ大笊《おおざる》の如く乱れたる髪地に曳きたり。猟夫を見て微笑《ほほえ》みたる物凄《ものすご》さ譬ふるに物無し。驚き怖れて密《ひそか》に櫓を下り走りて家に帰りつきて悶絶す。数日を経て漸く本心に復し其顚末を語りたり。老人などは此者常に殺生を嗜《たしな》むが故に山神之を戒めたるなりと言ひしかば、終に殺生を止めたり。此辺の風、正月及び十月の十七日を以て山神を祭る。此日山に入れば怪異を見又は危難に遭ふこと往々ありと云（『奥相志』二十三）。

山中の怪物が鹿笛を真の鹿の声と誤って追って来る話はおりおり聞くが、これは微笑したというのがただではない。もしや包むに余る艶情のためなどならば、神と認められて遁げられたというのは笑止であった。しかし山中の人は怪にして害意がなければ当然これを神と考えたものである。

西村某と云ふ鷹匠《たかじょう》あり。鶍を捕らんとて知頭郡（因幡八頭郡）蘆津山《あしづやま》の奥に入り、小屋を掛け独住みけり。夜寒の頃なれば庭に火を焚きてあたり居けるに、何者とも知らず其長《たけ》六尺あまりにて老いたる人の如くなる者来りて、ふと彼の火によりて鼻をあぶりてつくばひたり。頭の髪赤くちゞみて面貌人に非ず猿にも非ず。手足は人の如くにして全身に毛を生じたり。西村は天性剛なる男なれば更に驚くこと無く、汝は何処に住む者ぞと問ひけれども敢て答へず。暫くありて立返る。西村も其跡に沿ひて出けれども、夜甚だ暗くして其行方を知らずなりぬ。其後又来りて小屋の内を覗《のぞ》くことありしに西村、又来たか今宵《こよい》は火は無きぞと云ひければ其まゝ帰りけると也。里人に其事を語りければ、それは山父《やまちち》と云ふものなり、人に害を為す者に非ず、之を犯すことあれば山荒ると言ひけると也（『雪窓夜話』上）。

山父が焚火《たきび》を慕うて来るという話はいくらもあるが、人も嚇さずすなおに帰るなどはことにあわれに感ぜられる。また話の種類はややちがうが、山人の沙留《さる》ともいうべき遠州の奥山にも、稀には好感を有する個人もあったらしい一例がある。

遠州秋葉の山奥などには、山男と云ふ者ありて折節出ることあり。杣山賤《そまやまがつ》の為に重荷を負ひ助けて、里近くまで来りては山中に戻る。家も無く従類眷属も無く、常に住む処更に知る者無し。賃銭を与ふれども取らず、只酒を好みて与ふれば悦びて飲めり。物ごと更にわからざれば唖《おし》を教ふる如くするに、そのさとり得ること至つて早し。始も知らず終も知らず、丈の高さ六尺より低きは無し。山気の化して人の形と成りたるなりと云ふ説あり。昔同国の白倉《しろくら》村に又蔵と云ふ者あり。家に病人ありて医者を喚《よ》びに行くとて、谷に蹈みはづして落入りけるが、樹根《きのね》にて足を痛め歩むこと能はず、谷の底に居たりしを、山男何処よりとも無く出で来りて、又蔵を負ひ、屏風を立てたるが如き処を安々と登りて医師の門口まで来りてかき消すが如くに失せたり。又蔵は嬉《うれ》しさの余に之を謝せんとて、竹筒《さゝえ》に酒を入れて彼谷に至るに、山男二人まで出でゝ其酒を飲み、大に悦びて走りしとぞ。此事古老の言ひ伝えて今に彼地にては知る人多し(『桃山人夜話』五)。

山姥にもこの類の慈善心あることは古くよりいう話であった。どの点までが事実かは今は明らかに定めにくい。右の山男の酒ずきに対して、次には餅の例を挙げてみよう。

五城目《ごじようめ》(羽後南秋田郡)辺の某村の樵夫、兼て田舎相撲の心得あり。或年山に入りて木《き》を伐り立たんとせし時、不意に後より待てと云ふ者あり。振返り見れば山男なり。相撲を取らうと云ふ。よりて再び木を傍に卸して取る。一番は先づ彼を投げたるに、強いと褒《ほ》め今一番と云ふ故、二番目には態《わざ》と負けてやりたり。其山男は此者を待たせ置いて更に二三人の仲間を誘ひ来り相撲を勧めるにより、何れも一番は勝ち一番は負けてやる。此が縁となりて折々出会せしに、或日其方の家に遊びに行くべし、家の者を外《ほか》へ遣《や》り餅を搗いて置けと云ふにより、其意に従い一斗ほどの餅を振舞ひしかば、数人の山男終日遊びて帰りたり。其後も又折々酒を飲ませよなどゝ云ひて来ることゝなりしより、終には其煩はしさに堪えず、樵夫は之を気に病みて久しく打臥してありき。村人は之を見て、山男などゝ交際《つきあい》をすればどうせ身の為によからぬ事なりと言合へりと云う(小田内通敏氏談)。

この話は山男が日本語に通ずというのみならず、相撲の無理強いもどうやら河童《かっぱ》や芝天狗《しばてんぐ》（三巻三〇三頁）の評判に近いが、それにしては後段に何らの奇瑞を伴わぬのが妙である。山人を招いて酒食を供した話は外にもある。

陸奥と出羽との境なる吾妻山《あづまさん》の奥に、大人《おおひと》と云ふ物あり。蓋し山気の生ずる所なり。其長一丈五六尺、木葉《このは》を綴《つづ》りて身を蔽ふ。物言はず笑はず。時々村の人家に入来る。村人之を敬すること神の如く、其為に酒食を設く。大人は之を食はず、悉く包みて持帰るなり。村の子供時として之に戯るゝことあれども、之を怒りて害を為せしことを聞かず。神保中作の話なり（『今斉諧』四）。

他の点はこちらが五城目よりずっともっともらしいが、ただ一つ一丈五六尺が始末が悪い。しかしとにかく我々との平穏なる交際も、決して近頃に始ったのでないことはまた例証がある。

陸奥三戸郡留崎村荒沢の不動は頗る古社なり。往古山男の使用せるものなりとて木臼《きうす》あり。高さ三尺廻二尺余なり。又処々虫ばみたる杵あり。之を以て木の実を搗《つ》き山男の食とせりと云ふ（『糠部五郡小史』上）。

その臼の用法を、里の人々はいかにして知りかつこれをもらい受けることになったか。自分はいまだ書伝のこれを語るものを知らぬ。（完）

『郷土研究』（第四巻第一号、大正六年二月一日、郷土研究社）

第三章　山人と狼に育てられた子供——柳田・南方山人論争

柳田国男と南方熊楠の間で行われた「山人」についての論争は、学術論文やメディアを介してでなく、私的な書簡においてであった。山人先住民説を説く柳田に対し、南方は留学時代に仕入れた、十九世紀末のイギリスの人類学会で流行していた「狼に育てられた子供」についての研究資料をベースにした博覧強記的知識を書き送り反論するが嚙み合わない。「山人」が近代国家としての日本がその内にロマン主義的に発見した「古代」だとすれば、「狼に育てられた子供」もキリスト教圏において進化論の登場によって混乱していた人と獣の境界の引き直しのために必要とされた「神話」である。「狼に育てられた子供」は情緒障害の児童が遺棄されたものである可能性が強いことは今では指摘されている。「山人」と「狼に育てられた子供」は、東西の近代がそれぞれ必要とした「神話」という点で合わせ鏡の関係にある。

柳田・南方往復書簡（抄）

柳田国男から南方熊楠へ

明治四十四年三月十九日

拝啓。オコゼのことは小生も心がけおり候ところ、今回の御文を見て欣喜禁ずるあたわず、まだ御一閲下されざるかと存じ候旧稿一、御坐右にさし出し候。その後心づき候些々たる二、三点は、来月の会雑誌にかかげ申すべく候。中国辺より若干の材料を引き出したきものに候。山神につき書物より抜き出し置き候こと五、六件有之《これあり》候。何時にても御用に供し申すべくも、狼との関係はまだ見当たり申さず候。小生は目下山男に関する記事をあつめおり候。熊野はこの話に充ちたるらしく存ぜられ候。恐れ入り候えども御手伝い下されたく候。今一つ御願いは、今年は日本の地名につきての小研究を公けに致したく存じおり候が、御地方の地形写真エハガキにてその地名のっかりおり候もの有之候わば御拾集下されたく候。平日深く欽仰の情を懐きおり候ところ、かつて『遠野物語』御覧下され候よしにて御引用下され候のみならず、今またオコゼの御説御表示下され候につけて、突然な

から一書拝呈仕り候。恐々頓首

南方熊楠から柳田国男へ

明治四十四年三月二十一日

拝呈。十九日付芳翰、正に今朝拝受。また『学生文芸』第二号も拝受、一読すこぶる感興を覚え申し候。ヤマノカミと申すオコゼは全く件《くだん》の御論文中に出で候図のものに有之《これあり》候。山男に関することいろいろ聞き書き留め置き候も、諸処に散在しおり、ちょっとまとまらず、そのうち取りまとめ差し上げ申すべく候。支邦の山猍、また安南、交趾《こうし》、また欧州にも十六世紀ごろまでアイルランドにかかるものの話有之候。それらのことを前年大英博物館にありし日写し懸け置き候。これらもそのうちまとめて差し上げ申すべく候。地名のことは、小生いっこう手をつけおらず、また手がかりもなく、写真、絵葉書等はこの辺に御座なく候。

戦国のころ（文明ころか）近江の中村某の著『奇異雑談』と申すもの、小生一覧致したく、いかに捜索するも手に入らず候。もし御蔵書中にあらば半ヵ月間ばかり御貸し下されたく候。

小生、当県の俗吏らむやみに神社合祀を励行すること過重にして（三重県のほかにかかる励行の例なし）、一切の古社神林を濫伐するを憤り、英国より帰りて十年ばかり山間に閉居し動植物学を専攻致し候も、もはや黙しおる時にあらずと考え、一昨年秋より崛起してこれに抗議し、一時は英国の学士会院等よりわが政府に抗議せしめんかと存じ候も、皇国のことを外国人の手を仮りて彼是《かれこれ》さするも本意ならずと考え直し、昨年の議会にて当県の代議士中村啓次郎氏に一切の材料を給し、内相へ質問演説を二度までなさしめ、そんなことから神社合祀は全国でほとんど中止となり候。しかるに、当県の俗吏俗祝等、このことより小生をはなはだしく悪《にく》み、昨年八月小事に托して小生を十八日未決監に投じ、和歌山市の弁護士会等蜂起してこれを咎めしより、何のこともなく無罪として出し候。そのうち脚部（長坐のみせしゆえ）悪くなり、今に身体宜しからず。今年の議会へもまた右の代議士に一層手のこんだる調査書を出し演説せしめんとせしも、南北朝の争議等にて到頭右のことは議案に上らず。しかし、せっかく調べたるものゆえ、その材料をもって近日内相に面談しくるるよう頼みやりおり候。成行き如何《いかが》なるか分からず心配にて目下ぶらぶら致しおり候が、貴下、なにかしかるべき新聞、雑誌等へ、右小生の議論の一部を御紹介下さるまじきや。小生の調書はなかなかの長文なれば、貴下なり誰なり、その重要の点を選抜し出し下されたく候。

神社濫滅のため土俗学・古物学上、また神林濫伐のため他日学術上非常に珍材料たるべき生物の影を止めず失せ果つるもの多く、さて神職等、素餐飽坐して何のなすところなく、淫祀狐蠱の醜俗蜂起し候こと、実に学問のためにも国体のためにも憂うべき限りに有之候。いずれ今月中には善悪とも方付くべき間、その上山男のことども調べ上げ、一々御報知申し上ぐべく候。

また英国の雑誌に小生をあてこみに質問出で候も、いっこう手がかりなく困り入りおり候一条は、死人の最も親しき親族が見るとき尸《しかばね》より血出づると申す（鼻衄《はなぢ》を多しとすと聞く）。このことなにか本邦の文書に載りたるもの有之候や。井上円了氏の『妖怪学講義』など見ば手がかり有之べくと存じ候えども、その書手許になく困りおり候。欧州には、殺されし人の尸、兇手者の前で血を出すと申し伝え候由、これは文書にも載りたる例多く候。右御返事まで早々申し上げ候。山男のことはいずれ一件落着次第申し上ぐべく候。以上

柳田国男から南方熊楠へ

明治四十四年四月十六日

拝復。過日は卑考につき御親切なる御注意なし下され、御礼申し上げ候。また御葉書によれば、神社合祀の弊については思し召しのごとき匡正行なわるべき由、御満足拝察仕り候。御地方はまずまず辺土の内ゆえ地方の希望の徹底せざる場合もおりおり有之べく、その折力及び候わば将来も仲介の労を辞し申さず候。『奇異雑談』については狩野博士へ手

紙にて申し入れしのみゆえ、まだ返事来ず候。近日自身訪問せざれば埒明かざるべく候。目下は日曜用多く行くあたわず候。御待ち下さるべく候。

山男については小生はこれを現在も稀々日本に生息する原始人種なるべしと信じ、近日これに関する小文を公けにしたき希望あり、その附録として諸国の山男に関する見聞談二百くらいを生のままにて蒐集したきに候。よって御事業の山人考は別に何か御公表の方法を御取り下され、切れ切れの話のみをきかせ給わりたく候。話の数さえ二百に達し候わば、今年中にも出版したく考えおり候（目下三十ほど有之）。

シンドレラの話拝見仕り候。今までに外国と共通の物語につき、これまでの御研究ありしとは知らず、独力にてこれからやらねばならぬように考えおり候いしはまことに遼東の豕《いのこ》に候いき。この後は何分御指導仰ぐところに候。昨年来小生が捜索致し候は、御話ものよりは一段広く分布致しおり候口碑の類に候。少しくこれを分類致し、昨年十二月および本年一月の『太陽』に一部分を掲げ置き候。もし御手元にその雑誌無之ば買い求めさし上げ申すべく候間、何とぞ御覧下されたく候。朝鮮などに根原を有するもの多かるべしと存じ候もいっこう研究行き届かず候。御心付きの点御申し聞け下されたく候。この後もだんだんに進みたく考えおり候。『東洋学芸雑誌』にダイダラボシの足跡のこと御書きなされ候よし、さっそく拝見仕るべく、小生もこれに付き多少の材料をあつめおり候も、他の雑誌に出でたる諸氏の談を見ての上と存じ遷延いたしおり候。恐々頓首

南方熊楠から柳田国男へ

明治四十四年四月二十二日

拝啓。「巧遅は拙速に如《し》かず」と申すゆえ、小生本日少閑あり、家人みな不在はなはだ好都合ゆえ、手あたり次第に日記、旧抄等より見出だし、順序なく左に山男のこと申し上げ候。中には貴下すでに御存知のこと居多《きょた》ならんと存じ申し候。

橘昆崙という人の『北越奇談』に山男の話あり。また『北越雪譜』にもありしと存じ候。井上円了氏の『妖怪学講義』にも多少ありしと存じ候。『密跡力士大権神王経偈頌』(元の世に成りしもの)に、この神王を念誦すれば、「夜叉、悪鬼、山精ならびに地霊の、水府、巌穴、樹石、一切廟にあり、魍魎《もうりょう》、邪魔の久しく人間《じんかん》に住んで、反って家国を侵犯するものは、すべて摂《と》らえて除遣《おいはら》いおわる」とあり。ここにいえる山精とは何のことか分からねども、仏僧などが仏経中にかかる説あるを見出だし、自然山男の迷信に付加せることもあるべくと存ぜられ候。

『和漢三才図会』巻四〇に、九州の山ワロのことあり、支那の山精とは別条に挙げたり。熊野にあまねくカシャンボということをいう。六、七歳の小児ごときものにて、ケシボウズにて青き衣を着、はなはだ美にして愛すべし。林中にあり、人を惑わすという。また馬を害すとも申す。林中にてコダマ聞こゆるはこのものの所為と申す。このもの冬は山林中にあり、カシャンボたり、夏は川に出で河童《かわたろ》となるという。東牟婁郡高田村は、小生かつて日中行きしに、二里ほどの間一人にもあわず、恐ろしくなり逃げ帰れり。また拙弟が勝浦港に売酒の支店出しある番頭は営利のために水火をも辞せぬ男なるが、高田村の炭焼き人足どもに酒を売り弘め見よと小生いいしも、到底物になる見込みなしとて行かざりし。実ははなはだしき無人の地ゆえ、おそろしかりしなり。ここに平家の落人など申す若干の旧家あり、その家を今に高田権《ごん》の頭《かみ》、檜杖《ひづえ》（大字の名）の冠者など申す。その旧家の一人の邸へ、毎年新宮川を上りて河童ども来観す。影は見せずに一疋来るごとに石をなげ込み、さて山林に入ってカシャンボとなるという。

支那の罔両《もうりょう》と申すもの、小児のごとしといい、陸に棲むとも水にすむともあり、似たことのように候。

西野文吉とて当町のもの、生来深山に入って木引きを業とす。この者の話に、図のごとく山中の谷川の一側より他側に渡りかかれる藤葛をとり用うれば祟りあり、また深山中に小舎を作るに、（1）のごとく一方行きとまりあれば吉、行きとまりなければ怪物通りぬくるを得るゆえ凶とのこと。これは山男に関せぬことなれど付記す。

上述山ワロの話は、橘南谿の『西遊記』にもありと存じ候。

西牟婁郡兵生《ひょうぜ》（二川村の大字、ここに当国第一の難所安堵が峰あり、護良親王ここまで逃げのびたまい安堵せるゆえ安堵が峰という、と）、ここにて聞きしに、むかし数人あり、爐辺におりしに、畏ろしさに耐えずみな去り、一人のみ残る。婆来たり、米三升炊げ、という。よって炊ぐうち、熊野道者来たりければ、右の婆大いに倶れ去る。道者右の人を導き安全のところに至らしめ、右の婆は山婆にて米炊ぎ上がった上、汝を飯にそえて食わんとて来たりしなり、われは熊野権現、汝を助くるなりとて去りしという。この話、朦朧として分からねど、かかる話、他国にもあるよう記臆致し候。

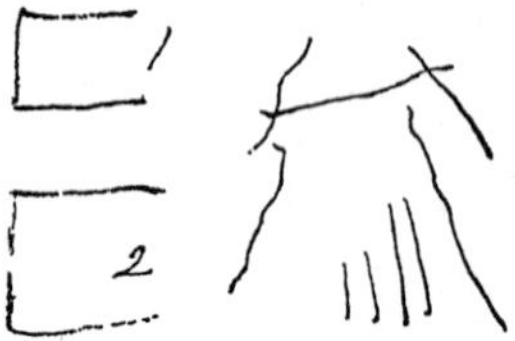

この安堵が峰にいろいろの談あり。みな些断のものに候。兵生の松若とて、生きながら山に入って今に死せぬもののことを伝う。その宅址という地もあり。松若、少小より山中に入り、鹿などをとり生食す。身に松脂をぬり、兵刃荊棘傷つくることあたわず、ついに山に入って家に帰らず。人山を行って薯蕷《やまのいも》が何の苦もなく地より深く抜き去られたるを見て、その存在を知る。最後に山に入るとき、「もし大事あらば多人数大声にわれを呼べ、われまさに千人の力をもって援助すべし」とのことなり。あるいはいう、有田郡に小松弥助とて平維盛の裔あり。松若その家に遊べり、と（この間非常の深山重畳せり）。明治十二年ごろ、当郡富田村のシャ川というところの僧、兵生村にゆき、村社に籠り七日断食し、時々生瓜などを食らうのみ。さて、われ今日松若を招かんとて安堵が峰を望み、「松若や

ーい」と呼び、村民一同これに和して呼ぶ。婦女、小児は、松若来たるとておそれ、戸を閉じて出でず。件《くだん》の僧、安堵が峰に今松若現れたり、それぞれそこに見えるなどいう。終日呼べども、ついに下り来たらず。僧、悲憤、村に帰り死せりという。そのとき大呼せし人、今も存せり。

右は、何のことやら何の由来やら分からず。北米のインジアン土蕃中、白人と交際に及べる前のこと、いっこう口伝もなしというが、わが邦にも記録なき（またはありたりとて麁略《そりやく》なる）地方の民の所伝、真実なればなるほどかくのごときものに御座候。

安堵が峰辺で伝うる山精は、

「山オジ」、男にて山中にあらわれ、大声で人を呼ぶ。これと声を比ぶれば人ついに斃る。ただし、人まず声を発すれば、山オジ敗北す、と。

「山女郎」、美女にて林中に出て人を魅《ばか》す、と。

「山婆」、キクラゲ（木耳）のことを、この辺で山婆のツビクソ（陰門の垢）と申す。老女体、何をするということ聞かず、上に述べたる話によるに、人を食うものか。

「一本ダタラ」、形を見ず、一尺ばかり径の大なる足跡を遠距離に一足ずつ雪中に印す。ダタラは、例の大太郎（『宇治拾遺』に、大太郎といえる盗賊のこと出でたり。『東洋学芸雑誌』、例の拙文「ダイダラホウシ」の条に出づ）なるべきか。按ずるに、天保年中、藩侯が諸臣に命じ編纂せる『紀伊続風土記』巻八〇に、那智の寺山は、古え那智山の神領なり。那智の滝の水源を養うため樫《かしのき》を多く植え、材木の用にあらざれば伐ることなし。その実を拾えば食料となる。（この辺、古えは米穀はなはだ不自由の地なり。）いずれの時にやありけん、一蹈鞴（ヒトタタラ）という強盗この山に栖《す》んで、時々出て神宝を盗み、社家を荒らし掠むること数次なれども、社家これを捕うることあたわず。そのころ色川郷樫原村に狩場刑部左衛門という人、一蹈鞴を誅す。その恩賞として、寺山を立合山となすという（那智山社家と色川郷と両方の共有）。これより年々郷人、寺山に入って樫実を拾い食物に充つ。大抵毎家拾うところ十俵より十五俵に至る。郷中の所得を考うるに、一歳の総高千二、三百石という。材木の用を成さざれども、食料となること大なる益というべし、とあり。（この山は、去年、行政裁判所にて裁判し、那智と色川郷の共有に復《かえ》されたり。例の濫伐にて、滝の水も減じ、勝景も大いに損ずること、眼前にあり。小生かの辺の文書多く知れりとて、身郡長の職にありながら尻押しを頼みに来たりしものあり。その状は木下友三郎氏へ写して出し置きたり。地方の官公吏の所行、大方この類に候。しかるに、そんなものの人民を苦しむること大なればなるほど陞官叙位などあるは、比々みなしかり。）思うに、このヒトタタラも（ヒトツタタラとも仮名ふれり）、唯一の大男という義にて、その賊の軀幹壮大なりしを指すならん。

また山中にて、猴《さる》、人を悩ますことを伝うることあり。伊勢の巨勢《こせ》というところ（熊野に近し）にて、古え猟師不在に、大なる猴長《たけ》丈余なるが来たり、その妻の頭をつかみ走り行く。猟師帰り来たり、見つけてこれを追い、その辺の猟師、弾丸中に必死の場合に用うる天照大神の弾丸というもの一つあり、それをこめて打つに、その猴に中《あた》る。血の跡をつけ行くに、穴に入って死せり。妻も殺されあり。あまりに大なる猴にて、持ち帰ることあたわず。その尾を切り取り帰り、今にその地の旧家に蔵せり。長き払子《ほっす》ごとき、はなはだ美に白きものなりと申す。（その辺へ行きし者に聴く。）また安堵が峰辺で伝うるは、栗鼠は山伏が変せしものにて、魔法を有す。これを打たんとするに、尾をもって身を蓋う。むかしこれを打ち得ば、分身してたちまち四面八方ことごとく栗鼠をもって盈《み》たさる。むかし大猴あり、怪をなす。猟師、犬二匹伴い、その家に入る。猴、人形を現し、これを享するとて粟を炊ぐ。その間に、猟師一睡の夢に神現じ、しかじかすべしと教う。よって間に乗じ、神勅のままに盥二つもち来たり、おのおのに犬一疋ずつ伏せ匿し置く。さて夜に入り、猴大いに悩み出す。牛鬼の医者なるを招き診せしむるに、必死の徴ありという。鬼の巫《みこ》なるを招き祈りをするに、効なしという。最後に、栗鼠の山伏なるを招き筮せしむるに、「大盥覆《かえ》せば親猴にたたり、小盥覆せば児猴にたたる」という。時に神出でていろり（囲炉裏）に釣したる鍋をたたく。猟師、よって盥二つながら覆せしに、犬走り出で猴父子を噛み殺しおわる、と。

まず右ほどのことにて、このほかにこの辺固有の山男およびその類似物の話とては思い出さず。右は一々聞きて書き留め置きたるものを記しつけ差し上げ申し候。

小生、貴下に承りたきは、七難のそそ（陰門）毛と申す物、近江、大和等の社寺に宝物たり。七難といえる女の陰毛なりと申す。長きものの由。つまらぬ話ゆえ記せずというようなこと、『塵塚物語』か何かで見たり。諸書に散見するが、何の所由ということを記せず。なにかこの伝説について御知り及びのことあらば御教示願い上げ奉り候。

右、本状至って不完全のものながら、さっそく御返事の方御都合宜しくと存じ、聞書のまま増減なく写し取り差し上げ申し候。早々敬具

小生は習字せしことなく、小学校で常に遊びおり、三年ばかりの間に筆四、五本で済まし候。さて洋行し永く在外せしゆえ、字ははなはだ難渋に候。御察読を乞う。

柳田国男から南方熊楠へ

明治四十四年四月三十日

過日は御多用のところを山中の伝説細々御書き送り下され、御芳志御礼申し上げ候。こちらにては御約束のこともいまだ果たさず申し訳なく候。日曜ばかりが読書の日に候を、来客多くははなはだ思うに任せず候。近くはまた近県へ出張致し候ためおくれがちなるべく、御海恕を乞う。

七難のソソ毛のこと、小生も注意いたし候のみにて由来を究め申さず候。追い追いしら

べたきものに候。

御話し下され候話は小生今回の蒐集の外に属し候も、別に綜合して多少の意見を附けたく存じおり候。熊野はどうしてもみずから旅行せねばならずと考えはじめ候。山男に関聯してうかがいたきこと二、三あり。

一、山中の植物にて人類の食料に適するものは、格別貯蔵の労なしに年中不断に有之べきや。もし山男が真の人類なりとせば、食物のサイクルというようなことを考えねばならず候。

一、狒々と申す獣はあるものに候や、また日本にもおるものにや。『本草』の記事を見ても半ば妖怪のようにも思われ申し候。

オコゼのこと雑誌に載せ候のち越後の人の話をきき候に、米山付近の地にては針千本という小さき魚を乾し戸口に掛けて魔除にするよしに候。ギギもミコ魚と称することと考え合わせられ候。もしや針ある点において柊などと共通なる機能を有するように信ぜられ候にはあらずや。

『考古学雑誌』は御取りなされ候や、もしいまだ御入会せられず候わばぜひ御加入下されたく候。小生はこれからかの雑誌にもだんだんかきたく存じおり候。来月は「矢を以て境の神を祭ること」をかき申し候。もっともそのおりおり御目にかけ候は差支えなく候も、会のためには御入会を望み候。近ごろは大分よろしくなり申し候。

榎に関する信仰につきて、かつて新聞記者に話せしもの有之候。もし御覧下され候わばしばらく御目にかけ申すべく候が如何《いかが》にや。

南方熊楠から柳田国男へ

明治四十四年五月二十五日夜九時過

拝啓。過日御手紙および雑誌類拝受。小生いろいろ心配のこと多く、ために御返事大いに後れ申し候。近日また当国第一の難処安堵が峰地方へ罷り越し候（十日ばかり滞留）。ただ今深更ながら差し当たりちょっと御返事申し上げ候。『太陽』および今一の雑誌は、御急ぎでなくば今四十日ばかり御貸し置き下されたし。間を得ばいろいろ申し上ぐべく候。小生多用ゆえちょっと書き終わることならず、間を得てちょっとちょっとかき続け候。書き終わり次第投函致すべきつもりなり。

山男のこと。

拙妻の話に、山男は身体に苔はえあり、山小屋へ来たり気味悪きものなり。しかるときは鋸の目を鑢《やすり》で立つる（トグことなり）ときはたちまち去る、と。その亡父（当地の闘鶏社すなわち田辺権現（『源平盛衰記』に見えたる熊野別当、源平いずれへ付くべきかと赤白の鶏を闘わせる社）の前社司にて、かかる古話多く知りおりたり）の話とのことに候。

このこと六年前妻より承り、小生の日記に扣《ひか》え置き候。さて前日山男のこと御尋ねに相成り、妻に尋ねしに何ごとも知らずと申し候。なお日記をしらべ候に右のことたしかに記し有之、その由話し候て妻ようやく思い出したるに候。話は聞いたとき扣え置かねば、たちまち話した本人すら忘れ去ることとかくのごとき例に有之候。

このほかにいろいろ聞き合わせ候えども、前書に申し上げ候山爺《やまおじ》、人と相罵るとき人まず声を発せば勝つと申す。安堵が峰辺の伝話のほかにこれと申すものを聞かず候。いろいろ根ほり葉ほり聞くとき語り出すものは、多くは手製の虚構に有之。古話、伝説というもの、なかなか到るところに、また遭う人ごとには存じおらず。またところにより何の伝説なき場処もたくさん有之候。御存知のこととは存じ候えども、一ヵ条見当たり候につき書きつけ申し上げ候。

『続々群書類従』第八、地理部に収めたる『本朝地理志略』（「林羅山、朝鮮国信使由竹堂の求めに応じて、これを抄出す。時に寛永二十年秋なり」）の三頁に、「駿河国。阿部山中に物あり、号《なつ》けて山男という。人にもあらず獣にもあらず。形、巨木の断てるに似て、四肢あり、もって手足となす。木皮に両穴あり、もって両眼となす。甲の坼《さ》くるところ、もって鼻口となす。左肢に曲木と藤を懸けて、もって弓の弦となし、右肢に細枝を懸けて、もって矢となす。一旦《あるとき》、一猟師の相逢いて、これを射てこれを倒す。大いに怪しんでこれを牽くに、岩石に触れて血を流す。また、これを牽くに、はなはだ重くして動かず。驚き走って家に帰り、衆と共に往ってこれを尋ぬるに、見えずして、ただ血の岩石に灑《そそ》げるを見るのみ」。

これは小生諸書にて見るうち、本邦の山男の記のもっとも古きものに御座候。

山の神オコゼを好むということの解は、ほぼ見出だし申し候。これはそのうちまた『人類学会誌』へ出すべきに候。

御下問の山男の冬中の食のことは小生かつて承らず。しかれども、冬中は山中に樫の実多く落ち積もり有之、オシドリ群れてこれを食うが奥山（熊野、十津川等）の常に候。また御存知の通り、猪、鹿、そのほか諸獣は、冬中ことに美味肥好に有之、夏中食えるものとては深山の動物に無之候。（『大和本草』に、諸鳥中鷺のみ夏食うを得と有之様記臆仕り候。）現に前便申し上げ候兵生の松若と申す山男は、雪中に足跡を見しものありと申し伝え、猪、鹿、諸獣を生け捉りして食いし調味のため、小屋へ塩を乞いに来たりしと申し伝え候。

また御下問の燕日本を去りて後のことは、小生いっこう存ぜず。'Nature' 雑誌に、鳥が冬夏に随い去就するは食事のためよりも主として日光の加減によるということ、数年前論じたる人有之、その 'Nature' は今もこの家に蔵しおり候えども、ちょっと見出ださず候。小生知るところにては、ただ一つ例のボスウェルの『ジョンソン伝』に、ジョンソンこのことを論じて、燕は冬に先だって群飛して団聚をなし、水底に潜み春至るをまつ、と論ぜしことを知り候。スウェーデンの古え漁人燕を水底より網し得たることを記し（オラウス・マグヌスの記に出ず）、英国のギルバート・ホワイトの状にも、燕、時として水中に蟄する由いい、『酉陽雑俎』には、燕は竜と縁あり、井中に蟄す、と言えり。このこと十余年前、仏国の雑誌。'L'Intermédiaire' で論ぜし人あり。胡燕と越燕とを混じたるに起こる由いえり（この田辺辺にもこの二種あり。胡燕は村部へ来たれども市街には稀なる由（前者は英語 martin 後者は swallow）。小生、「燕石考」と題し、燕のこと長々しく書したるもの有之、その中にこのこと載せ置き候。そのうち何かで出板致したく候。『竹取物語』の燕の子安貝のことを論じたるにて、前年小村伯より畏きあたりへ献ぜし英人ジキンスの『日本古文』（小生那智に寵りおりしうち、氏の嘱によりこれを校正し、所々に小生の註入り、また小生の著を引きしところ多し）にもちょっと引かれおり候。しかし、燕が日本を去ってのち何地に行き何ごとをなすやはしらべたること無之候。この田辺辺にては常世の国へ行くと申し伝え候。常世の国を村部には訛ってトチワの国と申し候。「大和万歳トコヨのツバメ」（下の句忘れ候、秋去りて春来たるという意を述べしものに候）という俗謡有之候。

上文の山男は（羅山の記せる）小生らのいわゆる山男とは、大いにちがい申し候。古木怪をなすの類と思われ候。拙妻話に、山男身に苔むしありと言うにて思い出し書きつけ申し候。

御尋問の狒々のこと。小生、十年ばかり前にロンドンを去る数十日前に雑誌'Knowledge'へ投書候ところ、図等のことにつきむつかしきこと起こり、また漢字の校正をしてくれるもの無之、止むを得ず出立の僅々間際数日前に原稿をひとまずとりもどし、その後多用にて今に稿は和歌山舎弟庫中に蔵し有之候。記憶のまま引用書を取り寄せ、左に申し上げ候。右の原稿を取り寄せんとせしも、小生の手筆洋文は読めるもの無之、取り寄すること罷り成らず候。

狒々は、合信氏の『博物新編』には、たしか英語のbaboonをもってこれに宛ており候と記憶候。しかし、baboon類は支那近くに存せず、また形状も漢書に記すところとかわり申し候。須川賢久氏の『具氏博物書訳』には、たしかに狒々をバブーンに宛ており候。小生も従来この説を至当と存じおり候ところ、在欧中毎度諸処の動物園で生きたる諸獣を観察候より、狒々はbaboon(猴の類)には無之、全く熊の類と思いつき申し候(『本草』には人熊をその一名とせり)。俗に申す好婬老爺をヒヒなど申し候は、玃などいうものに近しと存ぜられ候。(かかるもの支那の一部にあること支那の諸書に見え、いずれも大なる猴にて、婦女を婬し、子を生ましむ、とあり。交趾にもあること、彼方の書にて見候。猴《さる》を人と混じあやまり候諸例はTylorの'Primitive Culture'に多く挙げたり。また実際人と猴と婬することは古ローマの文学にも見え、前年(十二、三年前の)仏国雑誌'Revue Scientifique'に見えたり、小生写しおき候。人と交わりて子を生むとは、如何《いかが》と存ぜられ候。小生はロンドン動物園にて異属の猴が交わりて間種を生み、その子育ち上がりたるを見候。）

　昏熊と申す獣はロンドン等の動物園にて常に見る。シンガポール等の熱地の動物園には一層常に見及び候。これが狒々なりと小生は確信候。左に訳文差し上げ候（原文は洋紙へ写し封入候）。（元禄のころ越後の国でとりし狒々は名高きものにて、三世相の年代記などに図を出したるものあり。小野蘭山の『本草啓蒙』に、これは羆《ひぐま》なり、とあり。熊の大なるものと見え候。羆は日本になきものにて、小生かつて大英博物館にて中アジア産の熊類標品をしらべ、これが古支那書の非熊非羆の羆ならんと思わるる種を扣え置きたる記あり。これまた和歌山の庫中にあり、今ちょっと分からず候。麻緒のごとき色の熊に候。）また『和名抄』に、玃をヤマコと訓ぜり。『和漢三才図会』に、飛騨の黒ん坊というものを玃に宛てたり。あらかじめ人の意を知るといえるは、九州の山ワロ（山童、『西遊記』等に出づ。天狗、人の意を知ること、『駿台雑話』にて見たりと覚え候）に同じく、その形状明らかに狒々の大なるものなり。ヤマコは今の山男のことにて、山男の話はもと猴を人と混じて起こりし話と存じ候。小生、昨冬安堵峰へ行く途中、わりあいに山浅き福定《ふくさだ》というところの民より得し猴は、新しく殺され、その肉をつるし売りありし。その皮ただ今この状認むるに敷き物と致しおる。鯨尺にて測るに、鼻端より尾尖まで二尺四寸、前手端の間二尺一寸有之、かかるもの深林中に坐しあらんには、小生ごとき山なれたる男といえども多少恐怖するを免れじ。いわんや、山民などは理窟の分からぬもので、至って臆病なるもの多ければ、いろいろの説を触れちらすものと存ぜられ候。

J. G. Wood, 'The New Illustrated Natural History' 刊行日付なし。小生は明治二十年サンフランシスコにて購えり。そのころははなはだ英米ではやりし本なり。著者は英国リンネウス学院員なり。ほぼ翻訳申し候。

アスウェール（インド土名）すなわち樹懶熊は、行動異様、形状怪奇にして、熊群中の珍品たり。インド（熊楠いう、セイロンにもあり）の山地に産し、土人これを恐れ、また賛称す。山谷をその徉遊に任せて苦しめざればはなはだ無害なれども、これを創つけ、また苦しめるときは、はなはだ怖るべき敵となる。ただし、創重からざればひとえに逃れ去ることをのみつとめ、一直線に去る。故に捕えがたし。しかれども、重く創つくるときは創つけし人にかかり来たる。はなはだしく飢えしときのみ他の有脊動物を食う。普通には諸根、蜜および蜜巣と蜂の子、蠐螬《すくも》、蝸牛、蛞蝓《なめくじ》、蟻を食い、ことに好んで蟻を多く食う。その肉どちらかといえば堅硬の方なれど、実際食いし人はきわめて善味なりという。その毛奇態に長く、ことに頭と頸上の毛長く、この獣、ために異態の観あり。毛色真黒にして、諸処に褐色の毛を混ず。胸に叉分せる白毛帯あり。行《ある》くとき前脚互いに交錯すること、上手なる氷履乗《スケーター》が cross-roll《インシソールス》 を演ずるごとくなれども、止まり立つときは多少両脚距《はな》れて立つなり。この熊、牙を失いやすく、至って弱《わか》き物の髑髏を見るに、なおしばしば牙全く早く失われて、その跡埋没し、かつて牙なかりしごとく見ゆるものあり。故に、英国へ最初持ち来たられし物を南米の樹懶の類と心得、樹懶熊と名づけたり。また無名獣と名づけたる書もあり。一名藪熊、一名唇熊。

このウッド氏の書はなかなかはやり候ものにて、普通に行なわるるは三冊なり。小生かつて購い、故津田三郎氏に贈りしことあり（海軍大佐。紀州人のことゆえ、遺族の家、木下友三郎君存知ならん。尋ねたら、その書あるべし。また東京図書館等にもこの書はあるべし。ドイツにて明治三十四年ごろ物故、この人の兄真一郎氏は、竹橋一件のとき王子の火薬庫を奪いに往きし咎にて免職、今北海道にあり。その真一郎氏の子、故佐伯闇氏（海軍大佐、日魯戦争に戦死）の嗣子たり）。現に小生の手許にあるは、その三冊のうち、著しき図を抜き集め解を短く付したるに候。右の文はそれより引く。また別に三冊本あり、右と同名ながらNewの字なし。すなわち題して'The Illustrated Natural History'と申す。その一八六五年板（ロンドン版）一巻四〇九頁よりの書抜きを左に写し申し上げ候。

この熊を唇熊と名づくるは、その両唇長くして捲

き曲がらすを得べく、きわめて種々に動かし得べきによる。この唇を奇妙奇体に延ばし、また縮め得。したがって、その顔をきわめて奇怪に種々奇的烈《きてれつ》極まる面相に変成し得。餅片、林檎等の好物を示すとき、かかる百面をなすなり。好んで半起立の位置で坐り、観客の目を惹かんがため、その鼻と唇を速やかに捻《ねじ》まわす。かくてなお人これに注意せぬときは、急にその両唇を打ち鼓《なら》して人の注意を惹かんと力む。

Tennentの『錫蘭《セイロン》博物史』にこの獣のこと出であり、怒るときははなはだ危険なる由をいえり。今夜身傍に出でおらず、少しく暇あらば一閲の上、かわったことあらば申し上ぐべく候。

『山海経』に、「髴々《ひひ》、その状《さま》人の面《かお》のごとく、長き唇にして、黒き身《からだ》に毛あり、反踵《はんしょう》すなわち笑い、笑えばすなわち唇を上げて、その目を掩《おお》う」（これは上文のごとし。人を見れば(上にいえるcross-rollを演ずるごとく、脚の踵《かかと》を見る人の方に向くるなり）。小生毎《つね》に目撃せり）。『爾雅』に、「狒々《ひひ》、人のごとし。被髪《ひはつ》にて迅《と》く走り、人を食らう」とあると大抵よく似たり。食らうとは、怒ればかみつくことなりと解すべし。日本人でシンガポール等の動物園でこれを見し人、みな老婆のごとき熊を見たりと語られ候。野女などのことに似たり。

交趾および南康郡に出づとは、その辺へ件《くだん》の熊に芸を教え、インド、セイロンより持ち来たりしを支那へ伝えたるにやと存じ候（この熊は芸をよく習い候）。またアジア獅《しし》などただ今はインドで全滅、ペルシアのは如何なりしか知らず。しかし、有史中にすらギリシア辺にまで存せしと申す（スパルタの王家に師子《レナニダ》王族あり、師子を殺せしによる名とか）。そのごとく、件の唇熊も古えは後インドより支那南部まで広まりおりしにやと存ぜられ候。『方輿志』に、「狒々は西蜀および処州の山中にもまたこれあり、呼んで人熊となす。人またその掌《たなごころ》を食らい、皮を剝ぎ去る。閩中《びんちゅう》の沙県《さけん》幼山にもまたこれあり、呼んで山大人となす。あるいは野人および山魈《さんしょう》ともいうなり」。これらは、たとい唇熊のことならずとも、一種の熊、人のごとく立つものと存ぜられ候。熊が人によく似たるは、学者間にも、人は猴より出でずして熊より出でたり、という人あるにて知らる。

なお申し上げたきこともあれど、小生の書室はこの坐敷と建物別にて、夜間ははなはだ都合悪ければ、今夜は止め申し候。

次に、小生知人に広畠岩吉とて五十三歳ばかりの人でいろいろ俗譚多く知れる人に承り候ことを、左に申し上げ候。

前便申し上げ候いし兵生の松若という山男は、常に身に松脂をすりつけ、土上に転び候より、鉄砲も槍も身に入らぬものとなり候由。

また前に申し上げ候、神、鍋をたたき相図して猟師が猿を犬に食わせし話、この故に今も山小屋にては鍋をたたくをはなはだ忌み候由。

安堵峰（兵生の）辺にオメキというものあり。一本足にて丈高き入道なり。広畠氏の知人、今存せば九十歳ばかりの人あり。その人大台原山にて材木伐りしことあり。六十年ほど前のことならん。その時アカギウラ（東牟婁郡小口村に赤城《あかぎ》あり、その辺？）の勘八という猟師あり。兄、山にありて鹿笛吹き鹿を集め討たんとせしに、後の絶崖より大筒《おおづつ》という蛇ころげかかり咋《く》い殺さる。（大筒、小筒とて二様の蛇あり、カラサオを打つごとく、ころげまわり落ち来るなり。大筒は長く小筒は短し。これ小生が昨年七月の『東京人類学会雑誌』に出だせる野槌蛇か。）よって鉄砲を持ち、その辺をまわり、兄の仇を討たんとすること三年なるも、大筒にあわず。ただし、一度オメキに遭えり。すなわちオメキ来たり、勘八と呼ぶゆえ、もはや遁れぬところと思い立ち止まりしに、勘八、喚合《おめきあ》いをせんとて、われよりまず喚《おめ》くべしという、いやわれよりまず喚くべしといううちに、速やかに鉄砲をその耳にさし向け一発放ちしに、汝の声は大なるかなというて失せたりという。また一所に夜、岩のさしかかれる下に宿り粥を煮おりたるに、岩の上より盥大の足下り来たり額を打つを、自若としておりたるに失せぬ。さて、向こうの方にこす様の音するゆえ、鉄砲をさしむけ覘いおりたるに近づくものあり。すわ放たんと思うとき、俟ってくれと大呼す。見るに人なり、その人は茯苓《ぶくりょう》を取ることを業とするものなり、山下より火をめあてに一宿を頼まんと上り来たりしなり。互いに危きところなりしと笑い興ぜしとなり。

右は前文に申し上げし一本ダタラと山男《やまおじ》を混じたるような話にて、広畠氏説には、いずれも一物がいろいろに化けるなり、とのことに候。

右の広畠氏知りし人の話に、伊勢の巨勢という村をはなるること三里ばかりの山、四里四方怪物ありとて人入らず。大胆なるものあり、その山に近く炭焼きし、冬になりて里に出でんとするに、妻なる者出産近づき止むを得ず小屋に止まるに、妻にわかに産す。よって医に薬もらわんとて夫走り行きぬ。帰りてみれば、小屋に血淋漓として人なし。大いに驚き鉄砲持ち、鍋の足を三つ折り鉄砲に込めて、雪上の大足跡をたずね行くに、一丈ばかりの大人ごときもの妻の髪をつかみ、吊し持ち行く。後より追いかけ三十間ばかりになりしとき、かの者ふりむき、妻を樹枝にかける。さて、この者の顔を見るや否、妻を攫み首を食い切る、と同時にかねてかかる怪物を打たんには脇を打つべしと聞きたるゆえ、脇を打ちしに大いに呻き、山岳動揺して走り去る。日暮れたるゆえ帰りみれば、生まれたる児は全く食われたりと見え、血のみあり。翌日行きて血を尋ね穴に至りしに、大いなる猴苦しみおる。それを打ち殺し、保存の法もなきゆえ尾を取り帰る。払子《ほっす》のごとき白色のものにて、はなはだ美なり。巨勢の医家（名を聞きしが忘れたり、と）に蔵しありしを、件の故老見たり、となり。

何ともわけの分からぬ瑣譚ながら、聞きしまま記し申し上げ候。

小生は御話の考古学会というものを存ぜず、雑誌などむろん見たことも無之候。小生は学問上費用多く、人類学会へも入りおらず、雑誌は特別の憐愍をもってただで呉れおることに候。

木地引《きじびき》とかいうもののこと、小生ようやく今年『紀伊続風土記』にて見当たり、奇体のことに存じおり候。そんなものはただ今は当国に聞かず候。貴論雑誌は今に拝見致さず、拝見の上写し取り雑誌は御返し申し上ぐべく候。

学問せぬものは見聞狭く、何でもなきことを異様に信じ、また申し触らし候。猴また熊を山男、山操など申すに似たること、一つ申し上げ候。当地近く東神社と申す丘上の森中に立てる神社あり。それにホーホーホーと鳴く鳥あり。この鳥鳴く夜は近傍で堅魚《かつお》とれるとて、カツオ鳥と名づけ候。小生友人と行き聞くに、何のこともなき木菟《みみずく》なり。当町の写真屋の裏の松の枝にもカツオ鳥なくと漁夫ら申し候。写真屋主人に聞くに、木菟来るなり、自家の庭のことゆえ毎《つね》に見及ぶ、また糞も全く木菟の糞なりと申され候。田間、沼沢等で大声出して鳴くヨシゴイと申す鳥あり、『和漢三才図会』四二巻の終わりに出ず。はなはだ声の大なるものに候。独り長堤を歩むときなど後より怪物に呼び懸けらるるものに候。かかることを誤りていろいろの怪談出づるものと存ぜられ候。ヨシゴイは小さきものに候や。小生、明治十八年夏日光へ行きしに、利根川の辺にて聞き候。あたかも怪物が人を調弄するように聞こえ申し候。

また狒々いよいよインド、セイロンのみの産とするも、『山海経』のできしころ、これを見及び聞き及べるもの支那にありしことと存じ申され候。駝鳥などはアフリカの産にて、支那にての記載も遅く、『和漢三才図会』に、鳳五郎 Vogel フォーゲル（鳥の義）蘭国より持ち来たりし由記しあるが、わが朝にてこの鳥の見えたる始めのよう、人は申し候。『本草綱目』には食火鶏（南洋マラッカス群島の産）と駝鳥を混じたるようなり。しかるに、小生『史籍集覧』のなにかで『本草綱目』よりずっと早くわが国へこの鳥渡りしことを識しあるを見及び候。御入用ならば捜し出し申し上ぐべく候（扣えたものはたしかに別室にあるなり）。

後記。後花園帝の時作りし『神明鏡』上巻に、孝徳天皇白雉元年、新羅国より大鳥を献ず、大いにして駝のごとく銅鉄を食らう、とあり。

Tennent, 'The Natural History of Ceylon'（『錫蘭《セイロン》博物志』）一八六一年ロンドン板に見あたり候につき、略訳申し上げ候。

セイロンの土人がもっとも畏るる食肉獣は唇熊にして、セイロンの深林に住む大獣はこれあるのみ。主として樹穴、岩崖罅中の蜂蜜を求め食う。時として諸根を食わんがため土をほることとあり。また蟚《はあり》および蟻を食う。ジャフナ近傍の森を横ぎりし予の友、この熊の吼ゆるに気づき見たるに、高き樹枝に坐し、一手をもって赤蟻の巣を口に入れ、他手にて赤蟻の怒ってその額と唇を螫すを掃い去らんと力《つと》めおりたり。島の北および東南岸の低くて乾きたる地方に棲み、山地、また西方湿潤の平原に住まず。両肩の間、背に長叢毛あり。児子みずから逃るるあたわざる間はこれ（この長毛）を捉え、母につれられて逃ぐ。一八五〇年、北方州厳しく旱《ひでり》せしとき、カレチ地方にこの熊多く渇して夜間水を求むるとて井中にすべり落ち、地滑なるため逃げ上ることあたわず、ために婦女井辺に集まるを止むるに及べり。この熊稀《まれ》に肉を食い、独孤にして蜜と果を捜るをもって、その性、卑怯退隠なり。人または他獣に近づかるるとき、急に退くあたわず、兇性なけれど狼狽のため自防せんとて他を襲うに及ぶ。かかる時、その搏襲はなはだ猛烈にして、森中の他の獣よ

りはもっともセイロン人に恐れらる。土人鉄砲を具せざるときは、コデリという軽き斧を帯び、これに備え、その頭を撃つ。唇熊、人を見れば必ずその顔を覘い、人を仆せば必ず一番にその眼を襲う。予島中を旅するに、しばしばこの熊に襲われ傷つける人を見たるに、土人色黒きに反し、創のぬいめ白くてすこぶる惧るべかりし。ビンテンのヴェッダス（土人）は蜜を蓄えて食資とするが、蜜の香に誘われ、この熊人家を襲うをおそるるが常習なり。郵便脚夫またその害に遭うを怖れ、炬を秉《と》ってこれを驚かし走らしむ。（註には、この熊の害を免るる符籙《クリスマン》あることをいえり。）

右、唇熊、唇をのばし戯るるところは小生毎《つね》に見たり。真に野婆などいうものの図のごとく、また『和漢三才』等に載る図のごとくに候。

貴説（『人類学雑誌』四月十日の分、五二頁）に載せたる『世話尽』は、明暦二年刻とも承応三年刻とも申す。『犬子集』は、松永貞徳撰、寛永八年より十年正月に至り記しお

わると申す。『毛吹草』は、小生も毎度諸書に引けるを見れどちょっと分からず。いずれも小生未見の書に候。

針千本は、かくのごときものにて河豚の類に御座候。これより長きをハリフグと申し候〔左図参照〕。針千本は少なく（北国の海にある由）、ハリフグはこの辺にもしばしば見候。油多きものにて、取るとたちまち腐る。しかし乾物にして店の飾りなどにすること欧米に多し。米国でオイスター・ハウスと申し、下等男女の待合いごとき家には、多くはこれを牡蠣の殻と共にかんばん的に店頭に置きあり候。以前魔を禦ぎし余風と存ぜられ候。インドの神にこれを使い物にする神あるを扣えおり候えども、ある説には海胆《うに》のことと申し候。この他には伝説は一も存ぜず候。上野博物館に明治十七年ころ毎度往き見しに、二品とも有之候いし。明治三十年の『帝国博物館魚類標本目録』を見るに、ハリフグは Diodon histrix L., ハリセンボンは Diodon maculatus Günther とあり、両《ふたつ》ながら標本を東京市場で得たる由記せり。

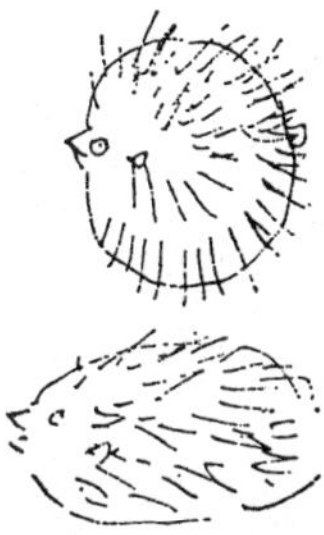

右はなはだきれぎれの話のみながら纏めて御覧下されたく候。

貴下、舞と音楽のことの説の御参考に、Sven Hedin, 'Trans-Himalaya', London. 1909, vol.ii, pp. 390-391 のあいだの板よりこの図写し申し上げ候。むかし唐代に羯鼓《かっこ》はなはだはやり候由は、玄宗のことなど記したるものに見え候。思うにこれに図するチベットの鼓舞は、そのころの遺風にて、わが国に行なわるる諸種の鼓もて踊る舞と同源に出でたるものと存ぜられ候。

（今回の御通知は右にて擱筆仕り候。かき終わりしは五月二十五日夕にて、かき始めし日よりかれこれ一週間かかり申し候。）

小生は至って節倹なる家に生まれ候。父は一《ひと》風ありし人にて、ただ今の十三円ほどの資金をもって身を起こし、和歌山県で第五番といわるる金持となり候。木下友三郎氏と小生遊交せしころは、和歌山市で第一番の金持なりし。しかし不文至極の人なりし。したがって学問の必要を知り、小生にはずいぶん学問させられたり。父ははなはだ勘弁のよき人にて、故三浦安氏の問に応じ、藩の経済のことなどにつき意見述べしこともあり。故吉川泰次郎男など、また今の専売特許局長中松盛雄氏など、毎《つね》に紀州商人の鏡なりとほめられ候。小生は九人ばかりありし子の第四男にて、幼時は（貧乏にあらざるも）父の節倹ははなはだしかりしため、店にて売るブリキ板を紙に代え、鍋釜等に符号を付くるベニガラ粉を墨とし、紙屑屋より鍋釜包むために買い入れたる反古の中より中村惕斎の『訓蒙図彙』を拾い出し、それを手本にまず画を学び、次に字を学び候。六、七歳のとき、右の『訓蒙図彙』の字をことごとく知り候。それより諸家に往き書を借り、『本草綱目』、『和漢三才図会』、『諸国名所図会』、『日本紀』等を十四歳ごろまでにことごとく写す。十一歳のとき、『文選』六臣註を読書師匠が他弟子に読書教うる間にちょいちょいと窃み見し、「江の賦」、「海の賦」の諸動物の形状記載を暗記し帰り、また古道具屋の店頭に積みある『列仙伝』の像と伝を、その道具屋主人夏日昼寝する間にのぞきに行き、逃げ帰りては筆し筆ししたるもの、今も和歌山の宅にあり。右様に学問好きにて、『続群書類従』、『史籍集覧』、『類聚名物考』、『法苑珠林』、その他大抵の参考書を写せり。

明治十九年商業学せんとてサンフランシスコに渡りしも、やはり学問好きで商業など手につかず、ランシンの農学校に入りしに、日本人と米人と闘論せしことあり。小生一人その咎を負い脱走し、それより学校に勉学するを好まず、浪人となり、諸州および西インド流浪、もっぱら動植物を集め、ロンドンへ之《ゆ》きても非常に艱苦し、馬部屋ごとき家に住み（先年旅順閉塞で名高かりし斎藤七五郎氏（今は大佐か）、そのころ少尉にて富士艦滞在中、小生艦員を大英博物館へ案内し、いろいろ学問上のものを見せしを多とし、同艦の写真を艦長および将校より右の七五郎氏に托し、その写真屋より人をやとい小生に贈られしことあり、小生の寓所分からずしてとうとう持ち帰り、その後郵便にて小生方へ届きしほどのこととなり）、金さ

えあれば書籍を購いたり。故に今日その一部分を保存しおるうちにも、わが国にてちょっと見られぬ珍書多し。また在外中手扣えしたり、私かに纂録考証して書きつけたるものはなはだ多きも、難筆にて他人に読めず。

さて小生不幸なることありて止むを得ず英国を辞し、帰朝せしは十年前にて、父母その他過半在外十五年間に死に果て、一族一家内にも知らぬ人の方多くなりあり、止むを得ず熊野に退き、那智山に偶居すること前後二年あまり、また諸方の山海を捜り、主として顕微鏡的の微細生物を集め、御存知のプレパラートとて顕微鏡標品およそ十三、四貫目も作り（損じやすきものゆえ一種一品ごとに五、六枚ないし二十枚ずつも作れり。実に目も心も、また身も疲るる仕事に候）、また菌類を一々彩色画にし解説を付したるもの数千葉あり。われながら人間の精力もよくつづくものと感心罷りあり候。このうち今日までようやく一部分調査すみ候は、粘菌 mycetozoa と申し、動物とも植物とも分からぬ微細の生物にて、世界中に二百五十種未満存するものを、小生の発表以前に、本邦よりは十八種しか知れおらず。それを小生三年前に東京植物学会の雑誌にて発表せしときは七十四種まで日本にあることを知り候。その後も十津川熊野にていろいろ見出だし、ただ今はすべて百種ばかり見出だしおり候。（故に、紀州および十津川で八十二種ばかり小生見出でたるなり。中に新種二、三有之候。）

粘菌ごとき種数の比較的少なき一群すらかくのごとくなれば、藻、菌、地衣、苔、蘚等の種類広大なる諸群について、小生が紀州および十津川で見出でたる数は莫大のものに御座候。たとい小生の創見の新種ならずとも、世界中に植物分布の学をなすにおいてはなはだ益あることに御座候。このほか小生いっこう専心気にとめぬながら、上等植物においても従来四国、九州、また琉球、また熱帯地方にのみ産すと思われたるもので、紀州にあることを見出だしたるものも多く候。たとえば Wolffia と申し、・これほどの植物で、世界の上等顕花植物中最小のものと称するものなど、台湾にはあれど本州にあるを知らざりしに、小生紀州和歌浦の東禅寺と申す寺の古き手水鉢の中より見出だし候。テッポウシダと申す羊菌なども、従来台湾の産と知れおりしが、小生熊野にて見出だし候。その他小生専門ならねど、前日大学の牧野富太郎氏に名を識しもらいし中に、紀州より初めて知られたるもの多し。下等植物の命名はわが邦にてはあまりよく出来申さず。故に多くは海外へまわし調査しもらいおる最中なり。しかし、標品の数多く人間にひま少なきゆえ、ややもすれば事凝滞し、なかなかちょっとすむべくもあらず。

とにかく右様のことのみ専心潜思し従事致しおり、和歌山市郷里の人も小生は何如《いかが》なりしか知らぬがちにて、小生もそれをよきことに心得おりしに、今度の神社合祀のこと、いかにも乱暴にて、小生十年間私財を抛ち未来公益のために尽力したる甲斐もなく随処林木を滅却し、古物古墟を全壊され候こと忍ぶべからず。よって議論を始めたるにて、これがため小生は、この際非常に不利益の地に立ちおれり。先便申し上げたるごとく、今春三月末中村代議士（啓次郎）内務大臣と会見の結果、本県に制定せる一村一社の制は、大臣の意にも政府の意にもあらざること知れ、また近く古趾、旧林保存等のことを首唱する人多く出で候に、当県は今に合祀と濫滅と絶えず。これはただ県知事や官吏のみを咎むべきにあらず。騎虎の勢い一旦言い出して、利慾深き村吏、姦民などの乗ずるところとなりたるにて、何とか合祀を全く止めてくれるにあらずんば、これまで紀州に存せし動植物種にして全滅するものはなはだ多からんと憂慮致し候。しかして、神社の森にのみ限れる濫滅にあらずして、すでに行政裁判所にて那智の神社と色川村へ下付成りたる那智山林のごときも（前月二十五日勝浦港より来たりし拙弟の酒店の番頭の言によるに）、大林区署よりはいつ切るも宜しとの許可を受けあり、那智滝の水源たる寺山の林木をもことごとく伐り払うはずにて、これを手に入れたる色川村にては二十万円ばかりの利分のうち十二万円は弁護士の酬労に仕払うつもりとのことなり。また中辺路《なかへち》の唯一の林木（拾《ひら》い子《こ》谷とて、小生の発見せる南方丁字蘚、友人宇井氏の発見せる紀州シダ等珍物多く、熊野の官道を歩して熊野の林景を見得るはここの外なきなり。その他はすでに濫伐のため全くの禿山にて、熊野諸王子の社は濫併のため一、二を除き全滅なり）、八十余丁と申す、実は六十町に過ぎじ。それも近々伐り去らるることの由。

さて、その伐りたる金はみな二、三商人（多くは他国の見も知らぬ人）の懐に入り、一時人足多く入りこみ繁昌すれど、実は狐に魅せられたごときことにて、悪風婬風移り入りたる上、木伐られ果つるときは何の益なき禿山にすすきなど生え、何とも手のつけようなきこととなるなり。現に、この田辺近所にも五、六年の間に神社を合併しおわり、山頂の木を濫伐し土塊落下し、川下の方が川上より地高くなり、同じ一つの山で一側にはわずかの木を植えて防壊工事を施すと同時に、他の一側にはしきりに濫伐を行ないつつあるところあり。また社地の木などは林木用のために故《こと》らに植えしにあらざれば、これを伐りたりとて何の功なく、わずかに一部分を室内装飾に用い得れば幸いなり。これはそんなことなく、多くは何のわけもなく焚き物にしおわるなり。焚き物を一時用もなきに多く焚くというのみなり。しかるに、今に地所を売り、コムミッションを得んとする輩のために欺かれ、合祀を強行するところ紀州内に多し。東京辺とかわり、三里五里行かねば神社へまいられぬようになりては、誰も神社へ参るものなく、したがって天理教とか狐を拝するとか、雑多の卑猥なる迷信、婬風、悪俗を生じ、何とも方の付かぬこととなりおる。小生の祖先が四百年来奉仕し来たれる大山神社

当国『神名帳』に出でたり。幕府のころは徳川吉宗公の帰依篤かりしゆえ、天下普請すなわち将軍家より普請されしなり。今の社は、小生一族が二十年ばかり前に造営せしものにて、なかなか見事なり。『木国神名帳』は、他の国々の『神名帳』（『神名帳』は十八ヵ国ばかりのこりありと聞く。この中で『木国神名帳』には官知神社、未官知神社ということを分かちあり、大山神社は官知社なり）とかわり、はなはだ詳細なる

ものにて、『延喜式』の「神名帳」のみが古社の標準にならざるは、天日槍《あめのひぼこ》の遺蹟たる淡路の社が『延喜式』に見えずして、『淡路国神名帳』(『釈日本紀』に引けり、原書は亡ぶ)に載せたるにてわずかに知れたるに見るべし。日本の諸国を通じて『神名帳』が各国にそれぞれ残らざりしは遺憾千万なり。しかしながら『神名帳』の残りし部分のみにても、なお一層これを幸いに保存すべきに候わずや。たとえば銀杏は太古には数十百種もありしが、今は化石となりおわれり。さればとて日本、支那にのみ遺存し、わずかに社寺境内にのみ生を聊する銀杏を、軽々看過すべきにあらず。友人平瀬作五郎氏、往年銀杏の精液が他の高等植物と異にして、反って羊歯等の下等植物に同趣なるを発見し、植物学界をひっくりかえせしは、実に日本にこの一種のみを保存しありし力《ちから》なり。他国に亡びたれば、ついでにいっそこの国のものをも全滅跡なからしめんとするは、人道にも天道にも反《そむ》けりと思う。

も、今にその林木を利とし合祀を逼られおり、村民いずれも愚にして目前の利慾に目がくれ、小生の従弟らわずかに五戸を除くのほかは、合祀合祀と賛動し、小生一族は僅々の人数にてこれに抵抗し、今日まで無難に保留したれども、今秋までに是非つぶしみんなどと、日高郡吏等いきまきおる由。かかる郡吏を放縦ならしむるは、祖先崇拝を主張する政府の真意にあらざること万々にて、あまりに大勢大勢いうて何が大勢やら、ただただ衆愚の目前の利慾をのみ標準とし往くも、国家独立の精神を養う所以にあらざるべしと思う。(目前の私慾に目がくれ、祖先以来崇敬し来たれる古社を潰して快とするようなものは、外寇に通款し内情を洩らすほどのことを何とも思わぬこと当然なり。）こんなことにて小生は日夜憂愁しおり、五、六年前までの独身のときならんには、所蔵の図書標本を挙げて外国政府に寄進し、自分も超然筏に乗り外遊してその客となりて快と唱うべきはずれなれども、妻子もあり、また妻ただ今懐妊中にて、そんなことも成らず、何となくぶらぶら致し面白からぬ月日を送りおり候。あわれ貴下は何とか速やかに当国の神社濫滅と形勝故跡の全壊を当県において全く止むるようの御計策を教え下されずや。しかるときは、小生はすでに外国へ傭われおる身に有之、何とか早くあとをまとめ、貴下らの用に立つべきものはなるべく速やかにまとめて貴下らの用に供し、自分は一己で活計するために外国へ往き、仕官でも致したきにあるなり。ただ今のごとくにては大いに寿命も縮まり、せっかく書を集めたものも右様の世話絶えぬため何の用をなさず、そのうち身命衰弱して終わらんことは、まことに遺憾の極にあるなり。

去年の初め、木下友三郎氏、小生の意見書を新紙、国会などへ出さず、すぐ木下氏を経て平田大臣へ出せ、といわれたり。小生そのとき山奥より出で来たり、政治上のことなどとては何も知らず、如何すべきと迷ううち、人々のいうには、かかる意見書を大臣に出したら大臣の握り潰しとなり、久しく留置ののち曖昧なる返事すなわち参考し置くべしぐらいの返事を下さるるのみ、さて、その返事下るまでの長いあいだ一言もこの意見について口外し得ず、発表し得ず、とのことなり。よってそれにては詰まらずと思い、議会へ出し、また地方と京阪の新聞でその一斑を述べたるに候。今から思うに、地方の村吏、俗吏などの悪しきに似ず、中央政府の人々はなかなかわけも分かりおり、また決して無理なことをいわず。（当県にて最初に出たる合祀の訓令などは、実に条理正しく処分も宜しきを得たるものなり。それを私慾一片の俗吏、小官、神主などがいろいろと変更して、ついに五千円という大金を標準として片端から神社を滅却し、さてその五千円調達のためといって、また片端から林木を滅尽せしなり。この五千円という基本金を定めたる扣え書きも役所になく、また何月何日に出たということすら当該吏も覚えおらず、実に迂論千万なことなり。）故に今まで辛苦抗弁するに先だち、最初に意見書を大臣へ出したなら、はなはだ好都合なりしことと小生は悔いおり候。貴下、折をもって木下氏に話し置かれたく候。

むかしスパルタ王アルゲシラウス、エジプト人に乞われてみずから援軍に往きしに、エジプト人はその勇武を見て大いに欣び、敵は蛮民にして兵法全くなき輩なれば、この王の手に懸かったら数日にして亡びんといいしに、アルゲシラウス大いに憂うる色なり。人の問に応じて言いけるは、敵も兵法を知った者なら無謀突飛なことをせぬから兵法をもって謀りて勝つべし、兵法を全く知らぬものは何をするか知れず、と。果たして数日後に蛮民に襲われて戦死せりと申す。相手がわけの分かった人なら、まことに致しやすきが、ただ今この地方のごときは、相手は無法、無慙、利慾一辺の我利我利輩にして、こちらは勢力根気に限りあれば、まことにむつかしき立場に小生はあるなり。貴下何とか速やかに当国の神社と林木のこの上破壊さるるを防ぎ止むるの御名案も無之や。

　前日、河東碧梧桐来訪、いろいろ話承りしに、肥後の五家なども、近来、古風俚伝全く忘れられ、風俗観るべきものなく、ちゃちゃむちゃの由。熊野もその通りにて、貴下など御来臨ありても何一つ見るべきものなく、ただただ飛鳥山から板橋辺へ歩むその間の谷が深く見ゆる禿山の並んだと申すばかりに有之候。

　まずはあまりに長文ゆえ、これにて切り申し候。そのうち果てしなきことながら一件方付き候わば、また『太陽』等の御貸与中の御論をも拝見し、何か申し上ぐべく候。もしまた到底こと繁くなり拝見の見込みなく候わば今より一ヵ月中に御返し申し上ぐべく候。

明治四十四年六月十二日

南方熊楠から柳田国男へ

拝啓。六月十日出芳翰および新聞一葉、まさに拝受、御礼申し上げ候。小生は目下粘菌と申すものの標品を英国へ送る最中にて、すこぶること多く候につき、ほぼ一筆御返事申し上げ候。

　粘菌は、動植物いずれともつかぬ奇態の生物にて、英国のランカスター教授などは、この物最初他の星界よりこの地に堕ち来たり動植物の原《もと》となりしならん、と申す。生死の現《げん》像《しょう》、霊魂等のことに関し、小生過ぐる十四、五年この物を研究罷りあり。従来日本より(『帝国大学目録』による)十八種しか見出でざりしを、ただ今九十六種まで小生見出だしおり、英国にて三色写真板で大図譜出板(大英博物館蔵板、リスター卿の娘リスター女史、亡父の遺業としてこれを編す。日本の部は主として小生の標品と小生の記載を用い編入す)中にて、小生見出だせし新種の著色板はすでに出来上がりしも、アフリカ、南米等の品につき異論渋滞し、三年かかりて今に出来上がらず。この次はバーミンガム大学教授ウェストと小生と『日本淡水藻譜』を作り出すつもりにて日夜孜勉すれど、これはこの上十年ばかりかからねば完成の見込みなし。

山男のことにつき御注意を惹き置くは鬼市のことに候。小生那智山にありし日、このことをしらべ英国の雑誌へ出せしことあり。鬼市は『五雑俎』に出でおり、支那にはいろいろあると見え、分類して出しおり候。

肥前国に昨今もこのことあるところある由。那智にも行者(実加賀《じつかが》行者とて明治十三年ごろ滝に投じて死せしもの)の墓を祭るに、線香をその墓前におきあり、詣るもの、銭を投じ線香をとり祭る。(肥前のは、路傍に果をならべ、ザルを置く。果を欲するものは、ザルに相当の銭を入れ、果をとり食うなり。)貴下のいずれかの著に、神より物を借ることありしと記憶候。(支那にはこのこと多きように『五雑俎』に見ゆ。)今もスマトラなどにて、交易すべき物を林中に置き去れば、蛮民来たりその物をとり、代価相当の物を置き去る風多し。つまり蛮民、他国民の気に触るれば病むと思うによるなり。（蛮民他邦の人にあえばたちまち病み、はなはだしきはその人種絶滅するは事実なり。）貴下もしこの鬼市のことをしらべんと思わば、御一報あらば小生知っただけ写し申し上ぐべく候。英国には六年ばかり前に 'Silent Trade'（黙市）と題せる一書出で申し候。

貴著『遠野物語』に見ゆる山婆が宝物を人の取るに任すということ、また『醒睡笑』にも似たことあり。これらは旧えわが邦にも鬼市行なわれし遺風の話にやと存ぜられ候。

那智の一件は、『東京朝日』および和歌山の新聞へ出で候より、県庁大狼狽して官吏を派しただ今精査中にて、県庁はまたまた大物議を生ずるを恐れ、下戻しの林を保安林に編入せんとし、村民は訴訟の費用を払うに（色川十八大字にて二十万円の材木きるつもり、そのうち十二万円は弁護士へ渡す約なり）、ぜひ木を伐らんとて争論中に候。小生いろいろ事実の委細を探るも、こと密にしてなかなかちょっと耳に入らず。また、かの辺は小生弟常楠なる者の製酒ほとんど一手販売の状況にて、弟の縁戚および出入りの者に関係も多ければ、小生表面から攻撃も成らぬ理由あり、こまったものに候。いずれただ今起稿中の徳川侯に呈する書（これは『牟婁新報』に書きしごとき悪口、滑稽にあらず。生物学と考古・里俗学上より神社保存の要を説き、あわせて国体上の大関係を述べたるものにて、写真および図多く添え申し候。なかなか永いものにて、常人はこれを通読するもの希《まれ》なれば、節約するにはなはだ骨が折れ申し候）でき上がり次第貴方へまわすべく候間、何とぞ木下氏より徳川氏へまわされたく候。しかし、木下氏このことを好まずとならば、止むを得ず大学連へ出すべく候。

小生は神教ごときものに別に関係なく候えども、わが国の古蹟を保存するは、愛国心を養う上において、また諸般の学術上はなはだ必用のことと思う。古蹟というに、史蹟（すなわち平経盛の塚とか、平井権八の碑とか）と、有史前の古蹟とあり。（誰の冢か分からぬが、古ゴール人の塚に似たるもの当地辺にて小生見出でたり。また何人のものとも知れねど、陵墓風のものあり。和歌浦に多く古石槨ありしを、十年ばかり前に打ち破りたり。これらは誰のものと知らねど、打ち破らずに置いたらいろいろの参考になるものなり。一度打ち破ったなら、再び巨細のことを研究することあたわず。）国の古きを証するには、この有史前の古蹟の保存もっとも必要に候。白石が秋田氏の譜にいえるごとく、わが国の君も臣も百姓もみな由緒、来歴あるを証するに候。

備前国邑久郡朝日村に「王の塚」というものあり。大なる冢にて、正中に大なる石室あり、ぐるりに小さき石室あり、みな髑髏を埋めたり。平経盛の墓なりという。平経盛は、敦盛の父で、『頼政集』などになんでもなき和歌残れり。別に何とてわが国に功ある人にあらず。しかるに、その辺に石鏃等を出し、また太古神軍ありしという。この例のごときは、平経盛の塚としては別に保存の要なきも、学術上かようの構造を具せる塚としては非常に参考になるものにて、例のわが国にむかし殉死の法ありしや否の問題等にははなはだ興味を添うるものなり。この社（飯盛神社）の社司は合祀大反対にて、小生と交りあり、はなはだ惜しみおれり。昨今合祀後この塚の荒廃はなはだしく、到底、二、三年中にわけもなく砕かれおわるべし、とのことなり。これを砕くなら砕くで、学者の調査を遂げしむること、法律上変死の検証を経て葬るようの手続きぐらいはありたきことに候わずや。

田辺近傍にも、神社合併のあとを発掘し、斎瓶《いわいべ》などをとり出し、種々の素性話を作り、売り飛ばして奇利を得、さてその跡の石棺、石槨を滅却する例少なからず。これらははなはだ惜しむべし。斎瓶など、由来知れずに決して何の学術上の功あるものにあらず。何とかその筋の専門家をまちて検査し、一度滅却して再び見ることのならぬ構造は、委《くわ》しく記載し調図して学問に補するようにしたきことなり。つまりは、かかる学術上の調査の準備成るまでは、神社合祀は厳制されたきことにあるなり。山口主陵頭の話に、奈良県では建内宿禰の墓を滅却せりという。これも記載制図了《おわ》りたる上その必用ありて滅却されたらんには、左まで惜しむべきことにあらず。何のわけもなく、何のかたつけものこさずに滅却せしを、小生ははなはだ惜しみ候。

植物なども、平地の植物はただ神森にのみ生を聊しおるに候。しかるに、合祀滅却のためすでに絶滅せしもの多く、たとえばバクチノキと申すものは、半熱帯の九州地方に特産するなり。本州にはこの田辺辺に沿海の地に少々あるのみ。しかるに、神社滅却のためこの木はこの辺で見ることならず、止むを得ず加賀まで（植物園に栽え移しあるなり）見に往きし人あり。ようやく一本開花結実するものを小生見出だせしも、その社はすでに合祀されたれば、本州にてこの地にのみ特産のこの木は今明年中に全滅し、後世この木は日本で九州のみに産すと伝うるに至らん。この類、嘆ずべきことはなはだ多し。さて合祀の益とては、無智無頼の巫祝（『和名抄』に乞盗類に入れたるの至当たるを証すべき）の月給を上げて尸位《しい》素餐せしむるに過ぎず。いずれ徳川侯へ呈すべき書は、一通はまた貴下へ呈すべき間、御細読願い上げ候。

御話のわが国にジプシーごときものありし例は、大江匡房の『傀儡子記』にて十分かり申し候。決してただの遊女には無之候。仏国などにて、中古ジプシー様のもの来たりribaudsという一群をなし、諸種のまやかし（詐術）をやらかし、また軍陣に随い、妻、娘を軍士の婬事に供し、はなはだしきは長吏le rois des ribaudsまでありしなり。このこともまた御入用ならば、ひき出し写し差し上ぐべく候。美濃ごとき、曠野多く「水草を追いて」移住し得る地に多かりしものと見え申し候。塚のことも貴説に感服罷りあり候。塚より出づるうちには、今日とてもできぬ精巧の器物多く候。これをば蛮夷蒙昧の民のみの塚とするは、はなはだこじつけならん。

榎の説は、今月末に一覧、なにか註し添え返上すべく候。

またわが国に道教が不成文にして古く行なわれたる説も、貴下が初めてのことと仰感し奉り候。それにつき申し上ぐるは、『南留別志』に豹をナカツカミと訓するはいかなることやらん、と疑えり。小生思うには、かの豹尾神を中つ神とする等のことより起こりたるにはなきか。

欧米各国みなFolk-lore Societyあり。英国にはG.T.Gommeもっともこのことに尽瘁し、以為《おもえら》く、里俗、古譚はみな事実に基づけり、筆にせし史書は区域限りあり、僻説強牽の言多し、里俗、古譚はことごとく今を去ること遠き世に造り出されしものなれば、史書に見る能《あた》わざる史蹟を見るべし、と。その著書多般なれど、みな里俗、古譚によって英国人民発達の蹟を考えたるなり。今年初めの慶賀に、今皇、特にその功を賞し、男爵を授けたり。小生自身は従来ハーバート・スペンセルや福沢氏の説を固守し、何の学会にも属せざるも（ただし英国にありしとき考古学会、人類学会等へは特別に招待され、出席毎々なりし）、わが国にも何とかFolk-lore会の設立ありたきなり。また雑誌御発行ならば英国の'Notes and Queries'（『大英類典』に評して、もっとも古くつづく雑誌の随一とせり。近日まで今年死せしチャーレス・ジルク男、持主にて、みずからも時々書かれたり。小生はキリスト教のWandering Jewが仏経の賓頭盧《びんずる》の訛伝ならんとの説を出してより、特別寄書家として百余篇の論文を出せり）ごときものとし、文学、考古学、里俗学の範囲において、各人の随筆と問いと答えを精選して出すこととしたら、はなはだ面白かるべしと思う。世界に有名の雑誌なれば、東京図書館にも一本はあるべし。この通りのもの出したら、大いにはやることと存じ申され候。

小生『黄表紙百種』（博文館で出せし「続帝国文庫」第三四編にあり）、「浮世操《あやつり》九面《めん》十面《めん》」を見るに、西の宮三郎兵衛という町人、エビスの面を冒《かぶ》り、番頭黒兵衛大黒の面を被り、手代鬼助鬼の面を被りなど、種々の仮面の名を列せるうちに、三郎兵衛の妻はふだん山の神の面を被り、時々暴れまわる、云々、この時山の神杓子《しやくし》を持って大いにあばれるゆえ、今の世に十二神楽の山の神は杓子を持って騒ぐ、云々、とあり。山の神の面とは如何様《いかよう》のものにや。また十二神楽とは何ごとぞ。山神杓子とは霊芝《まんねんたけ》を左様に呼ぶところあり。たしか蘭山の『本草啓蒙』に出でたり。熊野にては、蘭科の腐生植物ツチアケビ（山珊瑚）をヤマノカミノシャクジョウと申す（『和漢三才図会』山草類の終わりにちょっと図説あり）。那智にて村人に聞きしは、この草異霊あり、人これを見出だし即時採らず、村に帰り他人に語り往き見れば、そこにもはやこの草なく、はるかに飛び移りて生えあり、と。疝気などの薬になるとて、かいに来るなり。

また「山の神の小便」と熊野でいうは、イボタ蠟が自然にでき、葛などにかかり滝の流下するごとき美なるものなり。また山婆の髪というは、長き髪のようなもの木より下垂し、黒色なり。小生これを検せしに、マラスミウスという菌の不完全に発生したるものなり。時としては完全に発生し、傘を付けたるもあり。

前日申し上げし大津絵「ストトンコロリと渡るのは」の次は、その道の名人に聞き正せしに「日本橋」と結ぶので、矢倉橋にはあらざる由。故に、この「ストトンコロリ」はあながち太鼓の音を摸せるにあらずと存ぜられ候。このこと正誤致し置き候。

なんとかの犬毛人とかいう人の墓より出でし銘、このたび国宝になり候由。この人の名は『続日本紀』にありとか。しかし、名があるのみで、何ごとをなし何《いか》なる功ありし人か分からず。これを国宝とするは、主としてそのころの制度を調ぶる確証となるによることに候。ただ今史蹟保存、史蹟保存というは、頼朝の墓とか太閤の生れ地とか名ある人の故祉と存ぜられ候。それも保存必要あり。さりながら、それよりもはるかに必要なるはわが国の世態変遷、建国の由来、古きを証する諸時代の社会一汎の風俗を視るべき古跡に候。これを保存する第一着に必用なるは、都会で二、三百年以来立ちしとかわり、ずんと昔より存する社寺に御座候。

神社合祀のために諸社滅却されて什宝紛失し、昨今当県庁にて県志編纂の主任たる内村義城氏など公然新聞に投書し、本県の神社合祀は、九州で大友、有馬が外教を信ずるのあまり一切の古えを観るべき旧跡、神社を破損し悉《つく》して、今日いかにするも古史を探るべき手がかりなきに及べるに等しき濫法の行為と述べられおり候。今月の『日本及日本人』（発売禁止）に、河東碧梧桐が小生との対談を長々と載せたる中に見えたるごとく、かかる不法極まることを挙行して、さて和歌山県から六人すなわち最多数の大逆徒を出したるを彼是《かれこれ》いうは、酒手を与えながら車夫の乱酔を咎むるものというべし。（新宮にては、神武天皇を祀れる渡御前社を第一に大急ぎで、内務省より訓令出でて合祀を取り締まる前に破却し、公売して大利を得たり、と誇る人あり。これ取りも直さず大逆を教えるものなり。）

小生、昨冬安堵峰でモミラン（寒中に花さき、実、愛すべき青白花、紅点あり）と称する希有の樹生蘭をとれり。大学の牧野富太郎氏に送りしに、非常の珍物なりとてなお多く求められる。小生、梅雨すんだらまた兵生《ひょうぜ》へこの菌とりにゆく。その節いろいろ山男等のことき正し、一々ひかえ申し上ぐべく候。

この蘭は入用なら、木下氏へも送り申し上ぐべく候。ついでに聞き下されたく候。東京ではきっと育つ。

明治四十四年六月十四日

柳田国男から南方熊楠へ

御多用中またまた御細書を忝なくし感佩の至りに候。御意見書は決して御節約に及ばず、なるべく多くの材料を御具え給わるべく、徳川侯に取り次ぐは最も易々たるのみならず、御許容あらば百部でも出版し世に残したく候。一日も早く拝見仕りたく候。『牟婁新報』のは近来稀覯の快文字、熱心拝誦の上切抜き保存仕るべく、この後は御不用の分何新聞雑誌にても皆給わりたく候。御意見書の方はすこぶる Sober のものよし慶ぶべく候。『牟婁新報』は悪譃ちと度に過ぎたり。あれにては溜インは下るべきも、相手方を死地に陥るものにて到底目的を達するの方法にあらず候。当世は英雄の一喝に摺伏するような気の利いた人間はなくなり候。ことに人もまた保存すべき生物なれば、あまりこれを傷害せられては反抗する者必ず多かるべく候。また日本を済度のできぬ俗悪国のように痛罵せられ候も、面白からぬ人はいわゆるえらき人の階級のみにて、その後にはまだ朱にも紫にも染まぬ可愛い若い者がたくさんおり候。彼らは試験制度の奴隷にて盛春を徒過し気力を消耗し、滔々として俗物第二世第三世となりおり候も、皆いわば学問で飯が食えるような気がするためにて、先生の漫罵癖と同じく一種の悪習に感染せんとするものに外ならず。

今のうちに匡正する必要ははなはだ急に候。小生が雑誌と申すも微力ながら一適薬のつもりに候も、書肆の算盤といかなる点まで調和するやら、また誰か損をしてくれる人があるやら、まだとんとわかり申さず候。願わくはこれからの生涯を捧げて先生の好感化力の一伝送機たらんと存じおり候。御身躰は十分御丈夫のよう考えられ候。何分御自重御長生下されたく候。

山男についてはだんだん諸方よりの材料もふえ申し候ところ、伝説と真の見聞談との分界なるほど不明白に候。御仰せのごとくよくよく判断せざれば滅多なことはいいがたく候。

一、鬼市に関する御研究により大なる手がかりを得申し候。御序《ついで》に材料を給わりたく候。

日光の内山と外山との堺には今も「黙市」有之候が、今はこれは単に負販の労を省くためのみに候。外日光すなわち栗山郷の住民は山男の子孫ではないらしく候も元はわからず候。土佐を旅行せし時路傍に餅、梨、豆などを併べて番人のなき店あり、これは遍参の行者相手のわざに候。『甲子夜話』には九州地方（？）にもこのことありしよしを記し候。

一、異民族に接触すれば病を得という迷信はわが国にもあり、『延喜式』に蕃客入朝の際障神祭を営むこと一例に候。このために山人の一分はいつまでも同化せられあたわざりしかと存じ候。

一、岩窟より膳椀器具を借ることについては、今までは山男と関係ありとは考え申さず候いき。これは諸国に例多く、今少したまり候わば『太陽』にかき申したく存じおり候。これは自分の考えにては、隠里伝説、打出小槌伝説と同系のものとおもいおり候。鬼市の類とは関係なきかと存じ候が、なお『五雑俎』今一度見てのち申し上ぐべく候。

一、山神の面《めん》、一向心付き申さず、もしこれが猿田彦のごとく鼻高く候わば非常に面白きこととなるべく候。

一、山神と杓子のこと、面白き問題に候。『石神問答』に少々申し置き候外二、三の材料を得申し候。これも巫女の副業の一なりしにはあらずやと考えおり候。一端を「木地屋の話」の中に掲げおき候。

一、山の神の錫杖のこと、これもいまだ手を下しおらず候も、伊能氏なども申され候が、岩木山には卍字《まんじ》、錫杖と申す二の鬼ありき、云々。山の名にこの二名あるもの多し。奥羽には「バン次郎」という山多く、関東辺にても伊豆の天城、駿の愛鷹、共に万《ばん》次郎、万三郎という峰有之候。紀州には無之候や、御注意下されたく候。

一、山男になりたる日本人はたくさんあり。勾引されて妻または聟になり、その子孫日本語を知りし者のほかに、山方石之助君談に、山形県のある深山に入りし工夫（不平ありて遁世せし者のよし）、夫婦と子供のハダカにて小屋に住むを見たり。女房は亭主のごとく頑固ならず、工夫と物を言いしに、亭主怒りて大いにこれを折檻せりとのことに候。また近世アイヌが日本人をいとい山に入り野獣のごとき生活をなせる者ありということ、『蝦夷風俗彙纂』に見え、これらは決して看過致さず候も、蛮民ことにアイヌがことごとく北海に退却せりとは認めがたきため、その子孫はいかになりしかということを研究して、この辺までまいりし次第に候。もちろん大半は里に下り同化したるなるべきも、一部の保守党のあえて出で降らざるものありしことは想像するに難からず候。

一、Gomme 氏の著書は御持ちなされ候わばちょっと拝見致したく候。Notes & Queries も今の仕事を片付け次第少なくも先生の御著作の分だけはぜひ拝見し置きたく候。小生目下『全国町村小字集』を大学よりかかり通覧中にて、根からほかの方へ注意向かず候。地名の研究によりて巫女生活の一瞥見は得られ申し候。草木の名などもこの中より見出し得るもの有之べきかと存じ候も、目下それまでは手届き申さず候。

恐々不一

白井光太郎氏は篤学にて趣味広くかつよき人に候。御音信なされ候わば御紹介申し上ぐべく候が如何。もっとも手紙を書くも大事業につき、時間を惜しみ給わば御すすめも申し上げず候。

南方熊楠から柳田国男へ

明治四十四年八月六日夜二時（七日午前二時）

拝啓。貴下越前に趣かるるの報ありてより、小生方へ最近版の『大英類典』および希覯の諸書多く和歌山へ着、風波のため到達遅延、それこれ凝滞を生ぜしがついに受け取り候。その前より小生、神社のことおよび「燕石考」を出さんと、当地に蔵する書を一切題号を分かって抄出するついでに、貴下、御尋問の諸項「榎木のこと」「生石のこと」「木師職のこと」等を大なる紙に題を分かち書し、一々出処を印し原文をそのまま抜記し、小生の意見を添えず、とにかく材料を多く差し上げんと大抵印しつけおわり、第一番には地蔵は新羅の僧というその本文（『宋高僧伝』にあり）を全記しおり候うち、また一大危急の厄難起こり申し候。

那智山は御蔭をもって伐採は止み（牧野富太郎氏も大磯別荘に徳川頼倫侯を訪われ、このことを議しくれ候）、それより大騒擾となり、津田長四郎と申す張本人、伐採を禁ぜられた上は訴訟入費の取り返しようなしとて、夫須美神社（すなわち那智神社）を差し押えんとせしよりこと起こり、当地より検事出張、巡査刑事八人にて家宅取り巻き、書類一切押収す。新宮の豪商二、三人連罪にて拘引、新宮中大さわぎ最中なり。また三重県引作神社の大樟も、知事より伐木さし止め、村民より礼申し来たり候。

そは封入の『牟婁新報』（『大阪朝日新聞』本月五日分にも出づ）通り、当国第一の珍植物多き神島《かしま》（西牟婁郡新庄村大字鳥巣《とりのす》の沿海の小島、周囲五町ばかり）は、昨年九月濫伐せんとせしを、小生どもおよび鳥巣および田辺湾辺の諸漁民一同、魚つきを失うを憂え、県知事へ具申し伐木を止めしに、また客月下旬より下草《したくさ》をとると称し伐木しおり、よって小生より郡役所へかけあい、郡役所より吏を派ししらべしに、小学校建築の用途に充つるとて、下草を昨年冬（十一月ごろ）同村大字跡浦《あとのうら》の民に三百円にて売り渡しおわり、銭はすでに受け取り、昨年中遣《つか》いおわれりとのこと。小島の下草などにとても三百円の価値あるはずなければ実は怪しきことと、小生人を派し見せしめしに、大分大きなる木を伐りおり候。委細は封入の新聞（『牟婁』および『朝日』）にて御覧下されたく候。

この島には、本邦にこの島ばかりと称する彎珠《わんじゅ》あり（斎藤拙堂の記行にも見え候）。また、ようやく客月三十日東京発状にて牧野富太郎氏より通知ありたるキシュウスゲのごときは、最初、松村任三氏当国黒島で発見せしも、その標品は海外へ贈り去られ、大学にも標品なく、松村先生自身も、その『植物名鑑』にこれを九州の薩摩《さつま》莎《すげ》と同一品と見なしおりたるを（黒島には絶滅）、小生四年前、件の神島で見出だし、今度牧野氏の調べにて、いよいよサツマスゲと別たることを知るのみならず、一層精確なる標品記載を畢《お》えたるものにて、四年前にはなかなか多かりしも、人民が下草など盗むより、今年春見しに十三、四株しかなし。この他白人《しろうと》にはちょっといえぬがなかなか珍しきもの多く、小生前日この辺で、塩生の蘚を見出だし候。（世界中で従来一つしかなかりしを、小生の発見で二種となる。）岡村周諦氏の記載で大いに世に著われしに、今春またこの島で塩生の苔（蘚とは図のごとく葉が輪生し、図のごとく瓶子状の実を結ぶ。苔は図のごとく葉が対生し、四裂せる果を結ぶ）を二種まで見出だし候。このほか実に世界に奇特希有のもの多く、昨今各国競うて研究発表する植物棲態学ecologyを、熊野で見るべき非常の好模範島なるに、わずかに三百円ぐらいでこの島の下草（実は下木）を除き去り、おいおい例の枯損木を生ずること、上野公園の老杉林のごとく、ついにこの千古斧を入れざりし樹林が滅絶して、十年、二十年後に全く禿山となりおわらんこと、かなしむにあまりあり。

よって岡村金太郎博士の説に従い、松村任三教授に書を呈せんと欲するも、住処分からず、また今果たして夏休み中に東京にありや否分からず。（岡村氏説には、松村氏にさえ遣わすれば浜尾氏より大臣へいいくれるべしという。しかし、夏休み中のこと、また松村氏は学者にて世事活動を好まぬ人と聞く。）とにかく、小生はそのうち松村、三好学二教授へ植物目録を具して申し出づべきも、昨今すでに買うたものを切るに何ごとかあらんという勢いにて、新庄村長はわけの分かった人にて、なるべくは下草（実は下木）刈りを中止せんとするも、三百円を戻さんという村民一人もなく（植物保存などということさっぱり分からぬ者のみなる上、戸数多く富家多き大村なるに、はなはだしく吝嗇なる風俗の村なり）、件《くだん》の珍草木の絶滅は旦夕に迫りおる。例の中村啓次郎（代議士）は不在なり。その他はいっこうかかることにかまわぬのみか、反対の人も多し。こんなことゆえ、まことに毎々御苦労ながら、貴下、これ小生の私事にあらず、

小生は顕花植物を研究せず、また嗜好もなし。故に風馬牛で、相及ばずに放置してよきなれども、学術一汎のために見遁すことならぬなり。実は木を伐ってくれ、木を枯らしてくれた方が、小生専門の菌《きのこ》多く生じ、自分の功名多くなるなり。何とか御奮発の上、右神島を当分なりとも保安林また植物保護林とするよう、御世話さっそく下さらずや。

仏経に、王者世を治むるに法、非法並び行ない得ということあり。当地の公園は、郡長がコンミッションを得んとして大阪の一私人に売り飛ばしたるを、小生ら苦情高く、

人民騒乱せしより、たちまち県知事に申請して保安林とし、買うたもの一万円出し買いながら、借屋立つることもならず、こまりおれり。こんな非法すら人民の大体に益あるときは非法とせず。いわんや今度の神島ごときは下草をとるとて（三百円で買うぐらいゆえ実は下木なり、また実際木を切りおるなり）木をきりちらし、ついに禿山となりおわらんには、この湾内に魚来たらず漁民一同非常に困る。その上希有の植物、世界中にここしか産せざる模範品 types 多きにおいてをや。

右、前日の南牟婁都の大樟などとてもものにならぬと思いおれども、貴下の御世話にて物になりたるなれば、何とぞ渋筆御察読の上、何様《いかよう》にも御世話願いたきことに候なり。小生はなお『朝日新聞』へも出すべきも、同社の知人ただ今旅行中にて、小生同社の他の人々と不快のことありしゆえ、ちょっと出しくれず、また和歌山の新聞は、貴下へ新聞送らざりしことよりことを生じ、いかに降参し来たるも応ぜず、家弟をしてみずから往きて断絶せしめしほどなれば、今さらこちらより兜をぬぎ頼むこともならず、実にこまりおるところに候。しかして小生は夏休みすみ皆々返り来るをたしかめた上、三好、松村諸教授に具情すべく、必ず二氏始め諸学者は十分小生に同情賛成のことと、岡村博士の言にて諸教授も従来も小生に同意とのことなれども、とにかく昨今急を要する場合ゆえ、何分にも御奔走、もし果たして保安林となり得ば、小生安心のため電報（一字にて）下されたく候。保安林となし得ずんば電報に及ばず候。

神社合祀反対また復社等のことには多少異論者もあれど、右の神島を保安林にすることに反対のものは一人もなく（村長も反対にあらず、ただただ保安林となるにあらずんば、村民が三百円を払い戻さぬゆえ、止むを得ず下木を伐らるるなり。すでに七百貫とか切りたりと村長より承り候。故に決して下草にあらず、下木に候）、小生は右のこと心配にて、衆の耳目みな小生に集まりおり、何も手につかず罷りあり候間、何とぞさっそく御奔走願い上げ候。もし伐られおわるようのことあらば、小生ははなはだ手際の迂なる男と笑わるべく候。

山男のことは、別方面に大研究を要することを見出だせり。すなわち、狼に養成さるる人間が、たまたま今日もあることとなり。その記載、いずれも貴下のいわるる山男のごとし。小生は、これを信ぜぬが、その材料ははなはだ多し。図入りにて小生写しかけおれり。神島のことどうなるとも、それは薄運とあきらめ（実は日本の学者一同の罪なり）、まずこのことを写し抄し差し上ぐべく候。

右、何分宜しく願い上げ奉り候。

『大阪朝日』の切抜き見当たらず、同事異文なり。見当たり次第差し上ぐるが、大略は『牟婁新報』で分かる。

予は今朝、那須という新米の法学士より、木下友三郎氏の伝言を受け取りたり。木下氏も尽力あらんことを望めども、貴下一人にて成ることなら何分早く願う。

南方熊楠から柳田国男へ

明治四十四年九月十三日朝

V. Ball, 'Jungle Life in India,' London, 1880. この著者は英国学士会員にて、一八六四―七八間の日記なり。地質学者にて久しくインドにありし。小生在英のころ存命なりしが、帰国前後（今より十一年前小生帰国）に死せりと記臆す。狼が人を子とし養うこと、その四五七―四六五頁に長々と出でたり。英文のまま写し差し上げんと存ぜしが、なかなか小生の英字難読なれば、左にほぼ訳出申し上げ候。

ロミュルス（ローマの始祖）、そのほか神《ゴッド》また勇士《ヒロ》に狼に乳せられし伝なる者多し。（支那にもその例あるは『淵鑑類函』にて見らるべし。）インドの記に見るところ、狼に乳せられし人の話はもっぱらOude（ウージュと読む）国にあり。この国に狼が人の子を持ち去り殺すこと他の諸州に踰《こ》えたり。一八六三―七〇年の七年間この州にて狼害に遭いし平均数は年々百人の多きに達せり。Colonel Seeman, 'Journey through the Kingdom of Oude,' 1858. 一巻二〇八頁によれば、インドの某部に狼小児を捋《と》り去ることおびただしく、その帯ぶるところの金飾具（小生が『東京人類学会雑誌』「出口君の『小児と魔除』を読む」（一昨年五月ごろ）に書きしごとく、インドには邪視を避けんがために小児をおびただしく黄金玉璣もて飾る風あり）を狼の窟巣より集めて生を営む人すらあり。よって活計を失うを恐れ、これらの民は狼を勦滅《そうめつ》するを憚るなり。

一八七四年十一月二十五日の 'Pioneer' に狼が人子を攘《かす》むる法を述べたるを見るに、夜間、狼、壁低き、または蓆戸《むしろと》の緩き家を覘い、長日にくたびれ睡臥したる母の側に臥したる嬰児を嚙み、自身の背に引っかけ、母が目さむる前すでに逃れ去る。これを逐うも多くは効なし。もし逐われて児を落とすときは、必ずこれに致命傷を与えあり。また翌旦《あさ》これを見当つるときは単に遺骨少々あるのみ。ある国には狼は畜類を殺掠するも人を撃たず。たしかなる話に、一少女森中に山羊を牧せしに狼に山羊を盗まれしかば、これを尋ぬるとて狼を追い、六週間見えず。狼の多き地のみさまよいありき漿果《ベリーズ》（イチゴ等）を食い、六日すぎて無難に炭焼き小屋の辺にあらわれたり。これは欧州のブリタニアにてのことなり（仏国の北部）。

一八七二年インドの諸新聞にあらわれしセカンドラ孤児院の報告によるに、十歳ばかりの小児、狼群の窠中よりくすべ出されたり。永きあいだ狼群中に育ちし証には、この児四つ這いを常とし、また生肉を好む。

小生七年前十月五日、那智より小口というところ（西行の歌あるところ）へ行くとて大雲取山を踰《こ》ゆるに、地蔵というところあり。地蔵堂とも覚しきものあり。はなはださびしきところにて、ジャコウソウおびただしく生え、生きながら冥途にあるかと思うほどなり。その辺を歩む人に聞きしは、前年ある人ここを歩みしに、篠生えたる中より嬰児這い出で獣のごとく歩む。気味悪くて何とも致し方なく一散に走り過ぎぬ。後日そこを人伴い歩みしに、件《くだん》の嬰児の首斬られて胴のみありしとか、首のみ存せしとか、たしかに記せぬがいずれかのこりありしという。それだけの話にて、その上のことはその語る人も知らざりし。すべて山民の話はこんなことにて、根ほり葉ほり問うたところが委《くわ》しきことを知らず。委しきことを辻褄整然と合うて談《かた》るものは、十の九は虚構にて、こちらがそれを筆記しなどしてあとで笑わるること多し。これは日本のみならず何国にてもしかり。故に、古話学者、俚談学者にとって根ほり葉ほり聞くが大なる誤謬牽強を行なう基源たり。これにつけても古跡、故趾だにのこらば、また学術上精細な取調べをなし、不言不語の証拠が上がり、古話、俚話のみではしかとしたる証拠上がらぬを知るべし。変死、強姦等の験証に、その家存すれば多少の実証を得れども、家焼かれたるときは十口十様で、どれが実か偽か分からぬこと多きごとし。その吼声弱《わか》き犬等のごとし。数年前もかかる子ありしに、人語を解せずといえども、喜憂を吼え示せしとなり。この新聞を見て、著者、書を発して件《くだん》の孤児院に委細を尋ねしに、Erhardt エルハート氏（院長と見えたり）答えにいわく、当院に二男児あり、狼に養われしと見え、一八七二年三月六日当院へ将来の男児はミネプーリ Mynepuri 近隣に狼を狩りしヒンズ人が見出だし、狼の窠を薫《くす》べて擒《とら》えしにて当時瘡疵ありし。この児行状全く野獣にて犬のごとく飲み、何物よりも生肉を啖《くら》うを好む。毎《つね》に闇き隅に潜み、他児と雑居せず。衣を与うるに決して着ず、たちまちこれを細砕して糸となす。数月ありしうち熱病に罹り食を食わず、人工もて衛養《えいよう》分を与えしも、ついに死せり。（これ上に言える十歳ばかりの児なり。）また他の一男児は十二、四歳らしきが、およそ六年当院にあり、発音を学びたれども言語は成らず、喜怒をあらわすことはできたり。時として働くことありしも多く働かず、食うことをのみ好む。おいおい生肉を好むこと減じたりといえども、なお骨を拾い歯を鋭《と》ぐ。この二児決して斬新の例にあらず。ルクノウ Lucknow 癲狂院に四年前一人ありし。今もあるかも知れず。多年前、欧州人（医者）が狼窠より掘り出せしなり。狼に養われし児が四足にて走るの捷きは驚くに堪えたり。また食う前に必ず食物をかぎ、香、適せざればこれを捨つ。

熊楠、明治二十三年、米国ミチガン州アナバという市にありしとき、そのころ勢力ありし一将軍（子爵）の男、その地の大学にあり。（小生は大学に入らず、化物屋敷野間に孤立せるを安値で仮《か》り独棲し、雪を踏んで三、四里ずつ無人の森林に入り動植物を採り、夜間独習せり。新聞紙に小生大学にありしとあるは虚伝なり。）この人、その大学の助手某医博の娘と通じ、女子を生む。（次に男子を生む。この男子が今その家の当主として子爵なり。生まれしとき、小生隣室にありしなり。一度逢うて旧を語らんと思うところに、その父君いかなるゆえにや、はなはだおちぶれ、大阪の私立学校で教師しおる由、昨年申し来たれり。母は死につらんか知らず、異郷にしばらくなりとも憂苦を共にせし人のことにて、あわれなることなり。）このことを国元で大いに不埒なりとして勘当され、また妻女の父も太《はなは》だ怒り、夫婦ともたよる方なく、止むを得ず小生と同居し、一年近く住めり。さて小生、件《くだん》の女子を観察するに、二つばかりになりていろいろの食を与うるに、決して直ちに嚥下せず。一度人の手で口に入れられし物を自分の手で取り出し、打ち眺めたる後これを食えり。小生、ただ今ある五歳の男児もかくするにやと日々見しも、初めよりそんなこと一切なし。小児にはいろいろの癖あるものと見えたり。思うに狼に養われずとも、食物を齅《か》いで後に食う児はありなん。

一八七四年八月三日、著者みずからこの院を訪いしに、エルハート氏直ちに学校より件の児をよびとり、手を引いて室に入る。容貌、普通の白痴児のごとし。前額低く歯やや出歯にて、所為静かならず、よろめきありく。人よりは猿に似たるように歯をくいしばり、そのたび下齶の神経ひきつる。室内の人の様子を見たる上、牀《ゆか》に箕居し、不断掌を牀におき、諸方に手を伸ばし、猿のごとくにいろいろの紙片、麪包屑《パンくず》等を拾い、これを齅いで齅官を用うること、特に他に逾たり。グアバ（牛肥《ぎゅうひ》ごとき果羹、甘くて香あり）を与えしに、感動烈しく身をねじまわし、手を延ばしてこれをとり、はなはだ注意して齅ぎたる上、口に近く持ち行きこれをかむ。次に未熟のカランダ果を与えしに、これを齅ぎて不穏の態なり、これその辛きがゆえなり。瘦長の方にて五尺三寸あり、十五歳ばかりという。このとき（一八七四年）すでに九年この孤児院にありしなり。最初は土地の知識なく近方を歩くことならざりしが、今は少々これをよくす。監視を絶やすときは少しも働かず。これを例せば人が副《そ》い行くときは籃を運ぶも、しからざればたちまち籃を捨つ。特に予の注意を惹きしは、その手の短きことにて十九半インチあるのみ。これ常に四足で歩みしによるならん。アグラにこの男児捉えられしときのことを熟知せる者あり。いわく、およそ九年前、予、地方裁判所に行き合わせしに、この男児と一老牝狼の屍と二狼児を持ち来たる人あり。男児その時全く野獣たり。四つ這いであるき、生肉を幾多でも食い、決して熟食を食わず、その後、一外科医方に置き、その脛を直くすべきため、チャールポイ char poy（土人の寝床）に縛りつけ置くこと数月にして初めて直立に及べり。

一八七二年三月五日、この孤児院に齎来されし男児は生肉のみを食う。傷および火傷多かりしゆえ、この児を齎来せし人に問いしに、狼窟よりくすべ出せしなりという。四ヵ月ばかり院にありしうち、時々夜中ぬけ出で地を這い骨を求む。藪に遁げ入らんとせるを見出だし、つれ帰りしことあり。発音とては犬子のなすごとき哀号をなすのみ。件の二児、妙に相親しみ、長者の方、幼者に盃を手にして飲むことを教えつ。幼者

院中に留まるうちヒンズ人しばしば来たり、これを礼拝し、おもえらく、「かくて狼の歓心を得て、彼輩およびその畜を狼が害するを免かるべし、と」。

（この次に、またいろいろ例を挙げたり、その一例）一八五一年より数年前にウージュ王の数僕、グムプチ Gumptji 河の岸を騎し過ぐるに、一狼と一の何とも知れぬものと来たり飲む。僕輩これを襲い、三つながら捉えしに、その一は裸体の小男児なり。四つ足で歩み、ために膝および肘《ひじしり》に堅瘤あり。捉えられて人をひっ掻き、またかみつくこともっとも力《つと》む。ルクノウに持ち来たられ、今も存命なるべし。言語を発せざれども、本能犬のごとく手まねを見て意を解すること敏なり。今一つの話はこれほどに信ぜられぬものなり。いわく、一男児、狼と共棲せしが、その身に狼臭断たず、捉えられてのち久しからず三狼来たり近づく。この児を襲わんとて来たりしものならんが、この児少しも惧れず、これと戯る。数夜して狼数増して六となる。この児最初捉えられしとき共にありし狼児も来たりしなり。

マクス・ミュラー氏が『アカデミー』紙に投ぜる状によれば、チャンダウルの土人、知事より税を集めに出せる飛脚、昼午時に川側を過ぐるに、一大牝狼、三狼児と一小児をつれ窟を出づ。これを捕らんとせしに、四つ足で走ること他の狼に劣らず。窟に入りしを土人集まり到って、これをほり出す。この児、穴を見るごとにこれに入らんとす。大人を懼るれども、小児にとびかかり咬まんとす。熟食を拒み、生肉および骨を嗜み、これを掌下に踏むこと犬のごとし。語を教うるに無効、ただ犬の怒号ごとき声を発するのみ。この児、フツムプール Hutumpur の王の手より、カプテーン・ニコレッツ Capt. Nicholetts の手に渡る。氏の言に、何物をも食うがもっとも生肉を食うを好む。衣を服することなし。布団に綿入れ与えて寒夜の用に充《あ》てしに、これをひきさき多少噉みおわれり。一八五〇年八月死す。この児笑いしことなし。また、人に親しむことなく、人語を少しく解するごとくなりしのみ。見出だせしとき九歳ばかりにて、三年生きおりたり。常に四足で這うが、たまたまは直立して歩む。語ることなく餓うれば口に指さす。死ぬ前数分に両手を頭におき頭痛を示し、水を乞う状なりければ与えしに飲んで死せり、と。

一八四二年三月、チュプラ Chupra に夫婦あり、麦を刈りにゆく。妻、小児をつれ往けり。少し前に左の膝に大火傷を受けしがようやく直りしなり。父母麦刈るうちに、この児、狼に引きさらわる。一八四九年 Chupra より十マイルス距たりし地に、一狼、三狼児をつれあるく、一男児これに随う。辛うじてこれを捉えしに、その時父すでに去りし。母これを見て左膝上の火傷痕を証し、その子たるを知る。背の両側におのおの狼牙創痕三所ずつあり。この児、生肉のみ食う。言語教ゆるも、ただわからぬことをいうのみ、明らかに語ることを得ず。四つ這いの習いより膝と肘に堅瘤を生ぜり。一八五〇年、ニコレッツ氏これをコロネル・スリーマンに送らんとせしに、児駭き藪中に遁げ去りぬ。この一話は多少土人の言を混じたれば、全くの事実と認められず、と。またフスンプール Husunpur の王の言に、一八四三年見たる狼に養われたる男児は全身短毛叢生せり。しかるに、塩を食い習うや否、毛は脱去せり、と。この児また四つ這いにて言語せず、手まねを解すれども、発音とては野獣のごとき吼声のみ、と。これまた土人の話ゆえ十分信ぜられず、と。

次のは欧人の言ゆえ信ずべし。コロネル・グレイ夫婦およびサルタンプール Sultunpur にありし諸欧州人士官が見しは、一八四三年、一男児、一牝狼のかたわらに四つ這い歩きしありしを捉えしを見たり。語言せず、ついに叢中に奔り入りおわりぬ、と。またバンキプール Bankipur の地主（土人）が見しは、六歳の男児、狼に取り去られ十歳にて取りもどす。この児また手まねをさとれども言語せず。次のも土人の証言による。四つ足で歩み、肉生なるを好み食い、狼臭あること上述のごとし。親切に扱い行儀宜しくなり、直立して歩むに及びしも、言語を習わず、手まねは分かるようなりし。このほか例多きも、以上はもっとも証拠の確かなるものどもなり。いずれも言語しあたわざる一点は全く符合せり。むかしエジプトの一王、フレデリック二世、ゼームス四世、インドのモゴルの一帝は、嬰児を全く人跡なきところにかこい置き成長せしめ、そのいかなる語を発するかを試みしという。今はかかること成らず。ただ、この上述狼に養われし児を察して、人間の語言は果たして自然に人間に遺伝して離るべからざるものなりや、また他の人より習うて然して方《まさ》に発生するものなるやを知るべし。（以上マクス・ミュラーの語なり。）

著者いわく、上述の諸話真実の話なりと仮想して、いかに狼に捉われし小児が活命に及びしかを解かんに、ここに牝牡の狼、共に一窠に住み、その一は人の小児をつれ来たり、他の一は一綿羊また一山羊を捉え来たるとき、羊を食うて腹ふくれ、小児を食わず窠中に存命し、自然に牝狼の乳を吸い生活するに及びしならん。また、それよりも正当らしき解は、狼その児を捉え去られしため、そのあとを補わんとて人の児を捉え養えるならん。諸獣の牝、子を失うとき乳房はりきり不快を感じ、他の獣の児を乳すること Romanes, 'Animal Intelligence' に出でたり。猫が鼠児を乳することすらあり。牝猫が他の猫の子を乳することは『大和本草』に出でたり。猴《さる》は、猫、犬等の児を乳するを好む由。

ここに奇なるは、狼に養わるる児は必ず男児に限ることなり、と。

右、ただ今夜の三時ごろにて、多少見落しもあるならんが、まずは大抵疲れたる眼に及ぶだけ十分に訳述することかくのごとくに候。

七難の揃毛がことは、『和漢三才図会』下総東弘寺の条より引き出し、前日申し上げし。その後同書を見るに、箱根権現（伊豆国）什物中、悉難揃毛「こは何物なるかを知らざるなり」とあり。悉難は七難なるべし。七難は、『仁王経』に、「仏、波斯匿王《はしのくおう》に七難を告ぐ。一には、日月度《ど》を失い、時節反逆す。二には、二十八宿度《ど》を失い、金星、彗星、輪星、鬼星、火星、水星、風星、刀星、南斗、北斗、五鎮、大星、一切国主星、三公星、百官星、これらのごとき星おのおの変現す。三には、大火国《くに》を焼き、万姓焼き尽し、あるいは鬼火、竜火、天火、山神火、人火、樹木火、賊火、かくのごとき変怪あり。四には、大水漂没《ひょうぼつ》、雨、雪、雹、江河の逆流等の難。五には風難。六には旱魃。七には賊難、刀劫《とうごう》」。これらを避くるために五大力菩薩（金剛吼、竜王吼、無畏十力吼、雷電吼、無量力吼）の形像を立てこれを供養すべし、とあり。朝家に行なわれし仁王会のことなり。しかるにそれはちょっと大仕事だから、七難即滅のために一種の女巫が七難の舞をやらかせしにて、それよりいろいろとかわり猥褻なることにもなり、陰を出し通しにては面白からぬゆえ、秘儀を神密にせんとてことさらに長き陰毛をまといしなるべし。すべて仏法に、隠れたるところに毛長きを神霊とせるは、前日申し上げげしインド僧の髀《もも》に長毛ありし例（『比丘尼伝』より引く）の外に、『大唐西域記』巻一〇、中天竺伊爛拏伐多国《いらんなばちた》、室縷多頻設底拘胝（聞二百億）の伝あり。長いから写さぬが、『西域記』は貴手に近きところにもあるべき間御覧あるべし。この人は（釈迦の弟子）、足のうらに長き金色の毛あり、はなはだ奇なりとて、国王が召し見るところあり。小生近く『カマデヴァ・ストラ（好色天経）』を手に入れたり。これは世界比類なき婬学大集成の書なり。詳しくみなば陰毛のこともあるべきも、多用にて果たさず。そのうち見出だし申し上ぐべく候。

オボ（十三塚）のことは似たること多く扣えあるが、たしかに十三塚に関係あるものを見出でず。Huc の『西蔵記行《チベット》』の英訳は必ず東京図書館にあるべし。それを見ば少々はあるなり。

当地近き「ぬか」塚は濫伐しおわりしが、小生の説をきき千三百円にて買いもどすとて村の小民大騒ぎ中なり。小生は近野村へ出発し、それより安堵峰地方へ廻るべく準備中、近野村の肝心の宿主たるべき人の妻、静岡にて大病になり、その人迎えに之《ゆ》き、つれ帰り当地で養生中、また前日の取調書に小生予言せしごとく、その村へ長谷川（名護屋のもの、当国の森林を片はしから小木をも残さず伐り悉《つく》す。小生弟の酒店はこの徒に酒と米を売り、大いに利ありし）の人夫五百人ばかり入り来たり大人気にて、この不景気に近野村は人気休みと称し三日祭典ごとくにさわぎありく。人の婦女を姦し、喧嘩、口論等、警察の手に合わず。さて、この輩伐木し去らば、あとは荒れ果て行くなり。小生聴きてさえ面白からぬに、みずからその地へ行かばいかなる珍事にあうも知れず。妻ら大いに心配（妻は臨月）、よって見合わし、兵生へ行かんとするに、宿主たるべき人の妻の弟、大病にて須磨浦に養生、その人看病のため出張、そんなことにてちょっと行くべき方もなく、例の乱伐はますます行なわれ、本日も近所の山林（区有林）伐らるるに決定のもの二ヵ所あり。（神島のみは、小生、村長と相談し買い戻し諸植物を厳然維持の策を建てたり。）一々やかましく言うたところで日もまた足らず。毛利清雅、県会議員に出でんと選挙争い最中にて、この人出で得ば少しは益もあらんが、小生らの干渉すべきことにあらず。また、たとい出で得たりとするも、ただ今間に合わず。前日二回書留状もって送り上げし長文の拙書を何と御処分下されしか、その吉左右《きっそう》のみ待ちおり候。もし、かの書面貴下また松村教授高覧の上、何の用にも力にもならぬことと決せば、小生は最後の手段としてこれを訳出し海外へ送りたく候につき、御不用とならば御送還下されたく候。

前年有名なる高僧にて、仏教隆興のことにつき特に小生の意見を叩かれし人あり。小生その知己に感じ、四十余日物価高きロンドンにて馬小屋の屋根に立て籠り、日に一食していろいろ調べ長文の意見書おびただしく出せり。しかるに、この長文はただこの人の参考品、座右の珍典としてこの人一人を非常に感心せしめ（この人は今に小生を非凡の菩薩、当世の維摩居士のごとく、会う人ごとにほめくれる）たるのみ、以後十八年何の功もなく、右の長文はその住寺の宝物と相成りおり候由。小生は前日差し上げし長文も、またかかることになりおわるにあらずやと思いおり候。いわんや、今度のはその災禍眼前に逼りおることとなるにおいてをや。

小生、貴下の土俗学研究方法の大体について言辞のみを大本として、故事、古俗を断ずるの不可を述ぶるはずなり。愚見を申し述べんと思うこと久し。しかるに、これは前日の長文などと違い、もっとも精細を要することなれば、名は書翰にて実は科学上もっとも細密なる長論文なるべし。とてもただ今神社や神林のこと日に逼りおるとき、概略のみをも述ぶることできざるは遺憾の至りなり。

那智濫伐一件、裁判の決定書封入御覧に入れ候。当国の神主などいうもの、親分株からしてかくのごとき輩のみなるには困り入り申し候。

川村知事は辞職して去り候。『和歌山新報』に、その告別の辞を長々と出しおり、その内には神社濫伐のことは実に不行届きなりしも、自分来任以前すでに着手しおりたることゆえ何とも中止し得ざりし由を懺悔しあり。たとい来任以前に着手しおりたることなりとも、那智一件を解救せるごとくに、何とか応急の手段はありつらめと存じ申され候。

小生ははなはだしき肝癪《かんしやく》持ち、また多年無謀のことをやること多かりし男なれど、さすがは英国紳士間に育ちし男にて、至誠を維持し行ないゆくことは日本人中に少なからんと存じ申し候。故に、件《くだん》の長文の功はありともなくともかまいなく、到底無効の物ならば御返し下されたく、さてその他御入用の引書捜探等のことあらば、かまわず御申し聞け下されたく、小生折にふれ扣え集め差し上ぐべきに候。

考古学会へ出す論文は、最後の一段に至り右述の諸処濫伐等のこと等、耳に入るものますます多く、かれこれ心配致し今に出来上がらず、原文完成次第送り申し上ぐべく、宜しく御執《と》りなし願い上げ奉り候。

この状書きおわるとき、すでに暁四時過ぎなり。小生写しおる『一切経』の順序大いに乱れ、それを整理し、なかなかひまがかかる。また今日家主の老母死し、葬式、妻臨月、小児今夜眠中おびただしく鼲《はなぢ》出る等、事件多くははなはだつかれおり候えども、ついでに思い出したから、これより雨を冒し書斎に之《ゆ》き、左の一項申し上げ置く。'Encyclopædia Britannica,' 11th ed., Cambridge, 1911, vol.xx vii,p.851 に「熊児」伝の略解あり、原文写す。

Valentine and Orson, a romance which has been attached to the Carolingian cycle. It（熊児）is the story of twin brothers, abandoned in the woods in infancy. Valentine is brought up as a knight at the court of Pippin, while Orson grows up in a bear's den to be a wild man（山男）of the woods, until he is overcome and tamed by Valentine, whose servant and comrade he becomes. The two eventually rescue their mother Bellisant, sister of Pippin and wife of the emperor of Greece, by whom she had been unjustly repudiated, from the power of a giant. There are versions of the tale, which appears to rest on a lost French original, in French, English, German, Icelandic, Dutch and Italian. In the older versions Orson is described as the "nameless" one. The kernel of the story lies in Orson's upbringing and wildness, and is evidently a folk-tale the connexion of which with the Carolingian cycle is purely artificial. The story of the wife unjustly accused with which it is bound up is sufficiently common, and was told of the wives both of Pippin and Charlemagne. The French prose romance was printed at Lyons in 1489 and often subsequently. ……

わが国に金時の父非業に死し、母、金時をつれ足柄山で山姥となり、熊と共にそだてしという俗話、小生幼少のとき母に聞けり。多少東国にむかし蝦夷住み、熊を子と共に育てし風あるによれるにや。ただし、これは熊と共に育てしにて（アフリカのセネガル土人は子と猿児と共に乳するという）、金時を熊が育てしにはあらず。

ポルトガル国北部にも狼が人を育てることあり。地下にすむMoors（御存知通りこの辺は古えムール人に領されしを、後にムール人キリスト徒に退却され、アフリカに逃れ、あるいは戦死せしなり）キリスト民の児を呪して新月形をその体に焼印するとき、その児狼児となるという伝説、一九〇四年五月二十一日の、'Notes and Queries,'p.417に短く抄出されたり。Collin de Plancy,'Dictionnaire Infernal'という仏本、東京にもあるべし。この書はおよそ百年近き前の書ながら、かかる妖怪変化がかったことを見出だすにははなはだよき本に候。前日英国で安本売りに出たから注文したが、今に着せぬに候。

柳田国男から南方熊楠へ

明治四十四年九月十五日

御手紙ありがたく候。御多用中狼の話御抄出下され御辛労拝謝仕り候。日本にてもかかるためしを見出でねばならず候。オボに関しても有益なる御注意下され候。他日この問題につき世に残すべき論文出来候わば半ばは御功績に有之べく候。土岐（土宜法竜）氏のために御示しなされ候仏教論とかは小生もぜひ見ておきたく存じ候。日本の巫女教はよほど根底深きもののようにだんだん感じ申し候。たとえば帰化人大蔵家のごとき、最初より巫道の家なりしごとくに候。大蔵は明石の地名のよしなれど、かの地地形といい、クラは祭壇のことなることを考うるも、当時かの地に住し、いわゆる防鎮の祭を朝家のために奉仕せしなるべく、また豊後日田の大蔵氏には古伝説と共に系図あり、祖先は代々鬼の字を名に附しおり候よし、この家後に狂言の家となりしもまた神事なるべく候。その隣人なる大神阿蘇など九国には特種神道多く今日まで存し候。また小生研究方法に関し精細なる御議論の手紙給わるべきよし待遠に存じ候。踊の説はあの通りの未成品かつ近ごろのことゆえ、まだどこが悪いとも考え得ず候も、『石神問答』については方法論旨共悔ゆべき点段々有之候。小生は夜深しが下手にて外国の参考書まで手を届かす時間なく、御刺激の下に大分あせりおり候。

過日の書留の二長文は自分はたしかに拝見、かつ松村氏等の手にこのままわたせばよくも読まずに仕舞っておくならんと想像すべき理由ありしゆえ、秀英舎が近ければあれを二、三十部活版に付し、二、三日のうちに自分知れる限りのやや気概ある徒に見せることにいたし候。かつせっかくの御注文ながら小生はかの老人とことを共にすることを欲せず候。このついでに申し候。木なり山なり個人の所有に陥りし上は保安林法以外にこれを伐らせぬ手段なく、保安林は条件概して今の場合に合わず、故に法律の力よりも社会的制裁の力を仮る方早手まわしに候。輿論は迂なるがごときもたしかに今年の議会よりは早く効あるべし。したがってあの手紙よりは今一段根本的の意見書あらば一日も早く発表なさるべく、かつ新地方官等を寛仮し彼らの力を輿論拡張の上に十分御利用なされ候わば、すなわち御研究の妨をなせる修羅道より脱却し給う手段に有之べく候。草々

明治四十四年九月十八日夕五時

南方熊楠から柳田国男へ

拝啓。意見書印刷相成り候わば、小生方に留め置くべきため一冊は必ず小生へ送り下され候様願い上げ候。小生これに基づき、さらに有力なる書を作り申すべく候。松村氏も約束なれば一つは贈り置き下されたく候。しかし、これは御勝手なり。紀州侯へは必ず一つ送り置き下されたく候。

御申越しの狼が人を乳すること、わが邦の例はちょっと見当たらず、支那の例を申し上げ置き候。

『淵鑑類函』巻四二九、「『毛詩疏』にいわく、狼はよく小児の啼き声をなし、もって人を誘う。去ること数十歩にして止《とど》まれば、その猛捷《もうしょう》なる、人制するあたわず、と。」これは児を乳するとはなけれども、多少縁あれば抄す。

「『後周書』にいわく、突厥の先は匈奴の別種なり、隣国の破るところとなる。その族に一《ひとり》の小児あり、草沢中に棄つ。牝狼あり、肉をもってこれを飼う。長ずるに及んで狼と交

合し、ついに孕むあり。高昌国北山の洞穴に逃れて、十男を生み、その後おのおの一姓となる、云々、と」。

「『元五行志』にいわく、至正十年、彰徳境内にて狼狽《ろうばい》害をなす。夜、人の形《すがた》のごとくして人家に入って哭し、人の懐抱中について小児を取り、これを食らう、と」（狼狽とは狼のことなり。何となく狽の字を入れたるなり）。

出所を出さずに、「烏孫の昆莫《こんばく》は野に棄てられ、狼これに乳せし時、初めて生きしなり」（生まれて直ちに野に棄てられしを狼が乳すとの意なり）。

「『地里志』、陝西慶陽府に狼乳溝あり、すなわち稷《しょく》の野に棄てられ、狼これに乳せし地にして、後人ついにもって溝に名づく、と」。これはローマの開祖ロミュルス、レムス兄弟を川岸に（狼、乳せるの地なり）捨てしに、牝狼来たり乳し、諸鳥食を運び養いしというに同じく、支那の古史に、「帝嚳《ていこく》の元妃姜嫄《きょうげん》、野に出でて巨人の跡《あしあと》を見、心欣然としてこれを践《ふ》む。棄《き》を生み、もって不祥となし、これを氷上に棄つ。鳥、翼を覆う。もって神となし、ついにこれを収む。児は幼きより屹《きっ》として巨人の志のごとし、云々。后稷《こうしょく》と名づく（堯の時、農師たりしなり）」とあるやつの異伝なり。

右の『類函』の狼の条には、狼、人の女を犯し、また人、狼を奸して人を生む例多く出でたり。これは本件に関係なきゆえ抄せず、かかること西洋にも多く聞くなり。

仏経中にも狼人を乳することありしよう覚え候えども、ただ今多事ゆえ、やがて次回に調べ申し上ぐべく候。小生は近野村へ出発を右の刊行物の一冊着するまで見合わせ申し候。これはそれを本として、また別に一の意見書を作り、新任県知事に呈せんと欲するなり。A.de Gubernatis,'Zoological Mythology,'1872,vol.ii,p.144 によれば、ロシア、エスソニア、ドイツにも古え狼が人を乳せし話の痕跡あり。

「猫一疋より大富になりし人の話」（『宇治拾遺』の長谷観音利生の物語の基源かと思うなり）は明日あたり脱稿するゆえ送り申し上ぐるべし。二十日〆切りに少々間に合わぬか知れぬが、なるべくは考古学会にて早く御出刊下されたく候。

付白。Olaus Magnus の『北方民誌』（'Historia de Gentibus Septentrionalibus,'Roma,1555.弘治元年、すなわち元就が陶晴賢を誅せし歳出板。はなはだ高価の書なり、小生抄しておけり。スウェーデンの古俗を見る唯一のオーソリチーたりしなり）に、孕婦の臭を好みて狼来たり襲う、故に兵具を佩びたる男を伴うにあらずんば孕婦外出せず、とあり。

小生、当国東牟婁郡七川（はなはだしき僻地なり）の人に聞きしは、狼、痘児の臭を好み、痘瘡はやるとき必ず来る、と。これらも狼が人児を捕え去る理由なるべきか。

小生、白井光太郎君に一書を差し上げんとするも、番地住所を知らず、今日まで延引せり。左のところ切り去り、同氏へ呈し下されたく候。

狼に関する俚話これに尽きず。小生そのうち山神オコゼを好む説のつづきとして、本書状に引きしほかのことを、ことごとく集め人類学会より出すべく候。

柳田国男から南方熊楠へ

明治四十四年九月二十日

御手紙拝見。白井氏へはさっそく届け置き候。御手紙の活版は一部だけさし上げ候。固有名詞その他一、二誤れるところあり、御訂正を乞う。かつこの手紙は紀州にては原形のままにては御発表なされぬ方可然《しかるべく》、そは本日川村新知事に一部を送り、かくのごとく複製したるにより不安を感ずると気の毒ゆえ、在京少数の友人の外にはこれを頒布せずと約し置き候ゆえなり。もっともわずかに三、四十部なればやたらに頒布するには不足なり。松村、白井、岡村、三好、牧野の五氏には送り候。徳川侯にも送り候。そのために「侯は無学なれど、云々」とある五字を改めたり。その他は一字も増減せず。実際御文はあまり複雑にて活版にしても常人に消化むつかし。故に川村氏への御手紙などもへたをすると反古にせられ徒労となる虞あり、何とかし給うべく候。

このごろは小生も伝説をあつめたる本を書かんと企ており候。よってさしあたり、

川童のこと
神馬のこと
馬蹄石のこと

にて御心付きのことは、あまり御手数の掛らぬ範囲において御知らせ下されたく候。先月よりある一老人をして貴下の手紙を浄写せしめおり候ところ、このごろようやく御癖を知り、欧文さえ書き込めば別に一副本をつくりたることとなり候。これを片はしより篤志の二三子に見せ大いに感心させおり候。少なくも小生の方面に向かっては御労は徒爾ならず候。草々不一

第四章　アサヒグラフ版「山の人生」

一九二六年に刊行された『山の人生』は、前年『アサヒグラフ』にコラムのような形で執筆されたものである。例えば単行本版では冒頭で二つの心中事件が紹介されているが、『アサヒグラフ』版では一つである。このくだりを一つの文章として読むと、柳田が考える、習慣に規定された人間の姿を観察して描くという意味での自然主義文学がそこにあることがわかる。『山の人生』で柳田は山人実在説を放棄し、「山」に憑かれたかの如く心中しようとした父子の心意のあり方を規定する「第二の自然」、つまり山中異界をめぐる民俗文化の中にこの挿話を置こうと試みている。山人に魅せられた自らの感情やロマン主義のあり方と山中に出奔した人々の心情（つまり「心意」）を民俗文化の中で解析しようという試みが『山の人生』である。「習慣の記述」の手段として、いわば「心意」の民俗学的記述、民俗心理学とでも呼ぶべき試みがこの書の本来の目的だろう。

故郷七十年より（「山の人生」）

私が法制局の参事官になったのは、明治三十五年の二月で、大正三年までいたのだから、私のいちばん若い盛りの時をそこで過ごしたわけである。仕事としては、どれもみな威張ったり、得意になったりするのに足るようなものばかりであったが、たった一つだけ、皆の嫌う仕事があった。それ特赦に関する事務を扱うことであった。

大赦の方は、一律に何々の罪の者は赦すというお触れが一つ出ればそれでいいのだから、ことは簡単であるが、これに反して特赦の方は、個々の犯罪内容をよく調べて、再犯のおそれがないとか、情状酌量をするとか、一つ一つ定まった標準に照らしてみなければならない。だから関係資料を年百年中読んでいなければならないし、時によると、新規に出来た政府の方針で、少し特赦にしてみようなどという気持に副《そ》って、ことを処理しなければならぬことがある。それでいつも新参の参事官に押しつける習慣になっていた。ところが私だけはそれを面白がって、いつまでもその仕事をやっていて、他人にまわそうとしなかった。

文字を早く読むことに馴れていたので、私としてはそんなにこの仕事を重荷に思わなかったせいもあるが、それよりも、内容そのものに興味をもったのである。事件の内容そのものに心をひかれて、もとの予審調書からみていった。一つの事件が、六寸とか八寸とか、たまには一尺近い厚さにとじてあったものもある。それをみてゆくのであるから、興味のない者には嫌な仕事であったが、私は好きなために熱心に眼を通した。そして面白い話を知ると、どうしても他人に話したくて仕方がなくなるものである。

私に『山の人生』という本がある。何故書かれたか、主旨がどうも分からないといった人があるが、無理もない話で、じつは法制局で知った珍しい話を喋りたくてたまらないものだから、そんな本を書きはじめたわけであった。新聞社に入った当座に『朝日グラフ』に連載し、後に本にまとめたものである。

「山に埋もれたる人生ある事」という題で、私のいちばん印象の深かった人殺しの刑事事件を二つ続けて書いたのであるが、本の終わりには「山男」というものの研究は、人類学上必要だということを書いた。こんなちがった要素が『山の人生』という一つの本にまとめられているため、読む人に不思議な感を与えたのである。

第一の話は、かつて非常な饑饉の年に、西美濃の山の中で炭を焼く男が、子供二人を鉞《まさかり》できり殺したことがあった。自分の男の子と、どういうわけがあってか一人は育てていた小娘で、ともに十二、三歳になる子供であった。炭は売れず、里に行っても一合の米も手に入らない。最後の日にも手ぶらで帰ってきて、飢えきっている子供の顔を見るのがつらさに、小屋の奥へ行って昼寝をしてしまった。眼がさめてみると、小屋の口いっぱいに夕日がさしていた。秋の末のことであったという。二人の子供がその日当たりのところにしゃがんで、一生懸命に仕事に使う大きな斧を磨いていた。そして「もう死にたいから、これで殺してくれ」といったそうである。そして小屋の入口の敷居の上を枕にして寝たそうである。親の方はくらくらして、何の考えもなく二人の首をきってしまった。その後でおそろしくなり、死ぬことができなくなって、一人で里へ降りて自首したというのである。じつに悲惨な話で、これくらい私の心を動かした特赦事件はなかった。

同じ頃、先の話と同じような悲しい事件がもう一つあった。九州のある村の女が、ある男と大変仲良くなったが、親が許さぬので二人で逃げた。どうにか世の中へ出てみたが、病気をしたり、いろいろ不幸にあったりして、貧乏のために食えなくなった。子供も出来たが、どうしようもないので、恥を忍んで非常な山の中の生れ故郷へ帰って行った。しかし身寄りの者は死んでいないし、笑い嘲る人ばかり多かった。すごすごとまた町に帰ろうとしたが、男は病身でとても働ける見込みはなかった。子供を負ぶって引返して来る山道で、下に滝が落ちているところへ来かかった。夫婦で、もう世の中へ帰ったって仕方がないから、三人で死のうじゃないかと、三人の身体を帯で一つに縛って、滝壺に向かって思い切ってとび込んでしまった。ところが女だけが水の中へ落ち込んだものらしく、しばらくして生き返ってしまった。助かって岸に上ってみると、亭主の方も死に損ったと見え、首をくって死んでいた。小さい子供は崖の途中の樹のてっぺんに引っ掛って死んでいた。つまり落ち方が良かったのか、悪かったのか、後の二人が死んでいるのに、自分だけ助かっていたというわけである。

その時の心理は我々には解らないが、やはり当人はもう死にたくなくなるものらしく、自首して出た。子供は無意志なので殺人罪が成り立ち、何でも十二年という長い刑に処せられた。しかし、あまりにも品行が正しくて殊勝だし、環境も憐むべきものであり、再犯のおそれは無論ないから、特赦にしてやってくれといって、私から印を捺して申し出た。それで特赦になったわけである。

この二つの犯罪を見ると、まことにかわいそうな事実であった。私は誰かに話したくて、旧友の田山花袋に話したが、そんなことは滅多にない話で、余り奇抜すぎるし、事実が深刻なので、文学とか小説とかに出来ないといって、聞き流してしまった。田山の小説に現れた自然主義というものは、文学の歴史からみて深い意味のある主張ではあったが、右の二つの実例のような悲惨な内容の話に比べれば、まるで高の知れたものである。

そんなわけで法制局の資料から見出した二つの悲劇が、私の心の底に溜っていて、何時かそれを世に知らせたいという気持を持ちつづけた。それで朝日新聞に書き、さらに『山の人生』という本を作る時、その序文のような形で、これを一番最初にもってきたのである。

田山にとって、この二つの事件は落第だったけれども、他に少なくとも四つか五つ、私が特赦の取調べで知った珍しい知識を、田山の方で採入れて自分の小説のたねにしたものがある。記憶している話の一つに「葱一束」というのがあった。一寸したことから大きな犯罪になるという話である。その記録を読んで、私が興奮している時に、田山から何か話はないかと聞かれたので話してやったものである。「一兵卒の銃殺」というのも、日露戦争の前後に私がたねを提供したものであった。

自然主義の作家は、極くあり得べき事柄が、すうっと妙に展開してゆくのに興味をもち、それを自然に書いて喜んでいたものであった。

『故郷七十年』（昭和三十四年、のじぎく文庫）

アサヒグラフ版「山の人生」

山の人生（一）

今では記憶して居る者が私のほかには一人もあるまい。三十年あまり前、世間のひどく不景気であった年に、西美濃《にしみの》の山の中で、炭を焼く五十ばかりの男が、子供を二人まさかりで斫《き》り殺したことがあった。

〇

女房はとくに死んで、あとには十三になる男の子が一人あった。そこへどうした事情であったか、同じ歳の小娘を貰《もら》って来て、山の炭焼小屋で一処に育てて居た。その子たちの名前は、もう私も忘れてしまった。何としても炭は売れず何度里へ下りても、いつも一合の米も得られない。最後の日にも空手《からて》で戻って来て、小さい者の顔を見るのがつらさにすっと小屋の奥へ入って、昼寝をしてしまった。

〇

眼が醒《さ》めてみると、小屋の口一ぱいに夕日がさして居た。秋の末の頃であったという。

二人の子供がその日当たりのところにしゃがんで、しきりに何かして居るので、傍へ行ってみたら、一生懸命に、仕事に使う大きな斧《おの》を磨《と》いで居た。おとうこれで殺してくれと言ったそうである。そうして閾《しきい》の材木を枕にして二人ながらあおむけに寝たそうである。それを見るとくらくらとして前後の考えもなく、二人の首を打落してしまった。それで自分は死ぬことが出来なくて、やがて捕えられて牢《ろう》に入れられた。

〇

この親爺《おやじ》が六十近くなってから、特赦《とくしゃ》を受けて世の中へ出て来た。そうしてそれからどうなったか、すぐに分からなくなってしまった。私は仔細《しさい》あってただ一度この一件書類を読んでみたが、もうあの偉大なる人間苦の記録も、どこかの長持《ながもち》の底で朽ちつつあるであろう。

山の人生（二）

だまって山へ入って、還《かえ》って来なかった人間の数も、なかなか少ないものではないようである。十二三年前に、尾張《おわり》の瀬戸《せと》町にある感化院《かんかいん》に、不思議な身許の少年が二人まで入って居た。その一人は例のサンカの児《こ》で、相州《そうしゅう》の足柄《あしがら》で親に棄《す》てられ、甲州《こうしゅう》から木曾《きそ》の山を通って、名古屋まで来て警察の保護を受けることになった。今一人の少年はまる三年の間、父とただ二人で深山の中に住んで居た。どうして出て来たのかは、この話をした二宮君も知らなかったが、とにかくに三年の間は、火というものを用いなかったと語ったそうである。食物はことごとくなまで食べた。小さな弓を造って鳥や魚を射て捕えることを父から教えられた。春が来ると、いろいろの樹の芽を摘んでそのまま食べ、冬は草の根を掘って食べたが、その中には至って味の佳《よ》いものもあり、年中食物にはいささかの不自由もしなかった。衣服は寒くなると小さな獣《けだもの》の皮に、木の葉などを綴《つづ》って着たという。

ただ一つ難儀であったのは、冬の雨雪の降る時で、岩の窪みや大木のうつろの中に隠れて居ても、火がないために非常につらかった。そこでこういう場合のために、川の岸にあるカワヤナギの類の、髯根《ひげね》の極めて多い樹木を抜いて来て、その根をよく水で洗い、それを寄せ集めて蒲団《ふとん》の代わりにしたそうである。話がまた聞きで、これ以上のことは何も分からない。その時にはすぐにも瀬戸へ出かけて、も少し前後の様子を尋ねたいと思ったが、何分《なにぶん》にも暇がなかった。感化院には記録でも残っては居ないのであろうか。この少年がいろいろの身の上話をしたというからは、何か理由があって中年から、山に入ってこんな生活をした者である。

曾て羽前《うぜん》の尾花沢《おばなざわ》附近において、一人の土木の工夫が、道を迷うて山の奥に入り、人の住みそうにもない谷底に、はからず親子三人の一家族を見たことがある。これは粗末ながらに小屋を建てて住んでは居たが、三人ともに丸はだかであったという。

女房がひどく人を懐かしがって、いろいろとこの工夫に向かって里の話を尋ねた。何でもその亭主という者は、世の中に対してよほど大きな憤懣《ふんまん》があったらしく、再び平地へは下らぬという決心で、こんな山の中へはいって来たのだと言った。

工夫は一旦そこを立ち去った後、再び引返して同じ小屋に行ってみると、女房が彼と話をしたのを責めるといって、縛り上げて折檻《せっかん》をして居るところであったので、詳しい話も聞き得ずに、早々帰って来て、その後のことは一切不明だという。

この話は山方石之介《やまがたいしのすけ》君から同じ頃に聴いた。山に住む者の無口になり、一見無愛想《ぶあいそう》になってしまうことは、多くの人が知って居る。必ずしも世を憤《いきどお》って去った者でなくとも、木曾《きそ》の山奥で岩魚《いわな》を釣って居る親爺《おやじ》でも、たまたま里の人に出くわしても好奇心もなく、見向きもせずに路を横ぎっていくことがある。文字に現せない寂寞《せきばく》の威圧が、久しゅうして人の心理を変化せしめることは想像が出来る。こんな人にわずかな思索力、ないしはわずかな信心があれば、すなわち行者であり、あるいは仙人であり得るかと思われる。また天狗《てんぐ》と称する山の霊が眼の色怖ろしく、やや気むつかしくかつ意地悪いものと考えられて居るもの、一部分はこの類の経験が根をなして居るかも知れぬ。

山の人生（四）

これは以前新渡戸《にとべ》博士から聴いたことで、やはり少しもうそらしくない話である。陸中二戸《にのへ》郡の深山で、猟人《りょうし》が猟に入って野宿をして居ると、不意に奥から出て来た人がある。よく見ると数年前に、行方不明になって居た村の小学教員であった。ふとしたことから山へはいりたくなって、家を飛び出しまるきり平地の人とちがった生活をして、ほとんど仙人になりかけて居たのだが、ある時この辺でマダギの者の昼弁当を見付けて喰ったところが、急に穀物の味が恋しくなって、次第に山の中に住むことが厭《いや》になり、人がなつかしくてとうとう出て来たと言ったそうである。それから里へ戻ってどうしたか、その後の様子は何人《なんぴと》にも問うことが出来ぬ。

マダギは東北人及びアィヌの語で、猟人のことであるが、奥羽《おうう》の山村には別に小さな部落をなして、狩猟本位の古風な生活をして居る者にこの名がある。例えば十和田《とわだ》の湖水から南祖房《なんそぼう》に逐《お》われて来て、秋田の八郎潟《はちろうがた》の主《ぬし》になって居るという八郎男なども、大蛇になる前は国境の山の、マダギの村の者であった。

マダギは冬分は山に入って雪の中を幾日となく旅行し、熊を捕ればその肉を食い、皮と熊胆《くまぎも》を附近の里へ持って出て、穀物に交易してまた山の小屋へ還《かえ》る。時には峰づたいに上州信州の辺《あたり》まで、下《お》りて来ることがあるという。

　こんな連中でも、用がすめば我村へ戻り、また山の中でも火を焚《た》き米を煮て食うのに、教員までもしたという人が、友もなくして何年かの間、この種忍苦の生活をなし得たのは、少なくとも精神の異状であって、しかもそれが単なる偶発ではないようである。

山の人生（五）

　天野氏の塩尻《しおじり》には、尾州小木村《びしゆうこき》の百姓の妻、産後に発狂して山に入り、十八年を経た者があったという話を伝えて居る。裸形にしてただ腰のまわりに、草の葉を纏《まと》うて居たとある。山姥《やまうば》の話の通りであるが、しかも当時の事実譚《じじつたん》であった。

　この女もある猟人《かりうど》に逢って、身の上話をしたという。飢えを感ずるままに始めは虫を捕って喰って居たがそれではこと足らぬように覚えて、後には狐《きつね》や狸《たぬき》、見るに随いて引裂いて食とし、次第に力付いて、寒いとも物ほしいとも思わぬようになったと語って居る。

　一旦は家に還《かえ》ってみたが、身内の者までが元の自分であることを知らず、怖れて騒ぐので再び山中の生活に、復《かえ》ってしまったというのは哀れであった。

　明治の末頃にも作州那岐山《さくしゆうなぎのせん》の麓《ふもと》、日本原《にっぽこうげ》の広戸の滝を中心として、ところどころに山姫が出没するという評判が高かった。裸にして腰のまわりだけに襤褸《ぼろ》を引纏《まと》い、髪の毛は赤く、眼は青くして光って居た。ある時人里近くに現れ、木こりの小屋を覗《のぞ》いて居て、ついにそこの人夫どもに打殺された。

それをよく調べてみると、附近の村の女であって、ずっと以前に発狂して、家出をしてしまった者であることが分かった。

女にはもちろん不平や厭世《えんせい》のために、山に隠れるということがない。気が狂った結果であることは、その挙動を見て誰にでも分かった。羽後《うご》と津軽の境の田代岳《たしろだけ》の麓の村でも、若い女が山へ遁《に》げて入ろうとするのを、近隣の者が多勢追い掛けて、連れて戻ろうと引留めて居るうちにえらい力を出して振り切って、走りこんでしまったという話がある。

山の人生（六）

田代岳《たしろだけ》にかけ込んだという北秋田の村の娘は、その前から口癖のように、山の神様のところへお嫁入りをするのだと、言って居たそうである。古来多くの新米《しんまい》の山姥《やまうば》の中には、こういう錯覚に基いたものもおりおりあったらしい。

そうすると我々が三輪《みわ》式《しき》神話の残影と見て居る、竜婚蛇婚《りようこんじやこん》の国々の話の中《うち》にも存外に起原の近世なるものがないとはいわれぬ。例《い》えば上州榛名湖《はるなこ》においては、女性は強《し》いて供の者を帰して、しずしずと水の底に入って往ったと伝え、美濃《みの》の夜叉《やしや》ケ池《いけ》の夜叉御前《ごぜん》は、父母の泣いて留めるのも聴かなかったといって居る。古い信仰の影響か、または神話が本来こうして発生したものなのか、とにかく我民族の、これが一つの癖であった。

近頃出た『まぼろしの島より』という一英人の書翰集《しょかんしゅう》に、太平洋上ニューヘブライズのある農場において、一夜群衆のわめき声と共に、しきりに鉄砲の音がするので、驚いて飛び出してみると、若い一人の土人が、魔神に攫《つか》まれて、森の中へ牽《ひ》いていかれるところであった。魔神の姿はもとより何人《なんぴと》にも見えないが、その青年が右の手を前へ出して、踏み止まろうと身をもがく形は、確かに捕われた者の様子であった。他の土人たちは声で嚇《おど》し、かつ鉄砲をその前後の空間に打ち掛けて、悪魔を追い攘《はら》おうとしたが、ついに効を奏《そう》せず、捕われた者は茂みに隠れてしまった。翌朝その青年は正気に復して、戻って常のごとく働こうとしたが、仲間の者は彼が魔神と何か契約をして来たものと疑い、畏れ憎んで近づかず、その晩のうちに毒殺してしまったと記して居る。狐《きつね》や狸《たぬき》に憑《つ》かれたという者が、その獣らしい挙動をして、傍の者を信ぜしめるのと、最もよく似た精神病の兆候である。

山の人生（七）

北国筋のある大都会などは、ことに迷子《まいご》というものが多かった。二十年ほど前までは、冬になると一晩として、いわゆる鉦太鼓《かねたいこ》の音を聞かぬ晩はなかった。山が近くて天狗《てんぐ》の多い土地だからと説明せられて居た。

東京では以前はよく子供が居なくなった。この場合には町内の衆が、各《おのおの》一個の提灯《ちょうちん》を携えて集まり来り夜どおし大声で喚《よ》んで歩くのが習いであった。まい子のまい子の何松《なにまつ》やいと、繰り返すのが普通であったが、上方辺《かみがたへん》では「かやせ、もどせ」と怒鳴って居た。尋ね人をするのに鉦太鼓はいかにもおかしいが、本来は捜索でなくして奪還であったからである。

ただの迷子なら夜が明けてから多くは出て来る。その他にもなお狐《きつね》につままれて居るかも知れぬ場合があった。田舎では若い衆や親爺《おやじ》までがこうして時に近所の人に心配をかけ、土手の蔭や粟畠のまん中に、きょとんとして立って居るのを見付かることがあった。

またあそこには悪い狐が居ると、評判をせられる森や古塚がところどころにあって、大抵人一代の記憶のうちに五回、七回の被害があった。従って捜索隊の手配路順にも、ほぼ旧来のきまりがあり、事件の顚末《てんまつ》も人の名だけが、時に新しくなるばかりで、各地各場合において、大した変化を見なかったようである。

しかも経験の乏しい少年少女には、これほど気味の悪い話はなかった。私たちの小学校では、冬は子供が集まると、いつもこんな話ばかりをして居た。それで居て奇妙なことには、実際は狐につままれた者に、子供は至って少なく、子供の迷子は多くは神隠しの方であった。

山の人生（八）

昨年も六つとかの女の児《こ》が、横須賀から汽車に乗って来て東京駅の附近で警察に保護せられた。大都のまん中では、もとより小児の親にはぐれる場合も多かったが、特にその中で、前後の事情の不可思議なるものを迷子《まいご》と名づけ、忌《い》まざる者はこれを神隠しと呼んで居たようである。

村々の隣に遠く、野山の多い地方では、取り分けてこの神隠しが頻繁《ひんぱん》で、あわれなることには、半数は永遠に還《かえ》って来なかった。私はもと盛んに旅行をして居た頃、力《つと》めて近代の迷子の実例を聞こうとしたことがあった。伊豆の松崎で十何年前にあったのは、三日ほどしてから、東の山の中腹に一人で立って居るのを見つけ出した。そこはもう何度となく、捜す人の通行したはずだのにと、後々までも不思議にした。なおそれよりも前に、上総《かずさ》の東金《とうがね》附近の村では、これも二三日してから、山の中の薄《すすき》の叢《くさむら》の中に、しゃがんで居たのをさがし出したという。

珍しい例ほど永く記憶せられるのか、古い話には奇抜なものが多い。親族が一心に祈禱《きとう》をして居ると、夜分雨戸にどんと当たる物がある。明けてみるとその児が軒下に来て立って居た。あるはまた板葺《いたぶ》き屋根の上に、どしんと物の落ちた響きがして、驚いて出てみたら、気を失ってその児が横たわって居たというのもある。もっとえらいのになると二十年もしてから、阿呆《あほう》になってひょっこりと出て来た。元の四つ身の着物を着たままで、縫目が弾《はじ》けて綻《ほころ》びて居たなどといい伝えた。もちろん精確なる記録は少なく、概して誇張した噂のみのようではあった。

山の人生（九）

変態心理の中村古峡《こきょう》氏なども、曾て奥州七戸《おうしゅうしちのへ》かの実例について、調査をせられたことがあった。神に隠されるような子供には、何かその前から他の童児と、ややちがった気質があるか否か。これが将来の興味ある問題であるが、私はあると思って居る。そうして私自身などは、隠されやすい方の子供であったかと考える。ただし幸いにしてもうその危険期は過ぎた。

私の村は県道に沿うた町並で、山も近いのはほんの丘陵であったが、西に川筋が通って奥在所は深く、やはりグヒンサンの話の多い地方であった。耳が早くて怖い噂を沢山に記憶して居た。七つの歳であったが、筋向かいの家に湯に招かれて、秋の夜の八時過ぎ、母より一足さきにその家の戸口を出ると頰冠《ほおかぶ》りをした屈強な男が、ふいと来て私を引抱え、とつとつと走る。物もいう力はなかった。それが私の門まで来ると、くぐり戸の脇に私をおろして、すぐに見えなくなったのである。もちろん近所の青年の悪戯《いたずら》で、後にはおおよそ心当たりも付いたが、母が怒るのを恐れてか、断じて知らぬと主張して、結局事件は不可思議に終わった。宅ではとにかく大問題であった。多分私の眼の色がかわって居たからであろう。

それからまた三四年の後母と弟二人と茸狩《きのこがり》に行ったことがある。遠くから常に見て居る小山であったが、山の向うの谷に暗い淋しい池があって、しばらくくその岸へ下りて休んだ。夕日になってから再び茸をさがしながら、同じ山を越えて元の麓《ふもと》へ来たと思ったら、どんな風にあるいたものか、またまた同じ池の岸へ出てしまったのである。その時もぼうとしたような気がしたが、えらい声で母親が怒鳴って、たちまち元のようになった。この時の私が一人であったら、恐らくはまた一の神隠しの例であったろう。

山の人生（一〇）

運強くして神隠しから戻って来た児童は、しばらくは気抜けの体《てい》で、大抵はまずぐっすりと寝てしまう。それから起きて食い物を求める。何を問うても返事が鈍く、知らぬ覚えないと答えるのが多い。それをまた意味あり気に解釈して、たわいもない切れ切れの語《ことば》から、神秘世界の消息を得ようとするのが、久しい間の我民族の慣習であった。しかも物々しい評判のことが永く伝わって、本人はと見ると平凡以下の、つまらぬ男となって活きて居るのが多く、天狗《てんぐ》のカゲマなどいって人がこれを馬鹿にした。

この連中の見聞談は、若干の古書の中に散見する。鋭い眼をした大きな人が、来いと言ったから附いて往《い》った。どこだか知らぬ高い山の上から、海が見えた里が見えたの類の漠然たる話ばかり多い。ところがこれと反対にごくわずかな例外として、むやみに詳しく見て来た世界を語る者がある。江戸で有名なる近世の記録は、神童寅吉物語《しんどうとらきちものがたり》、神界《しんかい》にあって高山平馬《たかやまへいま》と呼ばれた少年の話である。これ以外にも平田派の神道家が、最も敬虔《けいけん》なる態度をもって筆記した神隠しの談がいくつかあるが、記録の精確なるために、いよいよ談話の不精確なことがよく分かる。各地の少年が見て来たと説くところには何一つとして一致した点がない。つまりはただその少年の知識経験と、想像力との範囲より、少しでも外へは出て居らぬのである。

故に神道があまり幽冥道《ゆうめいどう》を説かぬ時代には、見て来た世界は仏法であった。続鉱石集《ぞくこうせきしゅう》の下の巻に出て居る阿波国不朽物語《あわのくにふきゅうものがたり》などはその例で、その他にも越中の立山、外南部《そとなんぶ》の宇曽《うそ》利山《りざん》で、地獄を見たという類も正直な人が見たというものは、皆この系統の話である。

山の人生（一一）

うそとまぼろしとの境は、決してはっきりとしたものでない。自分でもあやふやな話でも、何度となくこれを語り、かつ聴く者が毎《つね》に少しもこれを疑わなかったら、ついには実験と同じだけの、強い印象になってしまうようである。昔の精神錯乱と、今日の発狂との著しい相異は、本人に対する周囲の者の態度にある。我々の先祖たちは、むしろ怜悧《れいり》にしてかつ空想の豊かなる児童が、時々変になって、凡人の知らぬ世界を見て来てくれることを望んだのである。すなわち沢山の不可思議を、説かぬ前から信じようとして居たのである。

室町時代の中頃、若狭《わかさ》の国から年齢八百歳という尼が京都へ出て来た。江戸期の終わりに近くなってからも、筑前《ちくぜん》の海岸に生れた女で、長命して二十幾人の亭主を取替えたというのが、津軽《つがる》方面に出現した。その長命に証人はなかったが、両人ながら古いことを知ってよく語った。ただしその話は申し合せたように、義経《よしつね》と弁慶《べんけい》との行動であった。

それからまた常陸房海尊《ひたちぼうかいそん》の仙人になったのだというのが東北の各地には住んで居た。もちろん義経の事蹟、ことに屋島壇《やしまだん》の浦高館《うらたかだち》等、義経記《ぎけいき》や盛衰記《せいすいき》に書いてあることを、あの書をそらで読んだ程度に知って居るので、当時彼が真の常陸房なることを、一人として信用せざる者はなかった。

恐らくは本人自身も、常陸房であり、ないしは八百比丘尼《やおびくに》なることを信じて居たものと思う。それも決してあり得ざることではない。長篠《ながしの》地方でおとら狐《きつね》に憑《つ》かれた者は、きっと信玄《しんげん》や山本勘助《やまもとかんすけ》の話をする。この狐もこの長生で曾て武田合戦を見物して居て怪我《けが》したとも言うために、その後憑かれた者が、皆その戦を知って居るような気持になるのである。

山の人生（一二）

話が山から出て来たついでに、おかしな先例を今少し列挙してみたい。各地の村の旧家には狐《きつね》や狸《たぬき》の書いた書画というものが折に伝わり、これに伴うて必ず不思議な話がある。大抵は旅の僧侶に化けて、その土地にしばらく止まって居たという。どうして狸であることを知ったかといえば、後日すこしかけ離れた里で、狗《いぬ》に噛殺されたという話を聞いたからというのと、食事と入浴に人の居るのをひどく厭《いや》がり、そっと覗《のぞ》いてみたら食物を膳の上にあげて、口を附けて食べて居たからとか、湯殿《ゆどの》の湯気の中からだらりと尻尾が見えたからというのもある。書や画はいずれもめちゃくちゃなものであった。

狗に殺されたはいかにも実際らしくない。正体が狸であれば、果してあの和尚か否かがわからず、和尚の姿で死んで居れば、狸とはなおさらいわれない。要するに山芋と鰻《うなぎ》、雀《すずめ》と蛤《はまぐり》との関係と同じで、立会《たちあい》の上で甲から乙へ、変化するところを見届けぬ限りは、真の調書は作成し得ぬのである。恐らくは実は和尚の挙動、あるいは内々の白状が、この説の基礎であったろう。

佐渡では新羅王書《しんらおうしょ》と署名した草体の書が、多くの家に蔵《ぞう》せられ、私もそのいくつかを見た。古い物ではあるが、もちろん新羅という国が滅びて後、四五百年もしてからの作に相異ない。天文《てんもん》年間に漂着したともいい、あるいはもっと後のことともいう。後には土地の語を話し、土地の人になってしまった。書ばかり書いて居る変な人だったという話もある。とにかくに詐欺師《さぎし》ではなかった。自分でも新羅王だと思って居り、それをまた周囲の人が疑わなかったために、この様な歴史が成り立ったのである。

こういう事情の下《もと》に、神隠しの信仰も段々と進化したらしい。

山の人生（一三）

神隠しから後に戻って来た者の話は、さらに気の毒な他の半分の、奇怪なる運命と終末とを考えるためになお忍耐して多くこれを蒐集《しゅうしゅう》する必要がある。社会心理学は日本ではまだ翻訳ばかりで、国の研究者はいつ出るかのあてもない。それを待つ間の退屈を紛らすために、自分の集めた二三の材料を元にして、今少し山の奥へ入ってみようと思う。

不思議な事情から居なくなってしまう者は、決して小児ばかりでなかった。数は少ないだろうが成長したる男女は戻って来る者もはなはだわずかであった。ただし男の方はよくよくの場合でないと、駆落ち出奔《しゅっぽん》と名づけて、神隠しとはいわなかった。神隠しの特徴としては、永遠に居なくなる以前、必ず一度だけは親族か知音《ちおん》の者に、ちらりと姿を見せるものと、ほとんどいずれの府県においても信ぜられて居る。盆や祭の夜の人込みの中で、ふとすれちがって声などを掛け、おやあの男はこの頃居なくなったといって、家で捜して居たではないかと、すぐに引返してみたが、もうどこにも見えなかった。という類の話がよく伝わって居る。

『西播怪談実記《せいばんかいだんじっき》』に、揖保《いぼ》郡新宮《しんぐう》村の民七兵衛《たみしちべえ》、山に薪《まき》採りに行きて帰らず、親兄弟歎き悲しみしが、二年を経たるある夜、村の後ろの山に来て七兵衛が戻ったぞと大声に呼ばわる。人々悦《よろこ》び近所一同山へ走り行くに、麓《ふもと》に行きつく頃までは声がしたが、登ってみると早どこにも居なかった。天狗《てんぐ》の下男《げなん》にでもなったのかと言い合ったが、その後村から出て久しく江戸に居た者が、東海道を帰り路に興津《おきつ》の宿《しゅく》で七兵衛に出逢い、詞をかけて別れたそうである。それから後はついに風のたよりもなかった。

山の人生（一四）

女の神隠しにはことに不思議が多い。これは盛岡《もりおか》で按摩《あんま》から聴いたが、もう三十年も前の話という。この町に住んで醤油の行商をして居た男、留守は若い女房が一人であった。

ある日の灯ともし頃に表の戸をあけて、この女が外に出て立って居る。ああ悪い時刻に出て居るなと、近所の人たちは思ったが、果してその晩からいなくなった。亭主は気違いのようになって、商売は罷《や》めてしまい、そちこちと捜しまわった。もしやと思って岩手山《いわてさん》の中腹の、網張《あみはり》の温泉に行って居ると、とうとう姿を見せたそうである。やはり時刻は暮近くに、何の気なしに外を見ると、わずか隔たる山腹の根笹の中に、腰から上を出して立って居た。すぐと飛んで出て近よろうとしたが、見えて居ながら段々遠くなり、笹原づたいに峰の方へ行ってしまったという。

またこれも同じ山の麓《ふもと》の、雫石《しずくいし》という村にはこんな話があった。相応な農家で娘を嫁にやる日、飾りの馬の上に花嫁を乗せておいて、ほんのちょいとした時間手間取って居たら、もう馬ばかりで娘は居なかった。方々さがしぬいてどうしても見付からぬとなってから、また数箇月の後の冬の晩に、辻のあきない屋に、五六人の者が寄り合い、夜話《よばなし》をして居る最中がらりとくぐり戸を明けて、酒を買いに来た女を、よく見るとあの娘であった。村の人々動顚《どうてん》すると、まず口を切る勇気がにぶるもので、ぐずぐずとして居る中《うち》に、酒を量らせ勘定をして、さっさと出て行った。それというので寸刻も間を置かず、すぐに、跡から飛び出して左右を見たがもう何の人影もなかった。多分軒の上に誰かが居て、外へ女が出るや否、すぐ引っぱり上げたものだろうとの話。

山の人生（一五）

一人で山の奥へ、入って行くはずのない子供や若い女房が現に入って居るのだから、誰かこれを誘う者があったと、想像するに至ったのは自然である。実際またそういう奪略者が、昔もなかったとは決して断言することを得ない。

問題はただどこまでが根拠ある推測であって、この点からさきが怖畏《ふい》に基いたる迷信、ないしは誤解であったかということである。この分界線《ぶんかいせん》も時代の移るにつれて、始終一定して居たわけではないようである。

例えば天狗《てんぐ》さまにさらわれるということは、ことに小児については近世に入って、はなはだ多く聞くようになった。古い頃には東大寺の良弁《ろうべん》僧正のごとく、鷲に取られたという話が多く、稀《まれ》にはその中にも、助かって親の手に戻った者があったと伝えて居る。鬼が盗んでいくと、思って居た時代もあった。中世の鬼は好んで人を食うたのであるが、それでも大江山《おおえやま》の酒顛童子《しゅてんどうじ》のように、多くの美女を捕え来って、召使いとする鬼もあるとも、考えさせるような場合もあったのである。

別れを悲しむ者の情からいえば、いかなる折にもまだどこかの空で、活きて居るものと、思わずには居られなかったろうが、単にその様な慾目からではなく、実際久しくしてからひょっこりと、還《かえ》って来た者もあれば、たしかに出逢ったという人の話を、聞き出した例も多いのである。深山において人を見たというだけの話ならば、その上もなおいろいろと語り伝えられてある。たとえそれは見ず知らずの人であっても、とにかく村里を遠く離れたさびしい天地にも、活きていかれる道があるらしいということが、しばしば神隠しの子の親を慰めて居たようである。

山の人生（一六）

こんな話は他でもおりおり聞くが、これは同じく陸中《りくちゅう》にあったことで、すでに十五年前の遠野物語にも筆記しておいた。ある村の娘、栗を拾いに山に入ったまま還《かえ》って来ず、家では死んだものとして、枕を形代《かたしろ》にして葬送もすませた後、二三年もしてからのことであった。村の猟人《かりうど》が五葉山《ごようざん》の中腹の、大きな岩の蔭でこの女に行逢い、互いにびっくりしたという話である。山で恐ろしい人にさらわれ、こんなところに来て居る。遁《に》げて出ようにも少しも隙《すき》がない。そういううちにも来るかも知れぬというので、わずか話をして早々に立退《たちの》いたそうである。

またその男というのは、全体どんな人かと尋ねると、自分にはなみの人間のように見えるが、ただ背がずんと高くて眼の色がこわい。おりおりは同じような人が、四五人も来て何事か話をする。そうしてどちらへか出て行く。食物などもほかから持って来るのを見ると、町へ買物に行くのかも知れぬ。子どもはもう何度も生んだが、似て居らぬからおれの子でないといって、殺すのか食うのか、皆どこかへ持っていってしまうと話したそうである。

この話が猟人の幻覚でなかったという証拠は、もうどうしても立てさせることが出来なくなったが、少なくとも五葉山の麓《ふもと》の村里には、今でもこれを聴いて寸毫《すんごう》も疑わない人が住んで居る。そうしてまた忘れてしまおうとする頃になって、不意に昔の女が還って来て、しばらくの間親類知音《ちおん》の者と話をしていくこともあった。松崎村の寒戸《さむと》の娘なども、三十年もしてから大風の吹く日に老いさらぼけて一寸《ちょつと》来た。あまり逢いたかったから帰って来た。また行くといって見えなくなってしまったという。伊豆にもこれに似た話が残って居る。

山の人生（一七）

母は往々にして疑われる。似て居らぬから我子でないという単純すぎた推断は、必ずしも五葉山中の山人ばかりの専売ではなかった。親に似ぬ子は鬼の子という諺《ことわざ》は、至って平和なる里中にも今もって行われ、時々はまたこれを裏書するような事件が、発生したと伝えられる。

日本はおろかなる風俗ありて、歯の生えたる子を生みて、鬼の子といいて殺しぬと、徒然草《つれづれぐさ》巻三には記してある。江戸期の初頃の著述である。なおそれよりもずっと古く、東山往来《とうざんおうらい》の手紙の中にも、家《うち》の女中が歯の生えた児《こ》を生んだ。これ鬼なり山野に埋むるに如《し》かずと、近隣の者が勧めるが、どうしたものであろうかという尋ねに対して、坊主にするのが一番よろしいと答えてある。すなわち以前は頻々《ひんぴん》として、この例があったのである。

人は到底凡庸《ぼんよう》を愛せざるを得ぬ者であろうか。近世に至るまでも、稀《まれ》にこの種の異相の子をもうけると、大抵は驚いて即座にこれを殺し、酒顚童子《しゅてんどうじ》や茨木童子《いばらきどうじ》のごとき悪業の根を絶った代わりには、道場法師や武蔵坊弁慶《むさしぼうべんけい》のような、勇武の特長を発揮する機会をも与えなかった。しかも胎内の変化には、今なお説き明かし難い神秘の法則ある故か、この様な奇怪な出来事にも、やはり時代と地方との流行のごときものがあった。すなわち鬼を怖れる社会には鬼が多く出て荒れると同じく、牙《きば》あり角《つの》ある赤子の数多く生れたのは、いわゆる魔物の威力を極度に承認して、村や家庭の幸福までが、彼らによって時あって左右せらるるかのごとく、考えて居た人々の集落であった。

山の人生（一八）

うそとは思うが村の名人の名までも伝えられて居る。今から三十年ばかり前に伊予《いよ》の式《しき》山村《やまむら》で、若い嫁が難産をした。その時腹の中から声を発して、おれは鬼の子だが殺さぬならば出てやる。殺すならば出ないがどうだという。生かしておいては家の名折れと思ったが、生れないでは困る故に欺いて殺さぬ約束をした。そうして待ち構えて居て莫蓙《ござ》で押えて殺してしまった。角《つの》の長さ二寸ばかり、秘密にはして居たのだが、遠い親類の婦人がとうとうこの話の話し手にしゃべったのである。ただしどうしてその様な怖ろしい物を孕《はら》んだかは不明であるが、この附近の某家においては、鬼の子の生れる前に山中において、山《やま》姥《うば》のおつくねを拾って物持になって居たという。おつくねとは麻糸の球ですなわちいわゆる取れども尽きぬ宝である。

大隅の屋久島《やくのしま》は九州第一の高峰を擁《よう》し、山の力の最も強烈な土地であるが、島の婦人は往々にして鬼子を生むと、三国名勝図会《さんごくめいしょうずえ》に記して居る。山中に入りたるときしきりに睡眠を催し、異人を夢みることあれば必ず娠《はら》む。産は常のごとく、終わりて後神気快からずといえども死ぬようなことはない。生れた子は必ず歯を生じかつ善《よ》く走る。よって鬼子とはいう也とある。この場合には柳の枝をその児《こ》の口にくわえさせて、これを樹の枝に掛けておくと、一夜過ぐれば必ず失せてなくなるというそうである。なみの赤ん坊であるならば、無論生きて居るはずはないのだが、島ではあるいは父方に引取って、養育して居るもののごとく考えて居たかも知れぬ。とにかくにこれも一種の神隠しである。

山の人生（一九）

山はその外貌《がいぼう》態度から推測して高野《こうや》ならずとも女ぎらいでありそうに思われるが、何故《なにゆえ》かその古来の人間交渉史を点検してみると、諸処にエロティックの分子を発見する。あるいは原始の恋愛が、かくのごとき幽寂無人《ゆうじゃくむじん》の境に適した名残であろうか。はたまたこれとは反対に、山の神が本来はサティロスであって、常に深緑の蔭から、野辺に歌う者の春の声に聴きほれて居ることが、いつとなく知れ渡ったためであろうか。これを決するにはなお暫《しばら》くの間、きれぎれの話を考えていく必要があるのである。

近頃聞いた話では三河《みかわ》の宝飯《ほい》郡のある村の娘が、物に隠されて一月ばかりも見付からずに居ると、同じ村の者に憑《つ》いて居た狸《たぬき》が、偶然にもあの娘はおれが連れて行って、女房にして居ると言い出した。それからところを聞いて尋ねてみると、果してその婦人を探し出したと謂うのである。狸はあまりこういう悪戯《いたずら》はせぬ者となって居るが、それでも若干の村の人は、これを信じて山深く求めた。すなわち山の寂寞《せきばく》その物に、何かは知らず人を愛する力があるらしいのである。

人の女房を山の神という理由として、里の神楽《かぐら》の山神の舞か、杓子《しゃくし》を手に持って舞うからという説があるが、循環論法《じゅんかんろんぽう》の嫌いがある。何故《なにゆえ》に山の神がかくのごとく、人間の家刀自《いえとうじ》の必ず持つべきものを持って舞うのか。それがまず問題といわねばならぬ。美濃《みの》では昔山の神の産衣《うぶぎ》と称して、無暗《むやみ》に丈の長い一つ身の衣物《きもの》を製して納めると、子育ての守の山杓子を出す社があった。阪田《さかた》の公時《きんとき》の例のごとく、強い児《こ》は山に生れるという考えが、つとに深山の恋を滋からしめて居たのではなかろうか。

山の人生（二〇）

これは南方熊楠《みなかたくまぐす》氏の話であったが、熊野のある峠を越えようとした旅人、路の傍の笹原の中から、不意にがさがさと幼児《おさなご》が一人、這《は》い出して来たのを見てびっくりして、急いで山を降《くだ》った。それから幾日かを経て同じ山路を来ると、今度はその子供が首を斬《き》られて、同じあたりに死んで居るのを見たということである。話はただこれだけであったが、その簡単さがむしろこの噂の、作り物語でないことを思わしめる。

観恵文話《かんけいぶんわ》にはある国の山奥に、セコ子と称する怪物が居ると記してある。人に害を与うることなし。形は三四尺にして人と同じく裸体にして二三十群れをなしてあるくというまではよいが、顔のまん中に眼がただ一つしかないとあるから、空想の産物のように思われる。また吉野の山中には木の子と名づけて、三四歳の子供が居た。身には木の葉を着て居たとある。これは扶桑怪談実記《ふそうかいだんじつき》の記すところであって、姿はありともなしとも定まらずなどと、やはり至って漠然たる話であるが、杣人《そまびと》または山働きの者、おりおりは油断をすると木の子に中食《ちゅうじき》を盗まれるので、木の子見ゆるや否《いな》や棒をもってこれを追散らすを常とすともあって、まるまる種のない虚言でもないらしい。土佐の大忍郷《おおさい》の山中で、笑男というのは十四五ばかりと見える童子であった。これは他に不思議とてもないが、人を見かけては指をさして笑う。その声始めは低く、後は山岳も崩れるかと思うようで曾て勇士も遁《に》げて還《かえ》ったと、土州洞岳志《どしゅうとうがくし》にも書残してある。誇張と評するならば足柄山《あしがらやま》の、金太郎の話も誇張であるが、とにかくにある時代の人はこれを信じて居た。それが多くの者に共通なる迷信であったのは、山姥《やまうば》を現実とする以上は自然の結果である。

山の人生（二二）

山姥山女《やまうばやまじょ》はたしかに日本の現実であった。ただ我々の伝えて居る話の、どの部分までが誇張であり、または誤解であったかを、問題とするばかりである。前に列記した数件のごとく、中年から里を去って、かの仲間に加わった例のほかに、始めから山に生れたかと思われる女性も、往々にして人の目に触れた。

これも熊野の山中であるが、白い姿をした女が、野猪の群れを追い掛けて走って来るのを、見ることがおりおりあった。ある時はまた大きな女の屍骸《しがい》を見たこともある。髪は長くして足に達し、口は耳のあたりまで裂け、目も普通よりは大きかったと書いてある。書物の名は一々挙げないが、出所はたしかな本で、作り話でなかろうと思われる。ただしこれだけでは妖怪に近いが、日向《ひゅうが》の南部の飫肥《おび》の山中でも、猟師の掛けておくうじ弓というものに赤裸の女が一人、掛かって死んで居たと西遊記《さいゆうき》に見えて居る。この女も髪至って長く、肌の色はことのほかに白かった。山の神だという人があって祟《たたり》を怖れてそのままにしておいたが次第に腐れてしまって何の不思議もなかったとある。

薩摩の深山でも往々にして婦人の姿をした物を見ることがある。必ず髪を振り乱して、泣きながら走って行くそうだと、この国の人上原白羽《うえはらはくう》が、今斎諧《こんさいかい》の著者に語って居る。実見者の談に基いたものならば泣きながらとは多分奇声を発することをいうのであろう。土佐や磐城《いわき》の相馬《そうま》にも、山で異常の女を見たという話には、必ず髪の毛の普通より長かったことを伝えて居るが、その他の点に信じ難い形容がある。怖ろしくて遁《に》げて来た者の報告だから無理もないが、なお注意をして見ると、その中には、懸離れた諸国の間に奇妙なる一致があるのである。

山の人生（二二）

全体に深山の女は、人に近づこうとする傾向があるように見える。あるいは婦人に普通なる好奇心からでないかと、思うくらいに馴々《なれなれ》しいこともあるが、それにしてはその姿かたちの、大きくまたけうというのは笑止《しょうし》である。

山で働く者の小屋の戸口《こくち》は、大抵は垂筵《たれむしろ》であるが、夜深く来ってこの筵を掲げ、内を覗《のぞ》いたという話は諸国においてこれを聞くのである。こういう場合にも髪は長くして乱れ、眼の光がきらきらとして居るために、食いにでも来た者のごとく、人が怖れ騒いだ。

また日が暮れて後突然として小屋に入り来り、囲炉裏《いろり》の向うに坐って、一言も物を言わずに久しく火に当たって居たという話も多い。豪胆《ごうたん》な木挽《こびき》などが退屈の余りに、これに戯れたという噂もあるのは自然である。羽後《うご》の山ではこんな女を招き寄せるために、ニシコリという木を炉に燃す者があると伝えられる。

三十年ほど前に肥後《ひご》の東南隅の山中で、アンチモニー鉱山の小屋に住んで居た人が、下の小屋の人足《にんそく》たちのところで夜話《よばなし》をして居ると、時々ぱらぱらと小石を打付ける音がする。少し気味が悪くなって還《かえ》ろうと思い、その小屋の口から出るとだしぬけに、背の高い半《なか》ば裸の女につかまった。何かしきりに物を言うが、怖ろしいので何を言うのかわからなかった。大声を揚げて人を喚《よ》んだので、内からどやどやと多勢で出て来ると、大女は手を離して足早に峰の方へ登ってしまった。これは小山勝清君の話で、経験をしたのはその頃まだ若かった同君の叔父さんであった。

この鉱山のあったという場所が、日向《ひゅうが》境の市房山《いちふさやま》の近くなので、ことに自分はこの話に注意を払う。

山の人生（二三）

山人も九州の山に住む者が、特に無害でまた人なつこかったように思われる。すなわち獣を捕る菟路弓《うじゆみ》に、女がかかって死んで居たという話も前の鉱山の小屋を訪れたという話も、共に南九州の霧島山麓における見聞であったが、なお同じ地方の出来事として、別にこんな話も伝えられる。

身上千蔵《みかみせんぞう》君という人が、水野葉舟《みずのようしゅう》氏に語ったそうである。同君の祖父明治二十年頃に、山に入って不思議な人に遭ったことがある。白髪《しらかみ》の老翁で腰から上は裸、腰には帆布《ほぬの》のような物を巻き付けて居た。にこにこと笑いながらこちらを向いてあるいて来る。いかにもただの人間とは思われぬので、背に負うて居る手裏剣《しゆりけん》用の小さい刀の柄《え》に手を掛け、来ると打つぞと怒鳴ったけれども、老人はいっこうに無頓着《むとんちやく》でなお笑いながら近よって来るので、段々怖ろしくなって引返して遁《に》げて来た。

それから一月もしてまた同じ山で、村の若者が雉子《きじ》を見つけて鉄砲で狙い、将《まさ》に打放そうとする時不意に横合《よこあい》から近よってこの男の右の腕を、柔かに叩く者がある。振向いてみるとやはりその白髪《しらが》の老人で、やはりにこにこと笑って居る。白髪の端には木の葉などがくっついて居たという。これを見て怖ろしさに気が遠くなり、鉄砲を揚げたままで久しく立ちすくんでいたのを後の村の人に見付けられて、正気になってからこの話をしたという。眼の迷いとかまぼろしとか、いってしまうことの出来ない話で、しかももちろん作り事でない。何かは知らずそんな人が、この辺の山には居たのである。

山の人生（二四）

山中では人が必ずしも山男をおそれていなかった。時としてはその援助をさえ期待したのである。例の西遊記《さいゆうき》にも同じような記事があるが、周遊奇談《しゅうゆうきだん》という本に、山男を頼んで木材を山の口まで出してもらうという話がある。どのくらいまでの誇張があるか知らぬが、まるで根のない噂とは思われぬ。

豊前中津《ぶぜんなかつ》領などの山中では、運材を山男に委託することが多い。もっとも従来の場所に限りがあるらしく決して里までは出て来ない。いかなる険岨《けんそ》も牛のごとくのそりのそりと歩み、川が深ければ首まで水に入っても、水底を平地のごとくにあるいていく。丈は六尺以上のものもあって、至って力が強い。男は色青黒く、大抵は肥えて居る。全身裸で下帯《したおび》もないが、毛が深くて男女のしるしは見えぬ。女は時に姿を見るのみで、出て働こうとはしない。そうして何か木の葉木の皮ようのものを編み綴《つづ》って着て居る。歯は真白だが口の香《におい》がはなはだ臭いとまでいっている。労賃は握り飯だとある。材木一本に一個二本に二個、持ってみて二本一度に担げると思えば、一緒にして脇へ寄せる。約に背いて二本に一個しか与えなかったりとすると、非常に怒って怨《うら》みを忘れない。愚直なものである。

西遊記にいう薩摩《さつま》方面の山わろも、やはり握り飯をもらって欣然《きんぜん》として運搬の労に服するが、仕事の前に少しでもやると、これを食ってから逃げてしまう。また人の前に立って歩むことを非常にきらう。つまりは米の飯がほしさに出て働くらしいので、時としては山奥の寺などに入って来て、食物を盗み食うこともある。ただし塩気のあるものを好まぬといっている。二種の記録には少しずつの異同があって材料の出処の別なることを示しているから、おそらくは信用すべき一致である。

山の人生（二五）

山人が飯をほしがるという点は、他の地方においても常に聴くことである。土屋小介君の知らせてくれた話に、東三河《ひがしみかわ》の豊川上流の山でも、明治の初め頃に官林に小屋を掛けて伐木をしていたものが、ある日そとの仕事をすませて小屋に戻ってみると、脊の高い髭《ひげ》の長い男が、内に入って自分の飯を食っていた。自分の顔を見ても一言の言葉をかわさず、したたか食っていってしまった。それから後もおりおり来て食った。物はいわず、またその他には何の害もしなかったという。盗んだというよりも、人の物だから食うべからずと考えなかった様である。

北越雪譜《ほくえつせっぷ》にある話は、南魚沼《みなみうおぬま》の池谷《いけたに》村の娘、一人で家に機《はた》を織っていると、猿のようで顔赤からず、頭の毛の長く垂れた大男が、のそりとやって来て内を覗《のぞ》いた。春の始めのまだ寒い頃で、腰に物をまわした機にかかっているので、おそろしいけれども遁《に》げることが出来ず、まごまごするうちに怪物は勝手に廻り、竈《かまど》の傍に往《い》って、しきりに飯櫃《めしひつ》を指さしてほしそうな顔をする。かねて聞いていたこともあるので、早速に飯を握って二つ三つやると、うれしそうにして持ち去った。それから後も一人でいる時々はおりおりきた。山中でもこれに出逢ったという噂が、その頃往々あったが、一人でも連《つれ》があると決して出て来なかったそうである。

また十日町《とおかまち》の竹助という人夫は、堀之内へ越える山中七里の峠で、夏のある日の午後にこの物に出逢ったことがある。白縮《しろちぢみ》の荷物を路ばたに卸《おろ》して、石に腰掛けて弁当を食っていると、やはりやってきたのが髪の長い眼の光る大男で、その髪の毛は半《なか》ば白かった。石の上の焼飯をしきりに指さすので、一つ投げ与えると悦《よろこ》んで食う。それから荷物を脊負ってくれて、池谷村の見えるあたりまで、送ってきてくれたという話である。

山の人生（二六）

山にこんな人たちのいるということだけは、我々の祖先にとっては問題でも何でもなかった。ただ豊前薩摩《ぶぜんさつま》の材木業者以上に、彼らと規則正しい交通をする折がないために、例えば禁止時代の切支丹婆天連《きりしたんばてれん》のごとく、はなはだ精確ならざる誇張が、ついて廻ったことを遺憾《いかん》とするばかりである。いわゆる山童《やまわろ》の非常に力強かったこと、これは全く事実であろうと認める。そうして怒ると何をするかわからぬというのも、根拠ある推測であろう。また彼らは驚くべく足が達者であったともいうが、通例は平地の人と接することを好まぬ以上は、急いで避け隠れたとしても、不思議はない。不思議はむしろ何かという場合に、かえって我々に近づかんとする態度のあることである。

古い記録では駿府記《すんぷき》か何かの中に、突如として城中に入り、家康の面前に現れたという山人がある。一言も物をいわず、腰には小さな茶碗ような物をぶらさげていたともある。仕方がないので早速山中へ放した。またそれより数十年前には土佐の長曾我部《ちょうそかべ》氏の居館へ、やって来たという当時の記録がある。いずれも多くの人が見たのだから、まぼろしではなかった。

近世になっては名古屋のある町で、剛健なる武人が深夜にこのものらしい異人を捕えた話がある。太い綱で縛っておいたが、やはり遁《に》げてしまった。何の害をもしなかったのである。仙人などと違って存外に智慧《ちえ》もなく、里近くまでもうろうろすることのあるのを見ると、やはり食物か配偶か、何か求むるところのものがあって、半《なか》ば無意識の衝動から、浮世の風に当たることになったのかとも思われる。

山の人生（二七）

今日のアルプス党などはどうしているか知らぬが、猟師や岩魚《いわな》釣りのごとく度々山奥に野宿せねばならぬ人々は、久しい経験から地形によって、不思議の多かりそうなところを知って力《つと》めてこれを避けた。おりおり聞く話であるが、深山の谷で、底の行止まりになっているところは無事であるが、峰が開けて背面の側へ通じている谷は、夜中に必ず怪事がある。素人《しろうと》は魔所などといえば、往来の不可能な場所のように考えるけれども、事実は正反対であるという。

あるいはまた山の高みの草茅《くさかや》の叢《くさむら》の中に、幽《かす》かに路らしいものの痕跡のあるところがあると老功な山稼《やまかせ》ぎ人は避けて小屋を掛けなかった。すなわち山男山女の通路に当たることを知るからである。国道県道という類の立派な往還でも、それより他に越える路のないところでは、夜更けて別種の旅人のどやどやとすぎゆく足音を聴いた。峠の一つ屋などに住む者はよくそんな話をする。無論ある場合には耳の迷いということもあり得るが、山人とても他に妨げさえなくば、向うの見通される広路をゆく方を便利としたに相違ない。

百五十年ほど前に三州豊橋《さんしゆうとよはし》の町で、深夜に素裸はだしの大男が、東海道を東へ走るのを見た話がある。非常な早足で朝日の出る頃には、もう浜名湖《はまなこ》の近くまで往《い》っていた。水中に飛込んで魚を捕えて食っているのを見て、初めて怪物であることを知ったという。

彼らに出逢ったという多くの記事には偶然であった場合には彼らの顔にも、やはり驚愕の色を認めたといっておる。畏怖《いふ》も嫌忌《けんき》もおそらくは我々以上で、必要のない時には大抵茂み隠れなどから、注意ぶかく平地人の行動を窺《うかが》うていることと思われる。

山の人生（二八）

また山男の草履《ぞうり》を見たという話がある。夏冬ぶっとおしでろくな衣服も引掛けていないものに、履物《はきもの》の沙汰《さた》はおかしいと思うが、妙にその噂が東部日本にはひろがっている。木曾《きそ》ではことにこれを説くものが多い。荘内の山でも杣《そま》がこれを拾って来て、小屋の柱につるしておいたら、夜のうちに見えなくなったなどといって居る。

上州の妙義《みようぎ》、榛名《はるな》などでも、猟師、木こりの徒、山中でこの物を見るときは畏れてこれを避けたと、越人関弓録《えつじんかんきゆうろく》という本には書いてあった。その大きさは三四尺、これを山丈の鞋《くつ》というとある。信州は千隈川《ちくまがわ》の水源、川上村附近の山地においても、山姥《やまうば》の沓《くつ》の話がある。藤かずらを曲げて、木の皮をもって織ってあるなどと、なかなか手の込んだもののように伝えている。

大きいといえば大抵は長さが三尺などと書いてあるが、仮にこれに相応する足の持主があるとしても、そんなものを履《は》いて山の中があるけたものでない。我々の草履でさえも、野山を盛んに飛廻った時代には、足半《あしなか》と称して足一杯のものは履かなかった。大抵は指の附け根の、力のはいる部分を保護すればよかったのである。

ただしその類の話は、誇張であるよりもむしろ幻覚であったらしい。見たかと思ったらすぐになくなっていたというような、出来ごとではなかったかと思う。岩手県北部の浄法寺《じょうほうじ》村などでは、深山で木を伐るものが発見したのは、マダの木の皮で作った大草履で、馬七疋《ひき》につけて戻るくらいの、マダの皮の分量であったなどという。全体に今ではもう話になりすぎている。それというのが風説ばかり次第に高く、実際に出逢ったという人が、次第に少なくなった結果である。

山の人生（二九）

山人の丈の高いということは、古くからの話であったと見えて、またオオヒトという名称もある。これも大きいというからにはちっとやそっとのことでは承知しない。あるいは樹木の一丈あまりの高さのところに、皮を剝いだ痕があったとか、五六尺の萱原《かやはら》に立って半身を現していたとか、山小屋を跨《また》いで去ったとか、いろいろの話を伝えているが、一方には我々と大抵同じくらいのやや頑丈《がんじょう》なる体格であったといい、六尺より低いのは見たことがないという類の、穏健なる記録もいくらもあるので、茸《きのこ》か何かでない以上は、その様な大小不揃いの物はあるわけがないから、やはり又聴《またぎき》のついでの掛ねであることを想像せしめる。

あるいは雨後の泥の上や、雪中の足跡を見て、大きいのに驚いたとも伝えられる。中にはあんまりえらい大股であるくので、一本足で飛ぶのではないかとまで考えている人がある。それらの観察の精確を欠いていることは、論のない話であるが、もともと大きいがためにこれを山男の足跡かと想像したのだから、迷信の原因は別にすでにあったものといわねばならぬ。

しかも日本は、古くから足跡崇敬の国であった。神明仏菩薩《ぼさつ》高僧偉人の多くが、岩石などの上に不朽《ふきゅう》の跡を止めて、永く追慕せられている。山人思想の宗教化には、すなわち先《せん》蹤《しょう》があったのである。

秋田の市に近いある村落で、農家の神棚に砂を紙袋に入れて祭っているのを見た人がある。前日岡の蔭の畠地において、崖から飛下りた裸の山男を見たものがあってそのあとにいってみると、足痕が非常に雄大であった。そこで近隣の人を呼集め、各《おのおの》少しずつその砂を持還《かえ》って、神棚に上げておくことにしたのであった。

山の人生（三〇）

果しがないからこの辺で話を打ち切ろうと思う。最初自分の企てていたことは、山近くに住む人々の宗教生活には、意外な現実の影響があったことを、論証するにあったのだが、それにはまだ資料が十分でなかった。諸君の援助によって今少しく実例を集めねばならぬ。しかしただ一つ、ほぼ断定してもよいのは、中世以後の天狗《てんぐ》思想の進化に著しく山人の経験が働いていることである。単に眼が光る色が赤い脊が高いなどの外形のみではない。仏法の人から悪魔扱いにせられつつも、感情があり好意があってよく我々に近づき、機嫌《きげん》むらがあって、気に向けば義侠《ぎきょう》的に世話をしてくれるなど、平凡なる人間味の若干をまじえていることは、それが純然たる空想の所産でないことを思わしめる。

時としては我々から、やっつけられた話もある。天狗の神通《じんつう》をもってして、不覚千万《ふかくせんばん》なようであるが、かの松の皮で鼻を弾《はじ》かれて、人は思わぬことをするからおそろしいといったという話などは、少なくとも曾て対等の交際のあったらしい偶然の証拠である。欺くに方法をもってすれば、必ずしも怖るるに足らぬという考えは、我々にとっては大切なる教訓であったがゆえにあるいは自分だけは筍《たけのこ》を食い、相手には竹を煮て食わせてみたとか、白い丸石を炉の上で焼いて、餅を食いに来た山男に食わせたとか、詐略《さりやく》をもってこれを征服した物語が数多く伝わっているので、その古伝の骨子をなす点が、塩の味であり穀物の味であって、いずれもこの島国の原住民の奪われたる幸福であったことを考えると、山の人生の古来の不安、すなわち時あって発現する彼らの憤怒《ふんぬ》、ないしは侵掠《しんりやく》誘惑の畏れなども、幾分か自然に解釈し得られるようである。（終）

『アサヒグラフ』（大正十四年一〜八月、朝日新聞社）

第五章　隘勇線《あいゆう》の彼方——越境する柳田国男

柳田の私的体験を花袋が小説化するというのが二人の生涯の関係だった。当初は柳田の恋を小説化するだけだったが、やがて柳田は花袋に小さな心中事件をその背景にある歴史や社会の文脈で描く文学を求め、これは拒絶される。花袋は柳田の樺太行きを描いた「アリユウシヤ」(一九〇六年)あたりから、事実を記録する文学を花袋に要求しつつ、自身はロマン主義的な衝動をもって「辺境」に憑かれて行動する柳田を「観察」した小説を残す。この章では一九〇六年の樺太、一九一七年の台湾の旅を柳田自身が書いた日記・短歌と花袋が小説化したものの双方を掲載する。樺太で流刑者の末裔のロシア人少女と目と目で恋をし、台湾では制止を振り切り隘勇線に接近する柳田の姿を見た時、柳田が必死で自分に禁じた詩や文学というものの背後にあったロマン主義(花袋は「ロオマンス」と記す)を理解していたのは、生涯、年上の舎弟扱いされた花袋だけだったのだな、と思う。

明治三十九年樺太紀行

はしがき

これは今から五十二年前、日露媾和《こうわ》の次の年の九月に、樺太島《からふと》の中部高原と、西海岸の一部とを巡回した日記である。北海道の方では新たな産業政策の計画に著手する際とあって、床次《とこなみ》、荒井などという内務・大蔵の大官たちが、下検分に行かれる尻に附いて、初めて自分もこの方面を見学してあるいた。そのあと一行と小樽で別れて、樺太へ一人で渡ったのも計画であったが、この方には予想に反したことがいくつもあった。第一にこちらには小さくとも戦あり、その後始末の付かぬうちに雪になって、翌年の雪解けまで待たねばならぬ仕事がどっさりあった。第二には人手があまりにも足りない。北海道の方には開拓が始まって、永住の農家がおいおいと増して来たが、こちらは春来て秋還るという、燕みたような漁民ばかりが多く、稀《まれ》には隣の北海道から流れて来ようとする文字通りの移民もあったが、この衆の狙《ねら》っているのは今少し大きな儲《もう》けばかりで、よほど条件をよくしても落ち付いてここに住まうという者が得にくかった。現在は定めて方式が改まったろうが、以前の露西亜《ロシア》からの強制移民というのは、他でなら死刑を課せられるほどの、極悪の無期流刑者と、その後裔《こうえい》の者が主であった。どういう風に話を付けたものか、それをそっくりと対岸のいずれかへ送り返すことにきまって、迎えの船の来るまでの間、かなり久しいこと大泊《おおどまり》に集めて保護していた。それがついこの間やっとのことで還《かえ》って往《い》ったというところへ、私は入って行ったのである。

しかも村々にはぽつぽつと、まだ話の付かぬ者が残っていたのである。言葉のまったく通ぜぬのをよいことにして、こやつの来歴はこうこうと、ほとんど信じがたいような話をするとも知らず、ただにこにこと笑っているのを見ると、こちらまでがだんだんと淋しくなるような気がした。これは何でももう一度、もっと落ち付いた頃にやって来て、これから後のことを考えてみることにして、今度は地形と天然の豊かさを味わっていこうという気になって、さっさと通り過ぎてしまったのだったが、それも結局は実現しなかった。

この日記の中にも片端は書き付けておいたが、生活の歓喜は寒い国に行くほど、前後を忘れしめるほども強烈なものがあるらしい。わずかな徒渉場の砂川の辺に立つと、数え切れないほど多くの川鱒《かわます》が、背中を半分出して水上へ昇って行くかと思うと、一方にはもう力が衰えて平たくなって流れて行くものがある。鯉の滝昇りまでは絵そらごとかも知れぬが、この辺では海からもう遠いのに、なおはるばると子を産みに上って来るのである。アイヌたちの部落を遠くから見ると、小屋も隠れるばかりたくさんの魚が乾してある。それを冬中の食料にして、あの樺太の橇犬《そり》は育っていくのだそうである。

一方にはまた樹の倒れた林の間に、聴いても覚えきれぬほど多種類のベリーが熟して来る。今はまだ花の方が多いが、やがては小鳥や虫にも喰いあまされて、際限もなく次の代を作るらしい。オコツク海の浜まで出てみると、そこはまた一面のハマナスの叢《くさむら》であって、一株の中に蕾《つぼみ》から花、花からよく熟した果実までを著けていて、人はかえって近寄ってみようともせぬのであった。

話が長くなって「はしがき」ともいえなくなったから、もうこの辺で一応は切り上げる。このあと書いておきたいと思うことがまだ三つ四つあるが、それは折をみてこのあとに書き継いでおくことにしたい。(昭和三十三年五月)

九月九日　朝雨、夜暴風
六時十分旭川出発の汽車にのる。ここにて同行十一人と別る。この人々はきょう名寄《なよろ》に行く人々、大橋、前田、栃内《とちない》三氏停車場まで送り来る。内田定槌氏同乗、物語して時のたつを忘る。

小樽の商人戸島、大阪の人なり。同じ列車にありて語る。

十二時札幌山形屋着。

家より手紙、多くの状とも廻付し来たる。

宿を立ち、中川のところへ入って碁をうつ。細君にあう。

五時十分の汽車にて札幌を立つ。中川君送り来る。嵐吹き雨烈し、明朝船出づるや否や心つかわし、七時近く小樽越中や着。内田氏の案内市川道庁属、好意にて予がためにランチを求めたれども得ず。

三井の店員手塚氏にあう。戦時中志願兵にて出て奉天の戦に腹を傷つけたり。

家へはがき。

夜、十時過ぎ船に乗れといわれてたつ。上川丸千四百噸《トン》、ただ今初めて、北海道を離る。

樺太の熊谷氏へ電報にて知らせる。

家よりまわし来たれる手紙。中原劉洲氏より、西田教授より二通、島田俊雄より、津の三村君より桃沢君うせたりという報知。

三河の八名郡山吉田の内藤、本田より手紙。

九月十日　雲多く風すこしあり
朝の四時ねたる間に船は出でたり。夜稚内《わっかない》につくまではゆれたり。同乗は大かた漁業者なり。漁業者の中にも酔いたるものあり。船の中にて四、五本のはがきをかきたり。起きて甲板に上れば船傾きて倒れそうなればあわてて下りてねる。食事も定刻にするあたわず、室にて珈琲《コーヒー》、パン、かゆなどを食う。午後出でてみれば利尻《りしり》島近し。八時半稚内泊、十時半出発。きょうは終日室にありてねたり。

九月十一日　晴

早朝にアニワ湾に入り、七時投錨《とうびょう》。

榊原支署長出迎え、尾崎事務官の官舎に入りて寄寓す。

楠瀬司令官へ挨拶に行く。

熊谷長官と馬車にて市中一巡、かえりて民政署に入りて人々にあう。

夜、榊原君、和田君とクラブに行て玉突を見る。

道家氏へ細書、北海道のことなり。

九月十二日　雲あれどあたたかなり。

吉原三郎氏へ手紙。家へ手紙。

農事試作場に行てみんと左の山間に入りしも道わからずしてかえりぬ。道にめずらしき木多し。「高ねばら」というが玫瑰《はまなす》のごとくにて少し木たかく実赤くなり、花も単弁にてうつくしといえり。

およそ花はつきて今は盛んに実のなる時季なりとおぼし、もっとも多きは、紅の実の南天のごとくなれる灌木到るところにあり。その名をたずぬべし。

ここは、露人の建築多し。

民政署の茂木、桑名来、後日ウラヂミロフカの方へ同行を約す。

午後守備隊病院の横手より山の中をぬけて大泊に行く。学校の新築さるる上の山より見れば、到るところ半成の家、工を急ぎ、盛んなるものなり。買物す。

伊太利《イタリー》の軍艦入港上陸を許されず。

海岸の道をつたいてかえる。

夕司令官のところに招かれ夕食。経理部長、憲兵長、民政署の人々。ほかに東京に帰るべき士官二人招客なり。

かえりにクラブにて長官と玉をつく。

九月十三日　晴

宿舎にいて書類をよむ。

山林の係なる月居技手来たり、状勢を語る。桑名技手来たり明日の打合せをなす。署に行て片寄、矢木の二氏に調べものをたのむ。

夜長官の饗応にて第一亭というに行て飲む。相客は楠瀬少将、岡沢参謀（中佐）、緒方経理部長（三等主計正）、副官恒屋大尉、某中尉、憲兵隊長浦野大尉、その他通信部長なる某大尉、鉄道工事の係りなる某工兵大尉などなり。司令官は二三日中に雇汽船にて東部海岸をシッカまで行くよし、同行をすすめられたれど辞したり。民政署の人は和田、榊原。田村、橋本の二工学士、秋元通訳片寄属なり。秋元はきょうウラヂミロフカの支署長を命ぜられたり。

夜おそくなりてかえりてねたり。

きょうクラブにて、漁業者小倉某などと玉を突きて遊びたり。

今村幸男より絵葉書。

九月十四日　晴

朝七時過ぎに宿を立つ。同行者は桑名、茂木と、尾崎君の従者村田なり。尾中医学士の馬を借りて乗る。はなはだ心もとなし。

ソロイヨフカまで二里半は磯山の下なる渚をゆくなり。西の山に雲白く麓に沈みて朝の海さやかなり。ペリワヤパーチ、フタラヤパーチ、トンチャパーチというは第一、第二、第三の谷《やつ》という義なり。ペリワヤあたりに小さき漁場二つ三つあり。

ペリワヤには近き頃まで牛馬の収容所ありき、茂木はここにすめり。フタラヤに通信部（陸軍）の分遣隊あり。軽便鉄道工事の材料を陸揚げしつつあり。

ソロイヨフカには種畜場あり。もとの一村の家屋をそのまま取りこめて廏舎《きゅうしゃ》等に宛てたり。南部樺太には数千の牛馬ありしが、乱離の後官民の引き構えて世話するものなかりしため、半数以上死にうせたり。路に牛馬の骨狼藉《ろうぜき》たり。場の主任西村は米沢弁の熱心な男なり。牛馬各二頭の種畜を北海道より取りよせて、さらに繁殖の業を経営せんとす。

ここにコロボックルの遺跡多し。先頃は飯島博士もあまた採収してかえられたり。事務所もあまた集めおけり。

ここより鈴谷の川に沿いて唐松林を左にして行くなり。右はひくき岡、種畜場の構内なり。鉄路の工事と道路の改修のために労働者あまた入り込めり、路のかたえにテントを張れり。多くふとん着物を負いて往来するもの数百人にあえり。

ミツリヨフカの三浦屋という駅逓《えきてい》にて昼食。このあたりは右左唐松のまばらなる林、幽趣心をうごかす。下草は大かた姫石楠《ひめしゃくなげ》、その芽香《かぐ》わしく、露人はとりて香料とせりという。またシダも多し。はやかれたるが色うつくし。川の辺は湿地なり。

リストのエニチノエは、狭き谷の中にある小村なり。

ホムトフカにコルサコフの兵、舎営せり。ここからマウカに山越えをするなり。

ここに岡山県の人的場《まとば》某、移住して、牛馬をかえり。北見にありて漁業に従事せし者なり。

この村を流るるススヤの支流に鱒《ます》あまた上れり。的場馬にて案内してもりにて突きてくれたり。闊葉樹《かつようじゅ》林の中の日影うつくしく、水の音もののあわれなるところなり。魚のとりて捨てるがあまた腐れる香りみてり。生殖の力のはげしさは、動物も植物も同じようにて、北地一年の日数短きところはことに著しきように思われたり。

パリシャヤヱラニの村にも移住者わずかあり。露人の残れる者少しあり。露人は皆犯罪人にて人相悪しけれども、その子供は無智にいたいけにて、時としては路の側に立ちあどけなく目礼す。

ウラヂミロフカ、林地を区劃して市街を設けんとす。林の中に露人の墓地あり。末はいかになるべきかと思う。この村今は一筋の家つづきにて、露人の建てたる大なる家も少なからず。日本人の住みあふれたるものはテントをつくりて商をいとなむもあり。このごろ朝夕は内地の十一月の寒さなり。

このあたりの山林は過る日火を失いたりとて赤くなれり。ここにつきたるは七時。民政支署により、宿舎の中、竹田通訳の室にとまる。前の支署長の佐藤三吾、出で来たりて食事を共にす。

九月十五日　晴（土）

朝七時過ぎに立つ。

昨日の同行者のほかに竹田通訳、石山属騎馬にて同行。

ルゴウォエまでの路は草深き野地なり。昨年の戦に露軍ここにて防禦陣地を設けたる跡のこれり。露人馬を湿地に陥れて難儀せるを見る。かかることはしばしばあり。

ルゴウォニの村にも移民少し入れり。村長某の家に息《いこ》いて支署の人と別る。主人夫妻は不在。この村長も殺人犯なり。娘の十四五なる、名はアントニナ、牛乳、バタ、チーズ、黒パンなどを出す。黒パンはやはり小麦にてつくるよし。

ノオエアレキサンドルスコエには内山吉太の牧牛場あり。大なる村なり。家の数百以上、されど露人の残れる者二三人のみ。

ベレズニヤキイは丘の上の村なり。ススヤとナイブチの支流大タコエ川との分水点なり。この村とクレストイには露人一人もおらず。茂木の言によれば、日本の斥候二十名も殺されたるところ、日本の隊長の怒りにあえるなりといえり。軍事上重要の地とおぼしく、ベレズニヤキイには分遣隊あり。その外には中村名義の駅逓一戸あるのみ。燕麦《えんばく》の原種かと思われる牧草乱生せる中に馬を放ちて飼う。ある空屋を覗きしに酒屋なり、きたなきバーと棚あり。窓わくを青くぬれり。ここの駅逓にて湯をわかさせ、携えたる黒焼パンを食う。

クレストイにてガルキノウラスコエの出張所長平尾及びウラヂミロフカの署員宍戸《ししど》のガルキノよりかえるに逢う。雨ふり出でたり。このあたり、両側の松林は久しき以前にやけたりとおぼしく、黒くなりてたおれたる木多し。牧草その間にしげれり。

ポルショエタコエにて、佐藤という牧場の事務所に息う。管理人は千葉県長生郡の人某なり。沿道この家ややうつくしければ、ウラヂの大隊長の家族も遊びに来たり、過る日は本願寺の裏方も往復にいこわれたり。されど床はよごれたる上にゴザをしきていぬるなり。南京虫多しとて寝台は外にすてたり。

この家の前の持ち主は独乙《ドイツ》種の露人マルテンという殺人犯なり。六十八にて妻もここにてもらいたる殺人犯なり。情夫のために夫と十四になる男の児をころせし者なり。家と家畜とをうりたれば明日はここを引き上げて小樽よりかえるという。この二人の者の孫にアリウシアという十八九なる娘、ウラヂミロフカの支署の傭人《やといにん》をしてありしことあり。通訳の渡辺という男の妾となれりなどいう評あり。旅をする若者多くこの女の家に息《いこ》いて話をす。日本の俗謡を多くしれり。気前のよき女のよし。マルテンの家の窓をのぞけば、その妻とほかに一人の男あり（タアタアなりといえり）。ここへアリウシア来たれり。雨ふればショオルをかぶり、更紗《さらさ》の袴をはき桃色の足にてはだしなり。円顔の中高の女なり。窓の中より我を見る。

この村はずれに大なる官設の水車あり。車は横にまわり軸木はたてなり。非常に荒れたり。附属品を盗みて去る者多し。

水車と道をへだてて六戸あり。その頭目かと思う家に入りて中の様子を見る。鱒をとりて縄に通して多く乾せり。半分は冬中の犬の食物なり。犬は各戸十数匹をやしなう。冬中ソリを牽《ひ》かせてよき賃銭をとるなりといえり。

マロエタコエ。この村には加藤という人一戸のみ住めり。若き妻と幼児一人あり。

ガルキノウラスコエに近づくところにてあまたのアイヌにあう。幼児を腹に入れたる女の、杖つきて路をいそぐもあり。

ここから少し出た林のわきで焼けて黒くなった木の倒れたのを熊と見て驚きしなり。馬より落つ。けがなし。

村に近き水車小屋に測量部員の宿舎あり。立ち寄りて古林という男にあう。北海道にて植民地区劃のことに経験ある男なり。ここにては川の水をのむ。鱒多き時は人入り込みて水のにごるにはこまるといえり。酒かいてかえる者あり。

ガルキノウラスコエも淋しき村なり。人家三四戸、いわゆる後家はただ一軒。中隊あり、隊長の大尉は鱒を兵にとらせ、燻製《くんせい》などにして家に送るというしれ者なり。

出張所の東という男は金沢の人、台湾にて蕃境《ばんきょう》の警察にありしという快男子、よくあるじぶりをしたり。この島に来てうそをつかぬ男を初めて見たり。

出張所長のるすの室にねたり。有海という通訳、土方のような男。

九月十六日（日）

朝東同伴してドヴキイに行く。マロエチキノという村を過ぐ。ナイブチ川の岸には小村多し。ニコライエフスコエにはアイヌも住めり。土地肥えたり。

このあたりの山林三里四方もやけたり。近頃のことなり。

ナイブチ川水みちてゆたかに流る。下流なれば小石一つなし。水草のしげりたる川あり、このあたりの小川幅一間ばかりなるも鱒あまた上れり。馬これを見ておどろく。路にてニコライエフスコエのアイヌ近藤太郎（ワシリ）、ナイブチの仙徳清之助、ロシエの中島宗《むね》太《た》などにあえり。仙徳と中島は日本人との雑種かもしれず。

ドブキイにも移住者あり。駅逓をするもののきたなき家にて昼食を取る。

サカイはまに行く路に玫瑰《はまなす》あまた咲けり。ツボミもあれば赤き実も多くつけり。渚《なぎさ》に近き草野に竪穴《たてあな》のあと多し。

オロチョンはコロボックルと同種ならんと栃内君などはいえり。従者にほらせたれど砂のみにて何も出でず。

サカイはまにて山本己之助の漁場を訪い、管理者小林にあう。これに案内させてアイヌの家を二三戸訪いたり。男は皆不在なり。物も言わで烟草《たばこ》のみのみてあり。若き娘はさすがにやさし。我々を見てかくれたり。子供に菓子をやる。漁場では露人アイヌを使役す。酒、煙草を与えて利を見、もっとも亡状《むじょう》なるを常とす。山丹人というはギリヤックか、またはその雑種なるか。年々マキリその辺の器物を携え来たりて、アザラシの皮などを買いてかえるという。

ここよりドブキイにかえり、北の方ナイブチに行く。ここにもアイヌの家を見たり。仙徳清之助の家により、その母と妻とにあう。

官の補助をうけ、ナイブチの渡しの渡し守をなせり。この家は窓のこしらえなどよほど露人をまねたり。写真はあまたあり。主人は二十一二の頃北海道にてうつせしという写真は、まるで日本人のようなり。

川の渡しのところまでゆきてみたり。北方の海岸をのぞむ。山立ち並びて処々低き唐松の岡あり。海岸にははまなす群生して花うつくし。浜麦という草を馬喰う。五葉の松多し。夏はあやめ多く花さきうつくしという。この道にも竪穴あまたあり。

ドブキイにて見たる女よく肥えて十七なりといえり。雪のある頃マウカよりアイヌをつれて山越えせるより、熊というアダナあり。漁場の男はマグロという。肉にたるみたるなく、よく肥えたればなり。顔かたちも見苦しからず。至るところジダラクにて追い出され、いずこにてもいとわる。樺太に来て宿無しとなれる十七の女ありとは思わざりき。

ドブキイの浜は波あらく磯あれども、東海岸の船つきなり。漁場にかよう蒸気船の難儀は想うに勝りたり。

帰途マロエタコエのあたりより雨に逢う。雷なる。烈しくなりてより馬をはせたれど及ばず。雨具は荷車につみておくれたり。肌までぬれとおりぬ。夕方ガルキノにかえりて乾しなどす。

昨夕の古林来たり、絵図などを見せて、測量の状況をものがたる。

九月十七日（月）

朝立たんとすれば馬三頭にげたり。パヴロスコエの方へ追い行てとらえたるためにおくれたり。東君同行。道に雨にあう。このたびは雨具あり。されど道はなはだぬかる。ベレズニアキイにて、わびしき黒焼パンのひるめしを食う。このあたりよりは雨なく、道ややよし。

ルゴウォエにて日くれたり。野地の中の道を馬を戒めてゆく。七時半にウラヂミロフカに着きたり。

秋元支署長来てあり、一昨日の室に同宿。主人竹田は桑名とともにクラブに行てねたり。

九月十八日　晴

支署の宍戸の案内にてブリヂネエよりトロイツコエに行く。馬は金靴をかえるために置きたれば一日歩行。二里あまりの路なり。

ブリヂネエには浄土宗の布教師花車円瑞が管理せる小学校あり。十七八人の生徒、この前にある鐘は露国の寺院のものなり。

トロイツコエへの路は半ばまで松林の中なり。湿地なれば木材をしきつめて路とす。熊出でたりという話をしてありく。姫石楠多し。

トロイツコエの村人業閑多きにより官のために草を刈り、その代に南京米をもらう。きょうこれをとりにコルサコフへ行く。惣代も村民も共に行く。

移住者はこの年のもうけ不足なれば家を整え作物を植え附けて後に、出稼ぎに出たるもの多し。

トロイツコエの試作場を見る。燕麦めきたる牧草しげりて麦その他の作物をさまたぐ。豆小豆は面白からねど少しできたり。玉蜀黍《とうもろこし》もあり。薄荷《はっか》をつくり試みたるものあり。

この後を流るる川に鱒を求めたれどすでに下りてあらず。糸を垂れて山べ、あめます、岩なをつる。一時間がほどに百あまりを得たり。昼食に食べたり。隠元《いんげん》のさやまめ、馬鈴《ばれい》薯《しょ》、赤大根など。

この村に移住せる紀州那賀郡の人西風信之助は西風重遠の弟なり。釜山《ふざん》の書記生、商船の社員などもしたることあり。この村に来てより妻は従者とかけ落ちしたり。独身にて農を営み、いとまにはかかる本もよめりとて、帝国文庫の高僧実伝を示す。

露人の病院にせんとしたる建物、今は測量部員の宿舎となれるに立ち寄る。ゆくゆくは学校役場に宛てんといえり。村人の家二三戸を訪えり。

夕方ここを出でてウラヂミロフカにかえる。今夕稲垣という通訳と泊り会わす。秋元の友人なり。川崎理学士とともに北方の山々をめぐりたりとて奇談多し。途中糸と針とマッチなどなくなりてこまりしこと、米のしばしばたえしこと、険阻に臨み荷物を山より投げ下すために鍋のしばしば損ぜること、山鳥を手取りにすること等、おどろくようなことばかりなり。

夜ここの中樺クラブというに行て、竹田と玉をつく。憲兵隊の瀬川少尉という老人にあう。


九月十九日　晴　朝夕はなかなかさぶし（水）

八時半にここを立つ。桑名、茂木には昨日、ブリヂネエにて分かれしなり。

馬にややなれて時々走らすことをえたり。

ミツリョフカの三浦にて例の昼食。

一時にソロイヨフカにつきたり。種畜場の吉川という男の案内にて、海岸の貝塚をほりたれど何もえず。丘の上のをこころみたれど、骨製の針一を得しのみなり。

道普請にて馬を下りたるところ多し。種畜場の西村は不在。コルサコフへのかえり道にてあう。

海さやかに晴れたり。四時前ソロイヨフカを出でてかえる。

ペリワヤパーチより山路をとおりてかえる。

六時前着。

昨日ときょうと漁場の入札。来年度の継続及び料金引下げを見越して大景気の競争なり。五万円ほどと思いし十七ヶ所の入札一番札四十何万円となる。

長官漁業家の重立ちたる人を饗する会に列席。笹野（水産組合長?）、藤山（北海道の天塩に農場を有せる人）、村上、米林、中山、桂、小倉、前田、吉松、米田、小林、郵船の小寺など客なり。和田、榊原、田村、食後この人々の主《あるじ》する宴会あり、招かる。また第一亭なり。おそくなりてかえる。

飯田の伯父上より手紙。五十度近くへ行きたりと思いたまえり。

九月二十日

理髪。

夕八時天晴丸にてマウカ行き。

同行は長官、橋本工学士、片寄、林。マウカの医務官片岡、片岡は出石の人池田謙斎の婿。

ノトロまでは静かにて、岬をかわすよりややゆれ出す。おのれはよくいねたり。

九月二十一日

きょうも船の中なり。何も食わずしてよくいねたり。

五時頃マウカ着。

支署の吏員、町の人々三半船に国旗をたてて迎えに出でたり。

かこのかけ声はいさまし。櫓は六挺たり。

守備隊の行軍あり。宿屋は皆ふさがりたれば、長官以下は支署長森良綱の宿舎に、橋本と予とは、金沢辰次郎の新成の商店に投宿す。

夜官舎の方に行て入浴す。谷川を隔てたる丘の陰にて、泉の水を鰊釜《にしんがま》に入れてわかしたるものなり。竈《かまど》のみは煉瓦なりしかど、錨を三つ合せて代用せるもありといえり。

九月二十二日

風あらくして、終日船を出すことあたわず。

支署に行きて事務を見る。市中を散歩す。

明治の初年樺太開拓使の出張所ありし丘の上を相して、支署新営の計画あり。

このあたりセショノフ、デムビの漁場にて、露風家屋のやや見よきもの少し残れり。

鹿野商店が試みたる畑地には、胡瓜《きゅうり》、南瓜《かぼちゃ》、菜豆、玉菜などよくできたり。

夜西谷の倉庫にて歓迎会。主人側百二十人なり。経理部長浅野、ガルキノの中隊長飯田なども加われり。

そのくずれ、ところをかえてのむ。「あけぼの」には先日函館の勝田にて逢いし田島の知れる小児来てあり。行きてみればよく記憶せり。田島へ絵ハガキを出す。

九月二十三日

きょうも凪にて船出でず。

昨日もきょうも鰊釜の湯に入りたり。町の者山下、辻など来て情況をのぶ。

コルサコフにおる昊澄《ひろずみ》良一という者も訪い来る。

夕長官支署員を招きて、丸万に宴すとて予も招かる。

片岡に誘われて百足屋《むかでや》という家にも行きてみたり。主人は有志者の一人なり。前歯かけたる男。

九月二十四日　彼岸中日

けさ出さんといいし船また出でず。何もせずしてくらす。

山下、奥村などいう町民陳情に来る。

午後長官と碁をうつ。片寄とも、不思議にも自分の方が強し。

天晴丸の船長の上り来て船出せんという。

橋元と二人丘の上より海を望む。

六時過ぎ船にのる。波あらし。

船は北の方クシュンナイに向かう。

九月二十五日

クシュンナイの沖には着きたれど、磯荒れて小舟をよぶことあたわず。岸には電報によりて、出迎えたる人多けれど、ものいう声も聞えねばすべなし。

石川というクスンナイの雇員に買われたる十六七の女、秋田の者のよし。一人女なりとて船中一同より忌まれたりし。岸には石川も来てあるらんになどうわさす。

日くれたれど空しく待つのみ。やがて岸にも燈をかかげたり。見わたせば、少し入り込みたる五六戸のさびしき村なり。

浅野、飯田の二氏もここより上陸する考えなりしも、すべなくてそのまま錨をあげ、船は夜ふけに引きかえす。風烈しく方向定らず。

九月二十六日

北の方ナヤシへ行くつもりなりしも、かくのごとくなれば、いかんともすべきようなくて引きかえす。

マウカのあたりも雨風にて見えず。さしも送り迎えせし町の人も知らぬなるべし。

正午頃この前を過てなお南す。時々雨またはあられ、風は西になる。

夜に入りてノトロのあたり、晴れて月うつくしく、波は甲板よりもたかし。大まわりして湾内に入る。

くるしくて横になりてあれど、よくはねられず。

九月二十七日

湾内はやや静かにしてねられたり。

三時頃より食堂の人声に目ざめて話の中にまじりたり。

八時にコルサコフに上陸す。

尾中、横田の二君は十三日に帰りてあり。

榊原君は馬にけられたりとてねてあり。森本、内山などいう政友会の議員五人渡来、昼食の時あえり。

午後先日の茂木来。

ウラヂミロフカの秋元も昨日より来ている。

夜横田君と碁をうつ。

長官と話をしふけてねたり。ここち少しよからず。

九月二十八日

朝馬にてウゴリナパチの試作場を見る。桑名案内。

まわりの山に松蕈《まつたけ》初たけありといえど、香気少なく色も白くうすし。同じものと思われず。もらいてかえる。

午後病院に行きて尾中氏にあう。

クラブにて玉をつく。

嘱託の辞令をば付与せらる。

夜宴会、森本、丹後、奥野、青柳、吉山の五議員、その他は家の人、司令部の田原、天野、浅の、浦のなどいう軍人。ふくるまで面白く話す。

また出でて玉をつく。相手は浦の及び竹田なり。

事務の柳瀬に調べものをたのむ。

九月二十九日

桑名来訪。

東京の小林書記官へ報告的の書状を出す。

午後司令部に天野を訪う。不在。田原大尉を訪う。共に写真をとりたり。

橋本、竹田の宿舎を訪い、夕食に牛なべを馳走せられたり。

竹田は二十九年より占守《しゅむしゅ》にわたり、三十五年頃まで千島と往来せし報効義会々員なり。

面白き北洋の話をききえたり。

竹田とともにクラブにて玉をつきたり。

九月三十日（日）

浅野経理部長を訪いて話をきく。

田村技師を訪う。あたかも引越しにて不在。この家に北部より引き上げる露人の一族あり。子供日曜なれば鮮かなる衣をきて、日あたりよきところにて遊ぶ。けさは氷をみたりという。日中のみはあたたかなり。

夜井上子爵を第一亭に訪いて酒宴、子爵は昨日の釧路丸にて着。きょうウラヂミロフカに馬にて往復されたり。元気おどろくべし。

榊原とともにまた丸吉という青楼に行きてのむ。夜、雨ふる。西の風つよくさむし。おそくかえりあすの船出いかにと思いつつねたり。

十月一日

風あれたれどついに船を出す。

朝のうち田原大尉、鉱山部の緒形など来て話す。

ガルキノの東《あずま》はやめられそうなり。近因は予にあり。心に関る。

一昨日田原氏ととりし写真変てこにもできたり。

船の同乗者は井上子、大坪（富山より来たれる漁業者）、西派本願寺の布教者薬師寺某など。
アニワ湾頭の山、一角に雪ふれり。けさより急に寒し。
午後二時出帆。
代議士連は御用船盛運丸にて先にたつ。やがてノトロの前にてのり越したり。

十月二日

波あらし。十一時までねたり。
一時半小樽着。
井上氏とともに炭礦の船にて手宮に上陸す。
郵船の社員土方にあう。姫路の人旧識ありといえど忘れたり。
昨日落成式を挙げたる郵船の支店一見。支店長某にもあう。
手宮にて石壁の奇文字を見る。赤くそめて見やすくしたり。
越中やに投宿す。
コルサコフの横田、函館の竜岡へ手紙、家へ電報。処々へ小樽の絵葉書をおくる。
楠瀬少将の一行同宿の由。
夜大坪来たり話す。よき男なり。

『心』（昭和三十三年七月）

アリユウシヤ

田山花袋

一

総て内地と違って、鳥渡話《ちよつと》したくらいでは想像が出来んかも知れんよ。気候の変化も無論烈しいが、それよりも荒涼たる光景が実に何ともいえんさ。僕はウラジミロフカから一望際限なき密林平原を落日に望んだが、その時には、自分ながら初めて大自然の力の身に迫るようなのを覚えた。

樺太《あちら》では総て自然の儘、太古の儘《まま》、人工の加わって居るものとてはほとんどないといっても好いので、コルサコフの市街を一歩外れると、もう大自然《ネチユアー》は露骨《むきだし》に、遠慮なしに、その太古のままの姿と力とを示して居る。内地などでは自然の姿といっても、雲とか空とか暴風雨とか極く些細な憐むべきものだが、彼地《あちら》では、一樹一草いかなるものでも自然の発展を完全に為て居らぬものはないので、膚《はだえ》を刺すような新しい鋭い空気、胸を穿《うが》つような寒い凄い風、夜毎に降る雨は真に他界からあ神秘《ミスチツク》な消息を伝えるようで、何となく今まで開けなかった自分の胸の自然をそそるような気がする。海には怒濤、千万年を経てしかも依然たる大きな岩石が到るところにごろごろと転って居て、暗碧なる波には怪しい海鳥の叫喚《さけび》がおりおりに聞えるばかり、一帆の白い影の漂うのをも見ない。陸の道路を辿るとすると――道路といってもそれはほんの自然の林や野の一端を切り開いたばかり、頑石が到るところに転って居て、それで深い沢のような泥淖の中に幾度となく陥るという始末、無論車などは通じようがなく、樺太《あちら》の旅行は総て馬だ。僕のような手綱もろくに執れぬものが、一廉《かど》の馬乗《のり》手になったのを見ても知り給え。

それでコルサコフの民政署から国境近い某《なにがし》府まで、覚束ないながらも、その頑石やら泥淖やら峻坂やらの道路は長く長く続いて居るのであるが、それが何でも百七八十里もあろうか、そのところどころに駅《しくば》、すなわち馬の継立をするところがある。けれどこれを内地の駅などと想像すると大いに違う。駅といっても、路の畔に一軒か二軒、露西亜《ロシヤ》風の屋根の低い西洋造の家屋と丸い木造のアイノの家屋とがあるばかり、まア僕がその駅なるものに到着したと思い給え。出来るならば馬をも更えよう、暖い湯をももらおう、そしてもし運が好かったなら新しい牛乳の一杯も周旋して貰おうと思って、その露西亜風の家屋の扉《ドア》を排して中に入る。僕はとにかく中央政府からの視察員だから、案内者も通訳も民政署から付けられてあるのだが、中に入ってみると、馬があるどころか、湯があるどころか、内地から流れ込んで来た要領を得ない男が、（まア、体の好い留守番みたようなものだ）

大きな欠伸をしながら、今昼寝から覚めたばかりの顔をして、自分らの一行を迎えるという有様。この男らは戦争が済むとすぐ、北海道、青森あたりからごろついて来た奴で、民政署でも厄介だから、こういう遠いところに追いやっておくのだそうだ。馬がないかと聞くと、皆な出ッちまいましたという。何ァによく聞き糺《ただ》すと、馬継の申し訳に、たッた一《いっ》疋《ぴき》居るのだが、それは朝一番に来た官用旅行者が逸早く乗って行って了《しま》ったのだ。

奴らの生活も随分無意味なもので、用事というう用事がないから、朝から晩までごろごろして居る。ただ心配なのはこの冬は寒くって凌げるかどうかということばかりですと、その時言って居たが、先生方今時分はもう雪の中に埋《うず》まって了ったのだろう。わざわざ好奇《ものずき》に、樺太《からふと》の果まで冬籠に出懸けなくっても好さそうなものだが……。一人は秋田県、一人は北海道の函館の奴だッた。

そしてこのさびしい道路の長い両側には、どういう光景が眼に映ると思う。白樺、山毛樺《ぶな》などの寒帯林がほとんど斧をも入れる隙がないくらいに密生して居る。けれど誤解し給うな、その密林は内地で見るような丈の高い幹の太い立派なものではない。樺太《あちら》の樹木は皆《みな》な根元から縦横に枝葉が張って居て、幹も太いので漸っと径八寸くらい、寒気が強いのと風雪に圧っせられるのとで、充分発達することが出来ぬのだ。そしてその林の下草には、野地躑躅が一面に叢生して居るから、何のことはない丁度目の細い網でも張ったようで、一歩も容易にその中に分け入ることはむずかしい。僕の旅行したのは、幸い樺太《あちら》ではまァ一番好い気候の時であったから、その寒帯植物が一時に発達して、そして一時に衰頽していくさまを詳しく見ることが出来たよ。かねて聞いて居ったが、樺太《からふと》のような寒いところでは、動植物の生殖を遂げるさまは実に急激である。草の実、木の実はたちまちにして成熟し、鳥獣も出来得る限り急速にその生殖の任務を果して了う。その結果、木の実草の実などに毒々しいほど色の濃いものがあって、内地の林や叢にあるものとは全く違う。僕は旅行中、この急激なる生殖の発達と衰頽とを見て、甚しく胸を撲れて、何だか自分までこの自然の力に引込まれるような気がした。生殖を一刻も早く済まし、生存の義務をも完全に終えて、そして一刻も早く永久の寂寞に帰ろうとする万物の光景、これに深い意味がないだろうか、君。

それからまだ面白い例がある。この道路の両側の密林、それの途切れたところに、幾条《すじ》となき河が流れて居るが、その河に近づくと、実に何ともいえない悪臭が鼻を撲《う》つ。それは物の夥しく腐った臭で、丁度干鰯《ほしか》か何かの臭いを嗅いだ時のような感じがする。林の中をほッほッと辿る、と、急にその悪臭《におい》、ヤア、また河が来たナと語り合うくらいだ。それで、君、これは何の臭いだと思う。

鱒の死んで腐った臭いだ。

で、河岸に出る、と、幾疋となき鱒が濁った水に死んで腐って浮いて居る。その付近には黄い泡が淀んで、蠅《はい》が無数に飛立つ。実に樺太《からふと》の河はこれが堪まらない。この死んで居るのは鱒の雄で、鱒の雄は生殖の任務を果して了うと、すぐ死んで了うものであるのを君も知って居よう。内地では需要が多いから、こんなことは見たくも見られぬが、樺太《あちら》では雄は味が悪いとか何とかいって捉って食うものがない。否、そればかりではない、この人口稀少の地では、とてもこれら河川に繁殖する無数の鱒を食い尽すことが出来ぬ。守備に来た陸軍のある中隊長は、樺太《からふと》で困るものはお客の相手と鱒の始末だと言ったそうだ。また、ある中隊では、用がないので、鱒を捕って、それを燻製《くんせい》にしたり、塩漬にしたりして内地に送るのを仕事にして居たという話だ。実際、僕も驚いた、僕の伴れていった通訳が、鱒を捉って御目に懸けると言って、ある河の縁で、軍刀を抜いて、蹲踞《うずくま》って居ると、鱒は無数に群れを成して、雄の死骸で塞るばかりになって居る河身を棱《ひ》を飛ばすように夥《おびただ》しく往来して居る。別に覘《ねら》うというほどのこともなく、軍刀を突き入れると、必ず過《あや》またず一疋の鱒！　実際僕も不思議な感がした。人間の力の至らぬところに、初めて真の自然の生殖の光景《ありさま》を見たという感が烈しく胸を衝《つ》いた。生死の問題がこの上もなく重いもののように考えられる人間の社会に比して、何らの無意味、何らの無価値、はたまた、何らの自然。

二

で、僕はこういうところを十日ほど旅行したが、これ以外に、露西亜《ロシヤ》の村落が更に状すべからざる一種の感を自分に与えた。この長い道路に沿うて、あるいは少しく離れて、一里に五軒、二里に十軒、さながら暁の星のように、その特色ある低い西洋造の家屋は散在して居るが、そのただ一つの窓が時に由ると夕日に映じて美しく眩ゆく閃《きら》めいて、多感の旅客の胸を引寄せることが度々ある。今回の戦争の結果、露人はこの土地の半部を日本に譲与することになったので、戦敗国の民は戦勝国の民と法令との圧迫に堪えず、次第に本国なる浦潮斯徳克《うらじおすとつく》に引揚げて了って、便船毎に、これら荒凉たる村落は一つ一つ空虚《から》になっていきつつあったが、私の旅行する頃はもう大部分引揚げて了った後で、残って居るものは、極く貧しくって移転する力のないものとか、家財家畜の売却が捗らぬため余義なく留《とど》まって居るものばかりであった。実際、住み馴れた故郷《ふるさと》は、こんな山の中、海の果でも、恋しくないことはないであろう。それに、露西亜人は土着のアイノ族とことに親密なる交情を暖めて居ったから、一層離れ難い情に耐えぬであろう。まして本国は騒擾の都会、混乱の田舎、帰って行ったからとて、この楽しい平和な生活はついに得らるることはないのは知れ切って居る。けれど敵国の圧迫と蹂躙とは果して忍ぶことが出来るであろうか。憐愍の眼と圧制の力とに忍ぶよりは、むしろいかなる暴風雨にも甘じて曝されようというのがあわれむべきかれらの今の境遇であった。

ことに、この地の露西亜人はことごとく本国を追放された罪囚《つみびと》であるということが一層自分の感を深くした。おりおり路傍で邂逅《でくつわ》す蓬髪乱頭の露西亜人、多くは人を殺したり何かしたもので、その罪の重い奴には、前歯を二枚折《くじ》いてあるのがある。彼らは皆な人情の波をかつぎ、煩悶懊悩の境を経て、こうしてこの寒い、凄《すさまじ》い、荒涼たる地に逍遥《さまよ》って居るかと思うと、曾て読んだゴルキーの短篇中の性格《カラクター》や、ツルゲネーフの小説中の百姓やが歴々《ありあり》と眼の前に映って来るような気がして、暗憺たる露西亜の民のさまが更に一層同情せられる。我々は聖代の恩沢に浴して、こうして平和に生活をも送り、戦勝国の民たるの名誉を得ることも出来たに引かえ、かれらは寒い北の国に生れて、騒擾に騒擾を重ね、混乱に混乱を重ね、生命財産をも安全にすることが出来ずに、こうして放浪の生活を送って居るかと思うと、われ知らず胸が迫って、同情の涙が溢《あふ》るるようにその民の上に灑《そそ》がるるのであった。

ウラジミロフカからドブキーに行く途中であった。その日は朝から曇って、何となく佗しい、厭な天気であったが、正午《ひる》までには五里ほども行って、とある路傍《みちばた》の露西亜村に着いて休憩した。この村はどちらかといえば大きい方で、家の数も三十軒くらいもあったろう、大部分帰国して空屋となっておったが、それでもまだ五六軒は残って居て、今年の纔《わず》かな収穫に従事して居るものもちらほら見懸けた。

自分ら一行の馬を留めたところは、とある家屋の前で、その入り口の階級《かいだん》から一人の老爺が鬚の多い、人の好さそうな顔を出して居た。

僕の通弁はコルサコフに久しく居たもので、この道路を幾度も歩いたことがあるので、この老爺の顔をもよく知って居て、話をしたことも二三度あるらしい。

突如《いきなり》、飛んで行って、何か一言二語語《こと》り合ったと思うと、その老爺は、直ちに自分の傍《そば》に来て、頻《しき》りに最敬礼を行ったが、そのままうやうやしくわれわれ一行をその家の裡へと招じた。通弁は日本の大官であることを話したものと見える。

窓の一つある室《へや》、不潔は不潔だが、とにかく敷物が敷いてあるので、そこに上って、痛くなった腰を休めた。

突然扉《ドア》を明けて入って来たのは、以前の老爺と思いの他、それは年の頃十七八と見ゆる、背の高い、白い前垂の汚れたのを着けた露西亜の少女《おとめ》であった。絞り立ての牛乳《ミルク》を一杯、黒麵麭《ぱん》を薄く大きく切ったのを二切、それを大きい盆に載せて、恭しく自分の前に置いて去った。聞くと、露西亜では、巡回の官吏が休憩すると、必ずこういう風に取り扱うとのことである。

その娘はどちらかといえば醜い方であるので、自分は別に興味も惹かずに、それを受取って、牛乳を一呼吸《いき》に吞んで渇を医し、それから退屈まぎれにその家屋の周囲《まわり》などを見て歩いた。一箇《ひとつ》の倉、一箇の廄、傍《かたわら》に小さい畠が耕されて、樺太《からふと》特有の何とかいう赤い花が美しくそれを縁取って居た。曇った空のやや晴れ模様になった絶間から、黄い侘しい日の光が射して、前の居間とも見える室の一面をぱッと明るくした。

そこには最前の娘が何か読んで居る。

好奇心《ものずき》から、づかづかとその室に入って行くと、娘は慌てて書籍を傍《わき》に置いて、何ぞ御用ですか！　といったような風をして自分を見る。自分は頓着なくその室に入った。室の中央には炕が一段高くなって、支那と西洋との折衷というべき室の構造《つくり》、些細な家具がそこら一面に散ばって居る。

『何を読んで居るです？』

と尋ねてみたが、通じない。

『それは……』

と言って、今度は手を出してみた。娘は初めは怪訝な顔をして、笑を含んで自分を見て居たが、これで書籍が入用であるということが解ったらしく、その儘、傍《そば》の仮製の、細い字の書籍を取って渡した。

見ると露文で書いた『渡米案内』である。

彼らはこの土地を故郷なる本国には帰らずに、このまま米国《アメリカ》に渡ろうとして居るのだナということがすぐ僕の頭脳《あたま》に響いた。それにしても悲しむべく憐むべきはかれらの境遇ではないか。

会話が通じたなら、さぞいろいろ面白い物語を聞くことが出来ようとは思ったが、通弁を煩すほどのこともないので、断念して、更にあたりを見廻すと、二三冊の小説らしい書籍がある。

手に取って見ると、果たしてツルゲネーフの仮綴の廉価《やす》い本で、その他、名も知らぬ作家のが二三冊。

以前の室に帰って、通弁に話すと、

『え、もう、大抵アメリカ行です。こういう野蛮な奴輩《やつら》にどしどし入り込まれては、米国でも迷惑するでしょう』

『それでもこの家《うち》は少しは裕福なのかね』

『ナアに、大したことはないでしょう。あの老爺《おやじ》は何でも若い時、恋の遺恨か何かで、人を殺して、それでここに流されたのだそうです。娘の母もこれも夫か何かを殺してここに来たのですが、二人夫婦《いっしょ》になって、あの娘が出来、それからもう悪いこともせずに、真面目に働いて年を老《と》ったのです、婆さんは、去年か死んだッていうことです』

こう言ったが、笑を含んで、

『こんなところの御巡回は随分お辛いでしょう。京都とか大阪とか名古屋とかなら随分面白いことも御座いましょうし、別嬪も多いから、酒も旨く飲めるというものですが、こういうところでは、女の顔を見度いにも見られんのですから、つまらんですな。馬で腰ばかり痛くして、鱒の腐った臭いばかり嗅がせられては堪まらんですナ』

好加減に挨拶して居ると、

『けども……一人露西亜村に別嬪がありましてナ、名は何と言いましたッけな……』少し考えて、『そうそうアリス、アリユウシヤといいましたッけ。軍隊がここに入る昨年頃飯の給仕をするものがないとか何とかいって、泣いて嫌がるのを無理やりに、コルサコフの軍政署に連れて行って、何でも今年の春まで居ました。これから四里ほど先の村の、農《ひやく》夫《しよう》の娘ですが、それは美しい可愛《かあ》い娘でした。ですから、軍政署でも大騒ぎで、大分この娘のために騒ぎがあったということでした』

『それは酷《ひど》いことをしたものだな』

『え、随分可哀想だッたそうです。けれど敵味方で気が立って居るですから、可哀想だなどとは思って居りはしませんわ……まア、好い慰み物にされちゃッたんですア』

『可哀想に』

『ことに由ると』と通弁は考えて、『まだ、居るかも知れませんが……昨日か一昨日《おととい》とか一家まとめて本国に帰るッて言って居ましたから、もう立って了って、御目にかけることが出来んかも知れません』

と言って笑った。

この通弁、髭顔《つら》の、背の低い、肥った男だッたが、時々こういうことを声高に言ってそして笑う癖があった。

根を掘って聞くと、そのアリユウシヤには随分関係した人が多いようだ。ある連隊長などもそれを東京に伴れて帰るといって大騒ぎをしたそうだ。またある中隊長はこの女のためにある中隊長と決闘らしいことを為たとの噂だ。実際樺太《からふと》などには珍しい、鼻の高い、色の白い、背のすらりとした、笑う時に堪らないほど可愛い笑靨《えくぼ》が出る美人だッたそうだ。モウパッサンの小説にも、戦争と美人の勢力とを書いたものがあるのを記憶して居るので、僕は一種不思議な気がして、その犠牲になった少女のことをいろいろに頭脳に描いてみた。

三

同じく単調なる道路、同じく際限のない密林、遠く林を縁取る山もさほど高く大きいものはなく、あるいは荒涼たる村落を掠め、あるいは濁れる河を徒渉し、ただてくてくと腰の痛いのを気にしながら、覚束なくも馬の手綱を取りつつ進んだ。

三時少し過ぎから時雨になって、一陣すさまじい風が白い雨の脚を送って通った。空は灰色の雲の堆積、林の中を行くと、ことに雨の音がしめやかで、落葉松《からまつ》の黄く色付いた上にさッと降り灑《そそ》ぐ光景《けしき》は、淋しいながらもまた旅の一興であった。案内者に持たせた外套を頭から被て、体の下部を桐油で包んで、うすら寒い風に胴震しながら、一刻も早く村に達したいものと思いながら行くと、怪しい鳥が脚下《あしもと》から立って、キキと凄じい声を放って、向うの山に飛んで行く。

もう日の暮れるのも近いという頃、その目的にした村近くに来た。ここには、民政署の支部があるので、湯も沸いて居よう、暖い夕飯も蒲団も設けてあろう。ウラジミロフカから電報で通知しておいたから、その準備《したく》をして待って居るのであろう。と、ただそのことにのみ思い耽って、そのさびしい十軒ばかりの村に入った時には、ここが樺太《からふと》第一の美人の故郷であるということなどすっかり念頭から去って了って居た。

民政署の支部はその村から二町ほど林寄りの高い洋館がそれだそうだ。すぐ、そこに行こうとしたが、まア一休憩《ひとやすみ》というので、村の入口で馬を下りて、その前の家屋に入って、暖を取ることにした。

突然、通弁が、

『まだ、居るそうですよ』という。

『何が？』

『アリユウシヤが』

自分は忘れて居た。

『ああそうか、まだ発《た》たんのか』

『発つのが明日に延びたということですよ』

『それはどうも……そしてその家というのはどこだ』

『すぐその前に！』

と通弁は教えた。

なるほどすぐ前に、一寸露西亜村には大きな家屋が一軒あって、階級《かいだん》の上には人が出たり入ったりして居る。雨は斜《なゝめ》に降り懸って、暮色はすでに近く迫った。

通弁は向うを見て居たが、突如、

『ほら、御覧なさい、向うから歩いて来たのが、アリユウシヤです』

『え』

と自分は眼を凝《こら》した。

時雨の颯《さ》ッと降しきる中を、そのアリユウシヤは、傘をもささず、頭から灰色のじみな外套《ショール》のようなものを被ったまま、手で短い服の裾を腿のあたりまでまくって、白い美しい素足で、ピシャピシャと水溜りをわたりながら、静かにこちらに歩いて来た。あまり深く外套を被って居るので、その顔の輪郭はよく見えぬが、鼻の高い具合、頬の肉置《ししおき》のふっくりと豊かな色、すらりとした姿、自分はふと西洋の古名画を思い出したので、その背景に庇の低い露西亜風の家屋、さッと降しきる秋の時雨、薄く黄葉した落葉松《らくようしょう》、緩《ゆる》い勾配の石の道路。——もし自分にすぐれた画才があったなら、確かに一幅のすぐれた絵画を描き得ると思った。

アリユウシヤは無心に雨の中を歩いて来たが、ふとその前に見馴れぬ日本人がじっと見て居るのに気が付くと、たちまち今までの落着いた静かな態度を一変して、さながら野の鹿のごとく、急いで我らの前を通って、その家の階段を一散に走り登った。そしてそこに上り着くや今度はすぐ家屋《いえ》の中に走り込もうとはせず、そこに立尽して、さもさも驚いたかのように、美しい丸い眼を睜《みは》ってこちらを見て居た。

その葡萄のような美しい丸い眼！　自分ははッとした。その夜は民政署に宿した。暖い飯、蒲団、ことに樺太《からふと》には稀れな大きい据風呂の湯にすっかり一日の疲労《つかれ》を忘れて了った。で、その夜自分は民政署の人達からアリユウシャ一家の話を聞いた。

アリユウシャの家はこの村の草分といっても好《い》いのだそうで、ここに来てからかれこれ四十年にもなるとのことだ。祖父《じじ》が罪を得てここに流されて来て、同じ罪人の女と結婚し、それでここに農となったのだが、その老祖父が今年七十でまだ健全《たっしゃ》で居るとの話。何でも一家二夫婦の他に、兄弟が多く、アリユウシャは今の主《あるじ》の三番目の娘であるそうだ。長く住み馴れただけ、土着のアイノとことに親密になって、今度別れていくのが実に何よりも辛く、余所《よそ》の見る目も気の毒なくらい。早い人々はどしどし帰国していくのを見送りながら、しかも今日まで留ったのは、その家畜家産の売却が充分に早く纏まらなかったのもその一理由ではあるが、どうも別れ難い、住み馴れた故郷の地をこの儘棄てていくに忍びんというのが第一の原因であるらしい。帰国の支度はすでに以前から出来て居りながら、いざとなって今一日、今一日と延して居るので、隣近所のアイノとは毎日抱《いだ》き合っては泣き、泣き合っては抱きつつあるとのことだ。昨日も老婆《ばば》が、民政署の役人に向かって、『アリユウシャは御国の人に差上げたのだから、どうかこれを縁に一家ここに残って……と言うけれど、爺さんや男達が気が強くって、どうしても帰国すると言って仕方がない、どうか諭して下さい』と、声を放って泣いたそうだ。自分は戦争の残酷なことを常にさほど喧《やかま》しく言う方ではないが、これを聞いて、少なからざる悲哀を感ぜずには居られなかった。ことにじっとこちらを見たアリユウシヤの葡萄のような美しい丸い眼！　戦争さえなければ、この眼は永久《とわ》に美しく、永久に平和に、悲しい涙をたたゆるようなことがなくて済んだであろうに……忘れても戦敗国の民とはなるものではない。

それは、この帰国の露西亜人の群れは、海を渡ればたちまち困難に遭遇するのは明らかなことであるそうな。家財家畜を捨売にした金は千と纏ったものがあるではなし、浦塩では戦敗後の人気が荒立って居て、職業などを求めることは無論出来ぬし、本国に帰ったとて、田地を買って農に帰する資本もないから、再び以前の漂浪の生活に戻らなければならぬのである。

君、忘れても戦敗国の民とはなるまい。

四

自分はそれから益《ます》北《ます》して、翌日ナイブチ河《か》の河口の一邑ドブキーというところまで行った。そこでいろいろの調査を為たが、思ったより容易にその仕事が片付いたので、一日隔《お》いて、再びコルサコフに帰るべく出発した。この間、アリユウシヤのこと、あわれなる露西亜人のことは絶えず自分の頭脳《あたま》に残って居たので、夜はその大きな美い眼を夢にさえ見た。否、僕はゲエテのヘルマンウントドロテアの物語さえ胸に浮べたので、一度かのアリユウシヤがこの国を去って了ったなら、騒乱の巷の塵にまぎれて、いかになって終わるか知れぬとすら思った。御存じの僕のロマンチックな頭、こんなことに趣味を求めて、わざわざ種々《いろいろ》なことを考える癖を笑い給え。

で、僕は出来るなら、今一度逢い度いと思った。今一度そのなつかしい美しい眼に邂逅《でつくわ》して、慰籍《なぐさめ》の一言をも言ってやりたいと願った。別れて了えば、もう一生逢うことのない女である、アメリカの植民地で労働者の妻に為って終わるか、露西亜の本国で騒乱の巴渦に巻れて了うか、孰れにしても不幸な生涯を送ることは決って居るが、一度相見て、可哀想に思った紀念《かたみ》に、どうか今一度やさしい言葉でも交して、そして別れたいものだと願った。

笑い給え、例の癖さ。

それでその村に来るまで、娘の一家がまだ出発《た》たずに居れば好い、どうかして逢い度いと思ったが、その願はついに遂げられずに、昨日発ったという跡に自分は来た。

聞くと、その訣別《わかれ》は実に哀れであったそうだ。アイノも泣く、露西亜人も泣く、幾度か接吻して、幾度か別れて、そしてまた抱き合うという始末、ついには滑稽に感じるくらいであったそうな。ことに、アリユウシヤは日本人に惜しまれて居たので、それを遠くまで送って行ったものもあったという。

何でもその日は霧の深い朝で、その一行が老祖父、老祖母、子供らをアイノの車に乗せて、その傍《かたわら》に手廻りの荷物を満載して、例の石ころ道をごろごろとたどって行く。村の尽頭《はずれ》には、アイノを始め、まだ残って居る露西亜人や、好奇の日本人が群れを成すほどに多く出て居て、一歩毎に霧の中に遠かって行くその一行の車を見送って居る。車は次第に遠く、遠く、その右の傍《そば》について徒歩して居るアリュウシャの赤い帽子の飾も次第次第に見えなくなる。ああ今ちらと微かに見えた白いものは、かの女が振った最後の別離《わかれ》のハンカチーフか、と思ったのも時の間で、それも霧の中に隠れて了って、車の轟も微かに微かについに全く聞えなくなって了った時には、その身は別に別離を惜しむという方でもないが、何となく悲しいような、惜しいような気が為て、樺太《からふと》第一の名高い美人もとうとう居なくなったかと坐《そぞ》ろに胸を動した、とそれを見て居た人が僕に語った。

その霧の朝の車の音、それが何だか微かに聞えるように自分にも思われる。物語った人は更に言葉を続《つ》いで、

『けれどあの一行はコルサコフには二三日滞在して居るでしょう。帰国の免状を貰うことや何かで、少しは暇が要るでしょうから、急いで御帰りになれば、逢われるかも知れません』

と笑いながら言った。

僕はこの時はもう別に急いで行って逢おうとも思わなかったが、それでもコルサコフに留《とど》って居れば好いとは思わぬでもなかった。で、別段路を急ぐでもなく、二日懸って、コルサコフに帰ったが、その市街の郊外の丘陵《おか》の上に来ると、北海の暗澹たる空は広く開けて、灰色の佗しい雲の絶間からは、日の光がところどころ黄く射し渡って、波はさびしい暗碧の幾堆積。ふとボーと眠むそうな汽笛が狭いさびしい湾内に響き渡ったと思うと、桟橋に浮彫のようにくっ付いて見えて居た一隻の汽船は、すーと静に動き出して、港を西へと出て行った。

アリユウシヤはこの汽船に乗って居た。

『アリユウシヤ』（明治四十一年三月、易風社）

南遊詠草

柳田国男氏は官人としてのみならず、文学者、思想家、人類学者、郷土研究家としても世に聞えたる人である。その人の余技（柳田氏は怒るかも知れぬが）を紹介する。同氏は左の稿を没書となるものと信じて郵送しなかったと言うて居たが、台湾の記者はそれほど野暮でもないのである。それで三四日後れたのである。而《しか》してこの八首はホテルにおける招待会席上における同氏挨拶《あいさつ》の本論なのである。（一記者）

日月潭

海知らぬ島びとこそはあはれなれ山のはざまをおのが世にして

霧社帰途

時のまにとほ山まゆとなりにけりわらひさやぎしえみし等のさと

濁水渓

みなもとを清むる道はさもあらばあれ海にまじらばあとはとゞめじ

阿緱

つばくらめ猶ふるさとにあらねばや来てはたちゐのいそがしげなる

打　狗

窓の火の水ににほはぬ宿もなし心とまりの春のゆふぐれ

いかばかり安けかりつる浪路かもをさなき者が夢に訪ひ来し

再（西）菴

大きみは神にしませば民ぐさのかゝる思もしろしめすらし

含　笑　花

くにびとのかざしの花の花ゑみにゑみて向へばこと問はずとも

『台湾日日新報』（大正六年四月八日、台湾日日新報社）

山の巡査達

田山花袋

一

東京から来たA長官は、別にその方のことを詳しく調べる必要もなかったのであるけれど、つとめて深山《しんざん》の中に生活している生蕃とそれに接触しているI線の状態とを知りたいと思った。顔に入墨《いれずみ》をしている原始民族、人を殺すことを名誉にして髑髏をその家屋の前に数多く並べるのを誇りとしている野蛮人種、頑強で、獰悪《どうあく》で、とても容易にはその巣窟を覆《くつが》えすことの出来ない土民、そういうものが汽車開通し、汽船往来し、飛行機徂徠する文化の世界の一方に存在しているということは、少なくとも新しい知識に富んだかれを動かさずにはおかなかった。かれは到《いた》るところで、その種族の話を聞き、その写真を見、おりおり爆発する悲惨なる血腥《ちなまぐさ》い騒動の事実談を聞いた。かれは外国の書物に書いてある土人の迫害される記事や小説や冒険談などに引き比べてそれを考えた。かれの頭の中のロオマンスはいよいよ色濃くなって来た。

かれは汽車でその大きな島の繁華な土地を旅した。始めはT地方、次ぎはS地方、それから、N地方を経て、益々熱国地方のカラアの豊富な海岸平野に向かった。かれは到《いた》るところに甘蔗の樹の高く林を成しているのを見た。米の黄く熟しているのを見た。建物も大抵は外国風で、おりおり内地の低い家屋を雑えているけれど、それはほんに数えるほどしかないのを見た。町という町は、どこに行っても立派で、街道は秩序正しく、珍しい樹木が繁茂《はんも》して涼しい蔭《かげ》を成し、縦横に通じた大路を自動車などが駛った。と思うと、海岸に近く、河に添って、汚い不潔な支那町などがあって、青黄の汚れた服を着た商人や労働者があやしげな声を立てて喧噪した。あるところでは、ひろいひろい野に、無数に林立した煙突に、赤煉瓦の工場に、煤煙《ばいえん》の遠く湧くように飂《ひるがえ》るのを見た。バナナ、パイナップル、そうした果実の林も、南するに従って次第に多くなった。

この間、かれは大きなホテルに泊まれば、官舎の広い一間にも寝た。島の行政庁のあるところでは、誰も彼も皆々辞を卑うしてかれを迎えた。頼まれて演説をしたのも二度や三度ではなかった。かれは島の経済について語った。また新開地としての経営についても参考になるようなことを言って喝采を博した。到るところで、かれは地方の官僚の宴会に招かれた。

Nではかれの義理ある叔父が、島の防備の方の長官をしているので、市の郊外の丘陵の上にある大きな洋館で一日二日を過ごした。叔父は不在であったが、久し振りで、叔母と従妹達とに逢って、内地の話をした。官邸のバルコンの上は、丁度山の方に面しているので、深い翠微がそれからそれへと連なって、時の間に驟雨《しゅうう》を催して来る雲が湧きあがるようにして簇《むらが》って来た。

『I線に行くの。およしなさいよ。危険ですよ。この間も、Hの方で一騒動あって、巡査や憲兵が大変に殺されたっていうことよ。残酷なんですッてね。殺されると、耳を伐られたり、首を落とされたりするんですッてね。』

こんなことを言って、自分の家にある沢山なI線の写真帖を出して見せた。それはかれがあちこちで大抵は一度見たものであったけれども、B種族——ことに最も頑強で獰悪であるという種族の写真が二三かれの心を惹《ひ》いた。谷合《たにあい》——谷合といっても、こんなに深い谷と思われるようなところに巣窟を構えている圧迫された種族のさまが益々かれの心のロオマンスを色濃くした。

かれは到るところの汽車の線路から、近いところは五里ないし七里、遠いところは十里ないし二十里を隔てて、その嶮しい凄しい山岳の横ぎっているのを指点して来たことを頭に繰《く》り返した。I線は度々の征討《せいとう》で、あるものは降伏し、ある者は帰順して、段々ひろくなっていっているけれども、それでもまだ容易にその巣窟《そうくつ》を覆えすわけにはゆかないということであった。最近に実行した大々的征伐も、半ば失敗に終わった。

『本当に、Aさん、I線まで入ってみなけりゃいけないの。』

従妹《いとこ》の話を聞いて、叔母も心配したようにして言った。

『まだ用事、ありますけれど、それをすましたら、入り口まででも好いから、行ってみたいと思っています』

『危険だッていいますよ』

『大丈夫ですよ』

『でも、ね、用心しないと……』

『Pの方面なら、大丈夫だッていうことですよ』その癖、かれは是非この間騒動のあったHの方面に入って行こうと思っているのであった。

叔父の官邸で、かれは静かに旅の労れを医した。前庭には、芝生の向うに、色の濃い草花の乱れ開いて、窓から見ていると、小さな従妹《いとこ》が一人でそこに行って花を採っているのが見えたりした。かれは安楽椅子に身を長く横たえながら、処々で集めた調査材料を繙してみた。

二

かれの旅はいよいよ南《みなみ》した。

かれの眼には、いよいよ熱国風の植物と人家と畠とが映った。おりおり右にひろげられて見える海は、とても内地では想像することが出来ないほどの深い碧で、それに熱い熱い日が的礫として映り、三角形をした帆が無数に並んで見られた。こうしたシインは、かれの幼い時からのロオマンス好きの心を動かさずには置かなかった。かれは今こそその身が色彩の濃い小説か、でなければ絵画の中にいるような気がした。なるほど後期印象派の画家達があの強烈な絵の具を使うのももっともだとも思った。帆そのものがすでに物語の中の大きなスワンのように見え、支那風の寺院ないし堂宇《どうう》がめずらしい冒険譚の挿画のように思われた。

それればかりではなかった。海を越えて来た支那人の生活が益々かれの眼を鮮かにした。南すれば南するほど、支那民族が根好くそこに地盤を構えて、足の小さな女などに多く町の通を歩いているのをかれは見た。汚ない支那町も多かった。また大きな商賈《しょうこ》も多かった。

Hの山地へは、そこから入るというところにある市庁では、そこの警察署長が喜んでかれを迎えた。

『よう御座《ござ》んすとも…お帰りでも、いつでも、相応な人をつけて御案内をさせます。なァに険呑《けんのん》なことはありません。奴らの出て来る時は、三日も四日も前から、ちゃんとわかりますから……。矢張奴らは野蛮人でさ。奴らがやって来るのは、ちゃんと見えている。形勢の不穏なのは、五日、一週間も前からわかる。十分準備して待っていられる』

『それで、どうしてああした損害があるんです？』

『矢張、文明人とは違って、頑強ですからな。犠牲なぞをかまっていやしませんから……。

やろうと思ったことは、屹度《きっと》やらずには置きませんから……』

『Hのどこまで行けば、その第一線まで見られるんですか？』

『そうですな、Hまでここから十五里、それからSまで七八里、その先にまだ巡査が部署されてあるんですから。』

『ほとんど接触を保っているわけですか、その巡査達は？』

『まア、そういう風にさせておくんです。しかし、平生はI線あたりの蕃人はおとなしくしていますから、そう危険でもないのですけれど、万一の時にやられるのです』

『巡査が大変ですな』

『大変ですよ。ちっとやそっとの増俸や手当では本当は可哀相なんです。……それに、御承知の通り、ひどい山ですから、それは内地でも見られないような山ですから。まるで屹《きっ》立《た》ったようなところを下りたり、三四百間もあるような釣橋を渡ったりして入って行くんですから。概して山は勾配《こうばい》が嶮しく、それに、深い谷ですから……。そういうところを、B種族などは平気で走って下りたり上ったりするんですから、まるで猿ですな。この間の騒動の時にも、山砲《さんぽう》を一門か二門持って行ければ、じき参らせて了うんですけども、それがどうしても持って行かれないんですからな』

『で、そういうところに志願して行く者は、多くはどういう人です？』

『矢張《やはり》、内地から、増俸やら手当やらを当てにして来るんですが、皆な初めて行った時はびっくりするそうですよ。山また山、谷また谷という奥ですから』

こう言って、署長は立って書類や本の入っている大きな棚をさがしたが、やっと一枚の写真を持って来て、『これが、その巡査のいるところです』

と言って、それをかれに示した。

かれはそこに、山の斜坂になっているところに、小さな掘立小屋のような家を前にした巡査が二人笑顔をして立っているのを見た。

『この小屋などは、そう深い方の部類ではありませんけども、それでも二千二百米のところにあるんですから……』

『二千二百米！　そうですか。ふむ』と、かれは驚いたようにして言って、その写真にじっと見入った。

ふとあることに思いついたように、

『そして、先生方、一人でそういう山の中に行っているんですか』

質問が意を得たというようにして、署長は笑って、

『それが問題になるんです、いつも……』

『問題とは？』

『どうも、一人でそうした山の中にやっておくと、とかく間違いがあって困るんです』

それでもまだ飲み込めずに、

『どうして？』

『別に、外じゃありませんが』言いかけて、署長は益々笑って、『やはり、山の中に、若い人間を一人置くということは無理ですからな。どうも蕃婦が相手にして困るんです』

『蕃婦が？』

かれには少なくとも意想外であった。

すぐ言葉をついで、

『ふむ、そうですかな。そして巡査もやはりそれを相手にするんですか。』

『相手にするッていうわけではないんでしょうけども……。やはり、不思議なもので、人情ッていう奴がありますからな。情を見せられるとついひっかかるものと見えますな』

『そうですかな！　不思議なものですな。』

『それについては、なかなか面白いことがあるんですけども、どうも、そいつが困るんです。蕃婦と通じたことがぱっとなると、巡査がすっかり権威がなくなって、そこにいられなくなりますから……どうもそれで困るので、一時、巡査は家内を伴《つ》れて行くという方針にしてみたんです。で、一時、家内を内地から呼んだり、ないものは手頃なのをもったりして、そのひどい山を越して、連れて行ったのです。ところが、騒動が度々起こって、巡査が命を殪《おと》すことがある。そういう時には、女はひどい眼に逢うそうです。それはそうでしょう、向うは野蛮人ですからな。輪姦ぐらいじゃすまされない。それはそれはひどい眼《め》に逢うそうです。で、あまりに残酷だ。巡査は職務だから仕方がないが、女までそういう眼に逢わせるのは可哀相だ。そういうので、この頃はまたもとのように、独身者《ひとりもの》をやることにしていますけれど……』

『それは面白い、なるほどそういうことがあるんでしょうな』

Aはこう言って、深く考えるような眼色をした。かねて想像していた蕃地のロマンチックの色彩が益々色濃くなって来るのをかれは感《かん》じた。

『それに、蕃婦が面白いですよ』聴手の上手なのに、署長は益々釣り込まれて、『娘もあり、人の媾もあるそうですが、それがなかなか人情があるそうです。どうしても、こっちからいうことを聞いてやらずにはいられなくなるように持ちかけて来るそうです。とにかく内地人は惚れられるんですな。惚れたとなると、毎夜、毎夜、小屋へやって来るそうですから。その癖、それは蕃婦にとっては重大な命がけのことなんです。それが知れれば、もう種族から指弾され、虐待され、中には殺されるのもあるんですから……。それに、内地の巡査にしても、いくら可哀相だからッていって、あの入墨をした女を媾にするわけにはいきませんからな。そういうことをした蕃婦の運命はそれは悲惨なものなんです』

『それはそうでしょうな。種族の上の争いだから……』深く考える様にして、『とにかく不思議な気がしますな』

やがて言葉をついで、

『そして、毎夜やって来て、どういうことをするんです？』

『なかなか深い情だそうです。野蛮人ですからな。動物と同じですからな。毎夜やって来て別に話をするというんでもないそうです。ただ、いつまでもいつまでも座っているそうです。そしてもし惚れた男でもその蕃族の中にあると、それが、また大変だそうです。女の小屋に来ている間はその周囲にいて、黙ってそれを見ているそうです。どんなに夜遅くなっても見ているそうです……。その癖、巡査が手を出すまでは決して何も言わんそうですけども……その代わり出来たとなると、もうすぐぱッとなって了って、どうすることも出来ないそうです』

『不思議ですね』

『それに、口説くことも上手だそうです。すべて、肉体的で私があなたに惚れているというしらせは、主に手でやるそうです。あいつらは、山路《やまみち》を歩くのに、粗朶や薪を例の後《うしろ》に負っていますが、休む時には内地人と違って、蹲踞《しゃが》ますに、一度どうしても後に倒れるようにするそうです。そこをあの人は好いたらしいとか何とか平生《へいぜい》思っている巡査が通ると、起こしてくれと言って手を長く出すそうです。そういう時に手を出すと大変だなんで、慣れた巡査は言いますが、まア、大抵は人情として、それを起こしてやるそうです。と、いきなりそれを固く固く握るそうです。そのくらい閉口することはないって言っています』

『ははア』

と思わずAも笑った。

『この他にも、蕃婦については、いろんなことがあるんですよ』

こう言って、署長は一まずその話を切り上げた。

『面白いですな』

かれは不思議な思いに撲たれずにはいられなかった。夢にも知らないようなロオマンスではないか。かれは、つづいてその間に起こって来る悲劇などをくり返さずにはいられなかった。昔学校にいる時分、レクラムで読んだドイツのクライストの『伝奇トオニィ』の悲劇などが思い出されて来た。モウパッサンのアルセリアを舞台にした『オオロラ』なども胸に浮かんだ。

なおかれは蕃地のことをいろいろに訊《き》いた後、帰りの案内を署長に頼んで、そして別れた。

かれはなお南へ南へと進んだ。ついには島の南の端にあるDK市からD港まで行った。そこらはもう全くの熱帯的気分で、芭蕉や椰子が一面に繁り、見馴れない樹が街道に涼しい深い影を布いた。もうそこらには内地の家屋などは見当たらなかった。大きなホテルに、かれは停車場から自動車を駆《か》って行った。

最南端のD港は、しかしそう大して栄えてはいなかった。税関が一軒、ホテルが三四軒、

島の北端では一年中好時期で、洋服も間着くらいで丁度よかったが、ここに来ると、リンネルの服一枚を肌の上にじかに着ても、それでも汗がダクダクと流れた。港には艀という船の無数に碇泊していた他に、外国の汽船が一隻《せき》沖に碇泊して、煙突から淡い煙が濃い碧の空に印していた。

かれはそこから引越して、Aに行った。そしてそこでまた内地人のために長い講演をした。島の東半部にも足を踏み入れてみたいとは思ったけれど、途中が近頃の騒動で危険であるというので、それだけは思い留まって、そして最後にD、T港へと志して戻って来た。入江を中心に、こちらと向うに町のあるD、T港の静かな春の夕の眺めは、久し振りで、かれにゆったりした心を与えた。濃い碧《あお》の海、それに浮かんでいる三角の帆、艀《はん》という不思議な形をした船、そのあたりのカラアがかれに遠い異国の旅を思わせた。かれは何年にも口ずさんでみようともしなかった歌を思い浮かべながら、こちらの岸から向うの町へと艀で渡って行った。

三

約束した市へ戻って来て、そこでかれは一夜泊まった。署長は蕃地に詳しい巡査を二人案内につけてくれたが、その他に、支庁から属官をまた一人つけてくれた。

出かけた日は美しく晴れた朝であった。そこからは山地行の汽車があるので、それに乗って次第に山近く進んで行った。翠微は段々汽車の窓にその嵐気を漲《みなぎ》らした。Hは山の中の擂鉢の底のような位置にある賑やかな町であった。そこからは島で一番高いN岳の片鱗もそれと仰がれれば、B種族の巣窟のあるという山地もそれと指さされた。もうそこらには熟蕃があちこちに歩いていた。顔に大きく入墨をした蕃婦の姿も見られた。洋館と支那民家と内地の家屋とか不揃に雑っていて、大きな建物の中から兵隊が出て来たりした。支庁は大きな洋館であった。一行はまずそこに行って休んだ。役人達も腰を低くして迎えに出て来た。

その日はまた午《ひる》にもなっていなかったけれども、支庁の人達の歓迎やら、Aが調査しに来た林業の話やらに、思いのほかに手間取って、それが済んだころには、Sまで出かけて行くにはもう遅くなっていた。仕方なしにかれは、そこで一夜泊った。

内地では中部地方の山の町が思い出されるようなところで、木材の産出も多く、樟脳なども出来て、一種海岸の町とはまた違った趣きが発見せられた。この間の蕃族の騒動の時には、この町あたりもかなりに動揺したらしく、兵隊なども二箇中隊ほどもそこから出て行ったということであった。雲は時の間に下りて来て、烈しい驟雨が降ったあとにはあたりの緑は皆美しく洗われて、夜は灯が町の人家の窓に明るく輝いた。

あくる朝は、トロコの少し毛の生えたような軌道で、かれらはSに向かった。Hの支庁からは、また属官が一人附いて、一行は四人になった。かれらはHですっかり蕃地に入る支度を整えた。皆な脚絆《きゃはん》に草鞋を着けていた。かれも靴の上から草鞋を穿いた。

Sまで行く間の軌道は、斜坂になっている故もあるが、Hまで来る間の汽車とはこうもちがうかと思われるほど速力が遅く、七里の路《みち》を半日以上もかからなければならなかった。軌道車はところどころで長い間留って向うからやって来てすれ違って行く車を待った。

Sはつい十年前までは、M蕃族の住んでいた一中心であっただけに、かれらは到るところに蕃人の住んでいる村落を眼にした。低い屋根、土で囲まれた赤ちゃけた壁、その前にかつて髑髏《どくろ》を誇にして並べた位置などがそれと指さされた。時には狭い谷のようなところに参差《さんさ》として連なっている部落を軌道車は静かに通って行った。かれはいつの間にかかねて描いていたロオマンスのシインの中に来ているのを思って、不思議な心地を抱いてあたりを見廻した。

蕃婦が小さな谷川に臨んで、何か物を洗っているのが見えたりした。

『もうすっかり蕃地の気分ですね』

こうかれは属官の一人に言うと、それを耳にした老いた巡査は、

『でも、今じゃこうしてやって来られますけれど、私が最初来た時分には、とてもここらは険呑で来られなかったところです。』

こう言って考えて、『M族の帰順したのは三十五年ですからな、まだ、十五年にしかなりません』

『でも、よほど変わったでしょうね。その頃とは――』

『部落はそう変わりはしませんけれど、大分内地の人の心地が分かって来ていますから、従順にはなっています』

『もう、叛《そむ》くようなことはないでしょうね？』

『もうありませんな、ここらは――』こう言って、属官の方を向いて、『でも、M族は多い蕃族の中では、一番おとなしい開けた方です。ここの酋長は去年の春東京に行きました。』

『この間の騒ぎの時にも動揺しませんでしたか』

『大丈夫でした』

『ここらで動揺されちゃ、それこそSは堪らない。まるで囲の中に入って了うようなものだから』

　こうHから来た属官は言った。

　山を幾重めぐったか知れないようなところに、やがて軌道車は果てた。そこはSであった。Hに比べては小さな町ではあるけれど、また全く蕃地の中といったようなところであったけれども、それでも周囲はやや開けて、甘蔗《かんしょ》の畑があり、茶の畑があり、水田があったりした。町は内地人の家屋と支那人の家屋と洋館と雑り合ったような雑然とした光景を呈していた。

軌道車の停車場から十町ほど行ったところに、S分署の洋館があった。かれらはまずそこに行った。

市の署長から電報が来ているので、分署長始め巡査達は丁寧に一行を迎えて、一番綺麗な応接間に人達を延いた。

三月ほど前に、一騒動あったので、どことなく落付かないような気分のあたりに漲っているのをかれは見た。

『大丈夫ですか、もう』

『大丈夫ですとも……。もう心配なことは少しもありません。この間、うんとひどい目に逢わせてやりましたから』

こう笑いながら分署長は言った。

分署長はかれのために、いろいろと蕃地のことを丁寧に説明してきかせた。写真なども出して見せた。ことに、最近の騒動の時に受けた駐屯所の危難に瀕した状態を詳しく話した。

『ここから何方《どっち》になるんです?』

こうかれが訊くと、

『ここからその一部が見えますから、此方へ入らっしゃい。』こう分署長はかれを二階の窓のところに伴れて行って、『そら、そこに山の交叉したところがあるでしょう。そら、雲のかかっている、あそこから山を越して向うに行ったところです。トロコがあの山の上まで通じているんですが、その山からまた峰つたいに少し行ったところに、Tの駐屯所があるのです。警部が主任で、部下が五六人ありますが、あそこは大分今度は酷めつけられました。それに、その暴動の当時、警部がHへ出ていていなかったもんですから、家族などは生きた空はなかったそうです。』

『それでも取られなかったんですか』

『もう半日遅いと、どうなっていたかわかりませんでしたけれど、幸いに援兵が早く来てくれましたから、無事でした。家族はしかし生きた空はなかったッて言います。何しろ、じりじりに柵みたいなものをこしらえて、蕃人は押寄せて来る。此方も柵をこしらえて一々銃眼みたいなものを造って、それに対抗しているんですが、着々向うの進んで来るのを見ていると、危険極りない。何しろ、向うは野蛮人でも大勢ですから……。警部には妻も子供もあるんですが、子供はもう七歳になっているんですが、毎日攻寄せて来る蕃人のさまを幼な心にも聞き知って、『母さん、坊やを殺すなら、寝ている時知れずに殺して下さい、痛いから……ッて言ったそうです。それは安い心は一刻もなかったんです。』

『そうですかね、そんなですかね。蕃人の攻めて来るという形は？』

こう言ったかれには、昔の封建時代にでも見る戦争の話を聞いているような気がするのであった。かれはその峰の上にある駐屯所でその警部の家族のさまとを頭に描いた。

『それで、よく無事ですみましたな』

『とにかく、憲兵、巡査、その他に兵隊も一箇中隊ほど行きましたから』

そこに丁度その危険の一日二日をT駐屯所で過ごしたという巡査がやって来たので、話を益々面白くなっていった。その巡査は快活な中年の男で、背も高く、体も健かに、笑う時には大きな声を立てた。『それや、お話にも何にもなりませんや――』こう肩を揺すって、また手真似をして、蕃人の群れの近くに押寄せて来たさまを話した。

『今でも、その警部の家族はそこにいるんですか。』

『いや、その警部は先月変わりました。とても家族がそれにこりて、怖しがって、そこにいられないと言いますから、もう少し安全なところに転任しました。』

今日はとても行って帰って来られないというので、かれの一行はまたそこで一夜泊まった、なるほどHあたりに比べると、もう山は非常に深く、町の人達の生活の状態にもよほど開けていないのをかれは見た。

懇意になった巡査の群れに、この間聞いた蕃婦の話をすると、『ヤア、もう御存じですか、なかなか観察がお早いですね。……どうも困るんですよ、蕃婦には――』

『それでもここらにはあまり多くはないな』

他の一人は打消すように言った。

『けども、不思議な気がするね。そういう女に手が出るということが……』

こうAが笑いながら言うと、

『いや、手は出ないんですよ。ちょっと考えても、他に女のいるところでは、とてもそういう気にはなれませんがな。それに、蕃婦と来たら、実にしつこいからな。一度失敗すると、そこからそこへと追い廻《ま》わされて、しまいにはこの土地にいることは出来なくなって了いまさ』

『しかし、人のいない山の中に一年と二年といては、自然そういうことにはなるわけですね』

『本当ですよ。ここらはまだ好《い》いとしても、随分ひどい駐屯所がありますから……AとかPとか、Mとか……』

『そうだな、Mあたりはひどいな。』

『しかし、まごまごすると、もうそこに行く順番が廻って来るぞ。』

こう他の肥《ふと》った巡査は言った。

そこでは、AはT線の山の駐屯所についての話を何かと聞いた。大抵半年か一年交代であるということ、食うものがなくて困るということ、ところによっては熟蕃の住んでいる部落中で二里も離れているところがあるということ、そういうところにやられた時は、まア仕方ないと観念して、山の薯《いも》でも掘って食っていること、結局そうした深い山の中の駐屯所はよくしたもので、ここあたりの駐屯所よりも危険の程度の尠いということ、それからそれへと話が出て、奇談珍談は容易につきなかった。

あくる朝は一行は早く出かけた。そこではT駐屯所の主任の警部が丁度折よく下山していたので、その一行も一緒に伴れ立って出かけることになった。誰も彼も皆な脚絆草鞋で軽装して出かけた。署長は万一の危難を慮って、ピストルを一挺Aに貸した。山の上では、午飯《ひる》に食う菜などもろくなものはあるまいと言うので、豚の肉の塊りなどをも準備した。

少し行って、山へとかかった。そこには大きな谷に凄じい水が瀬を成して流れて、針がねの長い橋などがかかっていた。そこをすぎると、また少しあたりが開けて、蕃族の部落などがそこここに見え、蕃婦が粗朶《そだ》を負って岨道を下りて来たりした。『ああいう奴ですな、手をひいて起してくれなどと言うのは――』こんなことを言って一行は笑い興じた。

途中からトロコが出来ていた。それは山をめぐり、谷に添いそして最後は山の頂きにあるT駐屯所に達するようになっているのであった。かれらはそこで茶などを飲んだ。この間の騒動の時のここらの騒がしかった話なども出た。

朝の影は涼しかった。トロコは小さな機関車をつけて、そして山へと折れ曲って上って行く。谷々には木が繁り、瀬が泡立ち、屹立ったような岩石がそこここに聳《そび》えて見られた。しかし、頂上に近づくにつれて、地域はややひろく、高い平地に部落の三々伍々凭るようにして連なっているのが見え出して来た。巡査は『この間、蕃人の一部がこっちに廻りそうになったので、非常に心配しました』などと話した。小さな機関車は絶えず黒い烟を立てて喘えぐようにして登って行く。しかしそれもそう大して長い間ではなかった。やがてトロコは山の上のいくらか展《ひら》けたようなところへ出て、それからは速力を早めて、民家の低く連なった部落らしい方へと出て行った。

三面を深い谷で囲まれ、その向うを更に屹立ったような尖った山稜で遶《めぐ》らされたような地形をかれらはそこに発見した。処々伐採された木材が積み累ねられてあり、豆などの畠が出来て居り、甘蔗の林が連なっている中に、木の皮で葺《ふ》かれた部落の民家の屋根が日に明るく光って見えた。トロコのとまったところには、小さな停車場みたいなものがあって、そこには巡査や警部などがすでに大勢出迎えに出ていた。

『ははア、こういうところですか、Tというところは？』

かれはこう言《い》ってあたりを見廻しながら、一行に取巻かれて、T駐屯所のあるところへ行った。

なるほどここが囲まれたら、随分心細いだろうと思われた。ことに、女や子供の家族の身にとっては――。こう思ってそこに立っていると、巡査達は寄って来て種々《いろいろ》とその時の状態を話した。この高地に相対して、谷が三つわかれて山に入っているが、東の谷《たに》から押寄せて来た勢力が一番強かったということであった。『何しろ、あの山の尖《とが》ったところ、あんなところから、どしどし出て来るんですからな。猿ですよ、本当に蕃人らは』こう言って肥った巡査は向うの山の峡《あい》を指した。

かれらは渓流などは何とも思っていないということであった。また攻寄せて来る方略もちゃんときまっていて、手配がすっかり済まなければ、じき近くに出ていても単独にはやって来ないということであった。このT駐屯所はこの前の大攻撃の時に、始めてこの方の手中に収めたところだそうだが、B蕃族にとっては、このT駐屯所の地形は非常に重要であるらしく、ここをこっちに取られていては、その部落が中断されているような形になって万事につけて不便なので、つまり圧迫されるような形になるので、それでどうかしてそれを奪還しようと思ってやって来たのであった。それはこの間ばかりではなく、その前にもちょいちょいそうした気勢は動いていたが、またこっちでも油断はしていなかったが、とにかくその時はかなりに大規模に計画してやって来たらしく、味方の中隊のやって来る二日前ぐらいは、三面の谷にすでにかれらが大勢あらわれて、一歩一歩陣地をつくって進んで来る形が明らかに指さされ、弾丸はこの高地へ雨霰《あめあられ》と注ぎかけられたということであった。そして前後には、かれらはその死屍《しかばね》を五六十も残してそして退却して行った。

Aはそうした話に少なからず興味を覚えた。かれは眼《ま》のあたりその騒ぎのさまを見ることが出来るような気がした。かれには一方この高地の人達の恐怖のさまが想像されたと共に、一方B種族がそうしてこの深山の中に圧迫される形が想像された。長い間想像したかれの頭の中のロオマンスはいよいよ色彩を濃かにした。

『一体、そのB族は、これから奥よほど深く入って住んでいるんですか』

こう訊くと、警部は、向うの山の方を指して、『あそこから、ずっと、右にそのB族はひろがって住んでいるようです。何でもかなり大きな広い地盤を持っているようです。何しろ、これからはヒドイ山で、とても、一歩も入って行けないようなところですから、これから先にはI線はまたいくらも延びて居りませんが、一番獰悪な種族といわれるだけに、勢力もなかなかあるらしいです……』更に南西の方を指して、『こっちの山の陰にも、皆なそのB族が巣をつくっています』

『N岳とはどういう見当になっているでしょう』

『N岳は……』と警部は向うを指して、『N岳は丁度そっちになりますから、その西南の裏の方に当たって居りますかな』

『そうなるかな……とにかく深い山だ。えらいところに巣を食っているもんだ』こう言って、Aは雲の湧き出して来る山峡と谷とを眺めた。

Aはそれから、暴動当時の防備のさまやら、蕃人の日毎に柵をつくって攻寄せて来たさまなどの説明を詳しくそこの人達から聞いた。援兵の来ない間を安い心もなく縮こまって恐れ戦《おのの》いていた家族の住んでいた室《へや》なども見た。『え、え、来ましたとも……丸《たま》はどんどんやって来ました。丸が中って窓硝子なんかも壊れました。それにここの窓からは、蕃人の攻めて来るのがよく見えますからな――』こう言って、警部はその前の庭にわざわざ出て下の谷を指さして見せた。

『何でも、危なくなって来てからは、此方はすっかりしめ切って了って、向うに移ったそうですが……』

『そうでしょうね、随分気が気でなかったでしょうね』こう言ったAの頭には、歴史で想像した封建時代の戦争のさまなどが再びはっきりと繰返されたのであった。それにもかかわらず、その家族の住んでいた室の前には、ちょっと瀟洒《しょうしゃ》な草花の庭などがあって、赤い黄い紫の花が一杯に美しく咲いていたりした。

部落の蕃人の生活も観察してはと言われて、そっちの方にもかれは伴れられて行った。しかしその汚ない不潔な野蛮な生活は、一つ二つ見ればそれでもう沢山であった。入墨をした汚ない蕃婦。臭気のたまらなく鼻を撲つ豚小屋、日光の強烈にさす路《みち》、不思議な風俗をした子供の群れ、かれは好い加減にして引返して来た。

午飯は駐屯所の風通りの好い眺望のすぐれている室で皆なして食った。Aは東京から来た豪《えら》い長官であるのも似ず、巡査達にも別に尊大な風を示さないので、後には気を置かずに皆々平気で種々なことを言った。来月は早く転任して、山中の駐屯所に行かなければならないという肥った巡査は、ビールを飲んで顔を真赤にしてはしゃいだ。

『また、半年、大変だね』

警部がこんなことを言うと、

『なアに、山はまた山で、結局気楽で面白いことがありまさ』

『それはそうだね、里にいるよりも、また面白いこともあらアね。』

『あんまり面白がらないようにしたまえ！』

『大丈夫でさ』

『蕃婦ですか』

こう傍からAが言《い》った。巡査達は顔を見合せて皆笑った。

『蕃婦はまた別ですかな……』こう警部が弁解するように言った。

『でも、どうも独身で、半年か一年もそうした山の中にいちゃ、手を出す気にもなるでしょうね』

巡査達はまた笑った。

警部はわざとそれを埋めるようにして、『何しろ、ここなんかよりももっと山の中ですからな、この人の行くところなんか……。しかし、山には面白いことはあるにはあるのサ。』

『まア、しかし無闇に手を出さない方が無事だね』

巡査達はまた笑った。肥った巡査は、記念のためになどと言って、名刺を出したり、持っていた扇に揮毫《きごう》をもとめたりした。Aは途中で詠んだ歌をそれに書いた。後には警部までが短冊や半切などを出して墨を自分で磨った。

四時過ぎに来た時のトロコで山を下る時には、Aは久し振りでいうにいわれない色彩の濃いロオマンスの中にいるような心持ちがして、段々遠くなって行くT駐屯所の方を振り返った。来る時と違って、下りはトロコは早く早く煙を飈げて進んだ。峠の間はその高地は見えなくなり、山と谷とが次第にSの平地へと向かって開けた。トロコを棄てたところでは、かれはまたなつかしいようにその連なる山巒を仰いだ。

AはSで一泊し、それからHに来てまた一泊した。到るところで一緒について来て親しくなった人達にわかれた。Hではまた盛んな歓迎会が催された。かれはまたそこに蕃族についての講話をした。あくる日は市まで無事に帰って、そこで最初からついて行った属官と巡査に別れた。

そうした野蛮な種族に対するかれのロオマンチックな幻影は、益々色濃くかれの頭を領した。かれは東に帰る汽車の中でも、また海を航する涼しい大きな汽船の甲板の上でも、T駐屯所の草花の庭や、巡査達の生活や、またその山深く圧迫されて生きているB種族のことを思い出さずにはいられなかった。東京に帰って来てからも、かれは蕃婦の話などを逢う人々に話した。洋館の書斎のテイブルの上などでも、夜一人で書《ほん》などを読んでいると、そのトロコの進んで行く山路《やまみち》の土手などがありありと浮かんで来た。扇に歌を書いてやった肥ったにこにこした巡査の顔なども見えた。

その時分には、その巡査は、交代の時期が来て、もうその時には山の駐屯所に転任し、行っていた。

四

『今夜は君の番だな』

　こう肥った巡査は、笑いながらもう一人の若い巡査に訊いた。

『知らんよ』

『知らんなんて……いやに莞爾してるな。君が一番持てた証拠だといって、S君がプップしてたぜ』

『知らんよ』

『もらったものを見せて見給え』

『この間見せたじゃないか』

『もう一度』

『そんなに見たってしょうがない』

『矢張、嬉《うれ》しんだな……』こう言ったが、肥った巡査は伸をして、『今日は山を越して向うに行って将棋でもさして泊って来るかな。…どうも始めは好いが、あとで、二人見ているのが大変だ』

『何だ……昨夜《ゆうべ》さんざ、聞かせていやな思いをさせた癖に……』

『どうも先はいかん。くじだからしょうがないけれど、あとがいやだ。一番後なら楽しみがまだあるからこらえていられるけどな』

『勝手なことばかり言ってる』

『まア、仕方がない……。どうも、こんな山の中で、そんな無理を言ったってしょうがねえ。……でも、蕃婦よりは好いな。あれでも……』

『それは好《い》いとも……。僕はあれで結構だ。……日本の女よりも好いかも知れないぞ。』

『君は持てるから、そう思うんだ。……それにして、Sの大将、どうした？　先生、この前からすっかり持てた気でいたっけが、もらった土産物がわるいんでブリブリしてたぜ』

『何アに、僕のだッて、そうよくありゃしない。安物だ……』

『でも、鏡だから好いじゃないか。朝夕見る度に思い出す鏡だ。それに、支那風に飾なんかついていたじゃないか。僕やSの石鹸入《せっけんいれ》なんかよりは好いよ』

こう言ったが、『行って来るかな。……山を越すのが大変だが……』考えて、『それも山坂越して行ったところで、相手でもあるなら好いけれど、野郎同士で、どうせ寝て来るんだからな』

『行かれちゃ困るよ。何かことが起こると、大変だ。それこそ職務怠慢の罪に問われるからね』

『問われても好いや。今日行って泊って、明日も帰りたくないけども、まア、仕方がねえ、送る時は一緒に送ってやり度いから、明日は帰って来よう。』

こう言って立上った。

『本当に行くのかえ？』

『ああ』

肥った巡査はこう言って、庭の方へ出て行った。前も後も深い深い谷である。それに山が屹立って聳えているので、水の瀬の音が凄しく四面に反響して聞こえる。雲が白くぽっかり浮かんでいるのが山と山と交叉《こうさ》したところに見えた。

小さな四間くらいしかない山の駐屯所、それは山の斜坂を切開いた平らにしたようなところで、そこには山合からさし込む午後の日が照って、その向うのところに一人の支那女が小さなバケツで蹲踞んで物を洗っているのが見えた。肥った巡査が戸外に出た時に、ちょっと色眼で此方を見て、そうして莞爾と笑った。色の白いのと、長くまくられた腕の細いのとが眼に立って見えた。

かれらは昨日《きのう》の午前、この女の山を越えて来るのを迎えに行った。それはかれらがもう十日も前から、

『もうやって来そうなもんだ……』

と言って待ち焦れていた女である。この女はすでに一二年も前からこの山の中にやって来た。こうした種類の女はこの他にも沢山《たくさん》あるのだけれど、銘々持場とか、お馴染とかいうものがきまっていて、此方の方面の山には大抵かの女がやって来た。いよいよ来るという

報知のあったのは、一昨日であったが、昨日は肥った巡査とSとが一里ばかり先まで迎えに行った。さびしい山の駐屯所は女が来てから俄かに活気が添った。三人とも自分の女でも迎えるようにして、御馳走《ごちそう》などをこしらえて騒いだ。

女は女で、わずかながら土産物《みやげもの》を出したり、莞爾した顔を見せたり、三人の汚れたものを滞留中に洗濯してやろうと言ってそれを出させたりした。言語はろくには通じないのだけれども、それでも片語雑りに手ぶりや身ぶりをして意味だけを通わせた。昨夜もくじを引いたが、その時も騒ぎであった。一番先の番に肥った巡査が当たった時には、Sももう一人の巡査も詰まらなそうな顔をした。昨夜はすべて肥った巡査の世界であった。かれが成るたけ酒に酔わないようにしているのに引きかえて、Sともう一人の巡査は自暴《やけ》になったようにして酒を飲んだり唄を唄ったりした。おそくまで薄暗いランプの下でかれらは騒いだ。そして二人は酔って意識を失ったようにして寝た。

その隣に一間別室があって、そこに肥った巡査は寝た。

肥った巡査は、その昨夜のさまを思い出すようにして、そこに立って、女の洗濯をしているのを見ていると、家からSがヒョックリ顔を出した。

『君は行くのか？』

『うむ……』

『一人じゃ困るな。行くのは止《よ》したまえよ』

『でも……』

笑っていると、

『今夜も飲むさ……何アに、向うまで遁げて行かなくったって好いじゃないか。僕一人じゃ困らア』

『でも、な……』

『まア、そう言わずにつき合い給え。皆な一度ずつはそういう思いをしなくっちゃならないんだから、……酒は沢山あらア、さっき下から届けて来たから』

『そうか、酒は来てか』

『酒を飲んで、騒いで寝て了う方が好いじゃないか。山を越して、向うに行って将棋なんかさすよりは』

『それもそうだな』

『賑やかに今夜も飲もうや。我々のクインが来たんだもの』

『そうしようかな、仕方がない』

こう言って肥った巡査は、思い返した。実際山を越して、隣の駐屯所の野郎ばかりのところに行くのも詰まらなかった。それに、明日また帰って来るのが大変だ……『それじゃ飲むか、今夜も……』

こうした深山の中の山小屋の中の夜の光景は不思議なものであった。かれらは矢張《やはり》昨日のように畑のものや豚などで酒の肴《さかな》をこしらえた。まだ日が暮れない中から酒を飲み始めた。その時分には女ももうおつくりなどをして、笑顔を見せて、そこに来て座った。Kといって、広東《かんとん》の方に近い、支那の小説の中にもおりおりは出て来る、普通の支那の女のように足の小さくないかれらは、安南、印度《いんど》、それから南洋の方へもこうして色をひさいで出稼して歩いている名高い種族であった。従って相手にして決して面白くない女の群れではなかった。一人の巡査が『蕃婦どころか、内地の女よりも好い』と言うのも無理はなかった。言語は半分しか通じないけれど、それ以上に男を歓待なすコツをよく心得ていて、不思議な節で酒を勧める唄を唄ったりした。

その夜はSが余りに酒を飲まずに、肥った巡査ともう一人の巡査がしたたか酒を飲んだ。肥った巡査は濁声でデカンショなどを唄《うた》った。そして矢張、最後に昨夜のように泥酔して寝た。

三人が一夜ずつ覚め、二夜ずつ泥酔して了った朝が来た。

かれらはぼんやりして、女に払うべき金などを互に出し合ったりした。それは多い額ではなかった。中には、もう少しやりたいような気がするものもあったが、そうしてはかえって愛情の平均が破られるので、ちゃんときまっただけの金を三人は併せて女にやった。

女は莞爾してそれを受取った。

『今度は何時来るね』

『ライケツ　ハヤク……』

片言で女は言った。

いつも遅くって困る。どんなことがあっても、一月に一遍くらいは廻って来なくっては困る。こうしたことを片語《かたこと》やら手真似やらで言うと、『ヨロシイ、ヨロシイ』などとどこからか覚えた内地語で言って、そして女は小さな首を点頭《うなず》かせた。

かれらはいろんなものをやった。菓子もやればそこらにあった果物もやった。かれらは女のこれから行く先を聞いて、御馳走の残りで旨い弁当などをつくってやった。

女はそれでも名残りが惜しいように、もう三日《か》いたいような表情を見せて、小さな荷物などを整頓《せいとん》した。たった三夜ではあるけれど、その小さい女がいなくなって、また元の山《やま》家《が》住いになるかと思うと、かれらはさびしい、かれらの生活が振返られるような気がするのであった。

で、Sは居残って、あとの二人は、迷わない路《みち》のところに出るまで送って行くつもりで、女と一緒にそこを出かけた。それは晴れた美しい朝であった。山々もめずらしく晴れて、その山稜の尖って重り合ったさまもくっきりと手に取るように見渡された。谷の鳴る音が冬でもあるかのように冴えてきこえた。

並んで歩いて行く三人の姿が、山合の細い道を通ったり、嶮しい坂を折れ曲って行ったり、渓にかかった橋を渡って行ったりするのが、駐屯所の前で見送っているSの眼に長い間映っていた。

『雄弁』（大正七年一月、大日本雄弁会講談社）

終章　「山」の消滅

朝日新聞の一九二九年七月二日の社説である。朝日の論説委員としての文章であり、無記名である。登山の季節の到来と登山ブームについて記したもので、学生たちが学外に出て山で遊ぶことを肯定している。社説とはいえ、この一文の精神の健康さの中に、父母の急逝で山にでも入ろうと考え、ここではないどこかを夢想し、山人を創造し、台湾の先住民族の村の手前まで暴走していった、花袋の愛したであろうあの厄介な柳田国男はいない。柳田は意図していないが、学生の精神的鍛錬の手段としての山歩きは、この時期ドイツでナチズムの中に吸収されつつあった、自然と交感し、ドイツ的なものと精神を一体化させるワンダーフォーゲル運動への近さを感じ、それが戦時下の民俗学の前史のようにも感じられる。柳田をあれほど魅惑して止まなかった「山」への憧憬は消滅し、戦後の『海上の道』に連なる「海」だけが残る。

山の季節来る

（無記名）

漸《ようや》く五月雨の空は青んで、遠い連山の肩越しに、日本特有の入道雲が顔をだす時節になった。学校の休みも早ほどなくやってくる。少しは青年をして世の中の屈託を忘れて、各自の持って生れたものを楽しましめる様にしたいものである。

近年のいわゆる登山熱が、次第に金のある連中の流行から通例の年中行事に遷《うつ》り、一方にはまた少数の客商売の誘引手段から、真率なる山地住民の一般的歓待に変わろうとして居ることは、何よりも喜ばしい傾向といわなければならぬ。ことに地方の山岳会員が互いに相助けて、旅する人々に便宜を供与し、かねて無謀なる計画によって、不測の危難に近よる者を防止せんとする努力に至っては、これを単なる人情美という以上に、たしかに一つの社交上の進歩である。山川に遊び楽しむ若者の心に二つはない。学生がただ学校の中に日を送り、異なる境遇を将来に予想するばかりに、往々にして異種族のごとき観をなして居たことは無用の差別であった。だからこうして新たなる趣味と労苦と知識慾《しきよく》との共通に基いて、一朝に間の垣根を倒すことが出来たならば、その交歓の効果もまた大いなるものがあるわけである。

日本の山々には今でもまだ大樹のかげ、岩のはざまが多く、野宿は昔からの青年の簡易生活の興味であり、あるいは仮初の小屋を引結んで、後にくる人々の相宿りに供するなども普通の好意であった。今更物々しい天幕の個人主義を、この間に運び込む余地は少ないのであった。が、それでもまだ国風と調和した、隣人式キャムピングの方法は想像し得られぬことはない。困るのはただ新開国の広大なる荒野を、縦横に押回して居たテント生活を、そのまま模ほうすべしとする半解の洋化主義者であった。そのために多くの整頓《せいとん》した林野けい流は荒し汚され、いつまでも都人は乱暴にして思い遣りがないという非難の声を絶たぬのであるが、いずくんぞ知らんやその多くの者は、むしろ地方人の子弟の特にこの方面の教育を受けなかった者であった。今や幸いにして好機会は到来した。彼らが天然を愛慕するの情は、この際更に一段の訓練を添え加うべきである。

『東京朝日新聞』（論説、昭和四年七月二日、東京朝日新聞社）

あとがき

大塚英志

本書は柳田国男のいわゆる「山人論」について、その成立・展開・消滅の過程を追えるようにその著作・論文をぼくの山人論への関心を軸に再構成したものである。柳田国男の「山人論」とは、日本の山中には先住民族の末裔が今も生存しており、その先住民の姿を山人や山姥・天狗などと見誤って成立したものだという仮説である。現在の日本人たちは「日本」が「単一民族」だと思いがちだが、明治期においてはむしろ「古事記」や「日本書紀」の記述を信じているからこそ「日本」が「多民族」であることはむしろ自明であった。北海道において「国民」化されていないアイヌ民族が鮮明にその文化や民族性を保っており、他方では日清戦争において日本の植民地となった台湾における先住民族の存在もあった。そして彼とそれらを「同化」の名の元に「国民化」させていく渦中に柳田国男は青年期を過ごし、そして明治国家の官僚となった。

柳田国男の「山人論」の前提はつまり明治期における多民族国家説が前提にあり、そしてそれは同時に「起源論」でもある。日本人がどこから来たのか、という問いかけは恐らく読者にとってひどく甘美に響くだろう。しかしその時の「日本人」のイメージは今と比せばもう少し多義的であった。コロボックル論争、すなわち日本列島の先住民をアイヌ民族の神話に登場するコロボックルに見出そうとする説をめぐってなされた人類学者たちの論争も含め、明治期の起源論は列島における民族と民族のせめぎ合いであり、天皇家の人々は列島の外、つまり「高天原」からやってきて、その「勝者」であるというダイナミズムがまずあった。柳田国男は明治三十一年の伊良湖岬での旅で田山花袋とともに海辺で椰子の実を拾い、ああ自分たちの祖先はこのようにして遠い昔、海辺に流れついたのかもしれぬ、と想像した、というのはいささか美しく語られ過ぎてきたエピソードだとしても、しかし海辺に辿り着いた人々もまた多様な日本人の先祖の一つである。明治国家は抗争史の勝者としての天皇家の人々を軸に記紀に倣って歴史を描こうとしたが、しかし「敗者」たちは滅亡したのではなく、その一部は同化し、そして日本文化の中に確実に痕跡を留めている。そこには歴史的文献に描かれている朝鮮半島からの渡来民も当然、含まれる。なるほど明治の歴史観は勝者の歴史の傲慢さや学術的な錯誤(それは「日ユ同祖論」のように、トンデモ本的偽史の出自にもなるのだが)に満ちている。その傲慢さが北海道や琉球や台湾や朝鮮半島や中国に「政策」として及び、その土地土地の民族や文化を苛んだ歴史は忘却されるべきではないし、そういう歴史と向かい合うことを自虐史観だと語る人々の歴史への不誠実さにぼくは与するつもりは一切、ない。しかし少なくとも多様なものがこの小さな列島の中で、抗争に勝者と敗者があったにせよ、文化も、今の人々が好んで使うDNAさえも混じり合い形成され、そして今もそれは継続している、という、思考だけは、最初から純粋の日本人がいて自分たちはその血妄の末裔だと何の根拠もなく信じているフシがある現在の「日本人論」よりはまだしもまともなものように思える。その中にあって柳田の山人論は「敗者」あるいはマイノリティーの側の視点に立つともとれ、マルクス主義的な柳田論に立てば柳田が後半生において、「稲作民」中心の民俗学を構築したのは「山人」の民俗学から「平地人」の民俗学に「転向」したということにもなるが、柳田の中から「山人」実在説が姿を消し、そして平地人が見る幻覚としての山人論、つまり吉本隆明の「共同幻想論」によって解釈可能な山人論へと変容していく過程とその消滅は柳田民俗学が一国民俗学として形成されていくプロセスと一致する。翻って考えれば、山人論は多文化民俗学とでもいうべき一つの可能性を孕んでいた。それは今も民俗学の数少ない可能性として残っている。

柳田の「山人論」は三つの側面を持っている。それはそのまま柳田の学問や文学の三つの側面でもある。

一つはロマン主義的な側面である。ロマン主義とは現実逃避の先を太古に求める甘美な言説のあり方だ、と要約してしまうと身も蓋もないかもしれない。しかし、この世よりは夢の世に戻りたいとありふれて歌う詩人としての松岡国男のロマン主義が起源論に向かうのは当然である。柳田は両親を失い、いっそ山にでも入ろうと思ったことが農政官僚になる一つの動機であったことがあったが、そのここでない場所としての「山」と異人たちの出奔先としての「山」は同一であり、そこで山人の嫁となった娘がいたように、柳田のロマン主義は夢想の山の中に先住民としての山人を描き出してしまう。柳田の山人論の基調を流れる甘美さの正体はこれであり、柳田が「幽冥談」で言及するハイネの「諸神流竄紀」（岩波文庫で今は「神々の流刑」として読むことができる）に記したように、山中から凋落した神々の側に身を置く敗者のロマン主義とでもいうべき甘美さがあり、あるいは強者や勝者の言説しか求めないこの国の現在には、かつてぼくもぼくの師の千葉徳爾も魅せられ呪縛されもしたこの甘美さは理解されないかな、とは思う。

二つめの山人論の側面は「植民地政策」としての側面だ。柳田の山人論には「隘勇線」「生蛮」「熟蛮」といった明治国家の台湾統治における用語が用いられていることについては民族学者の大林太良や文芸批評家の村井紀が指摘しているが、これらの用語が柳田の山人論に散見する以上、台湾先住民族の植民地統治というフレームで山人論が語られている可能性を排除できない。柳田が『遠野物語』の本文の聞き取りを東京で佐々木喜善より終えた後、明治四二年に遠野を訪ねた折、喜善は不在で伊能嘉矩を訪ねたとされるが、台湾総督府で先住民族の調査を行った伊能は、いわば日本における最初の「植民地民族学者」であるが、事実、伊能は未発表の政策提言「古奥に於ける東夷」（谷川健一編『日本民俗文化資料集成』第15巻所収）を残しており、古代における大和朝廷の先住民としての「東夷」政策の台湾先住民族の統治における援用を提言している。これが柳田の影響なのか柳田が伊能に触発されてのものかはわからないが、一方では「東夷」の末裔としてのアイヌ民族はその歴史的痕跡を歴史書や地名に留めつつ、「同化」政策の対象として歴然と存在していたのだから、柳田が先住民を語る時に台湾植民地用語が用いられたことはあるいはありふれた思考であったのかもしれない。

柳田は「山人」の説話を集めた『遠野物語』の序文に「願わくはこれを語りて平地人を戦慄せしめよ。」と書くが、あたかも山人の側からの平地人への反乱を期待するかの如き敗者のロマン主義者・柳田は、一方では彼らの側に立ち、しかしもう一方では明治国家の官僚としての彼はやはり植民地政策を立案する側にあるのである。それを矛盾ととったり、そのいずれかに柳田の学問や文学を強引に結論づけるような「読み」は当然だが正しくない。「いいね」や「評価する」のクリック一つで腑分けできる思想や文学などないことは、こういう時代だから蛇足だとしても記しておく。

三つめの山人論は「山の人生」冒頭の余りにも美しすぎる一文の解釈にも関わる問題だ。

二人の子供がその日当たりの処にしゃがんで、しきりに何かしているので、傍へ行ってみたら一生懸命に仕事に使う大きな斧を磨《と》いでいた。阿爺《おとう》、これでわしたちを殺してくれといったそうである。そうして入口の枕木を枕にして、二人ながら仰向けに寝たそうである。それを見るとくらくらとして、前後の考えもなく二人の首を打ち落としてしまった。それで自分は死ぬことができなくて、やがて捕らえられて牢に入れられた。

柳田のロマン主義的詩人としての才能は、この自ら首を横たえた少女や斧を振り下ろした少女の物語を一つのかくも魅惑的な寓話として描く。この出来事のベースとなった出来事が「事実」として存在したことは検証され、「事実」と柳田の記述の間の乖離も指摘されている。しかしそれを事実の「改変」「捏造」と批判するのは正しくない。柳田は『遠野物語』で一つの出来事（それは錯覚や夢までをも含むだろう）が「伝承」という集団的想像力によって「説話」化したテキストを記録した。佐々木喜善もそのような集団的作者の一員であり、柳田は生涯その意味で厚遇したが、しかし喜善は「個人」として近代小説の「作者」になることを欲したことに彼の悲劇はあった。そして柳田は『山の人生』では、一つの「事実」を柳田の作家的想像力で「説話」化ないしは「寓話」化した。柳田が花袋に殺人事件の記録を渡しては小説化を迫ったのは、花袋にもまた事実の「寓話」化という集団的想像力を個人で行使する「文学」を迫ったからである。しかし、この「寓話」や「説話」はそれが読み解かれるべき「文脈」（物語消費論的に「世界」と呼んでもいい）が存在する。『遠野物語』の背後にはその土地の人々が生きる「自然」に加え、歴史的文化的環境としての「第二の自然」があり、後者をも包括するのが柳田式自然主義である。そのような「自然」を背景にしてその上に成立する無名の人の「人生」を「寓話」として描いたのが『山の人生』の冒頭の一文である。柳田は「寓話」の方ではなく「第二の自然」としての歴史的民族的社会的環境の自然科学的記述（つまり「記録」）の方を彼の「文学」とした、というのがぼくの理解で、「寓話」すなわち「文学」を紡ぐ役目を盟友の花袋に一方的に託そうとして断られている。

『山の人生』において山人論は「実在説」を放棄し「変態心理学」、つまり文化精神医学的文脈が与えられているというのはぼくの師・千葉徳爾の古くからの理解だ。挿話の少女が殺してくれと言い、父が殺す、まるで双方に何かが憑いたように思えるが、その「憑いた」としか思えぬふるまいそのものが根差すものを、今の民俗学がいうところの「民俗」と呼ぶとあまりに浅くなるのだが、その「寓話」の背後にある「文脈」なり「世界」をこそ『山の人生』は記述しようとしている。「山人論」としての『山の人生』は柳田の自然主義「文学」のその意味での到達点だが、しかし余りに一編の「小説」としての美しすぎるこの冒頭の挿話は単独で私たちの心を揺さぶり、その背後にある「世界」（習慣の歴史）と切断されてしまう傾向にある。

とはいえ、このような柳田論は一般の読者には関心がないかもしれない。だから柳田の「山人論」が描き出そうとした全体像を柳田に対する初心者が理解しようとするなら、宮崎駿監督による『もののけ姫』（一九九七年）の世界を想起すればいい。と最後に記しておく。

まず、北方に主人公アシタカが属するアイヌ民族を連想させる村がある。彼らは列島を北の方に終われている。そのアシタカはエボシ御前率いるタタラ師という製鉄民の集団と邂逅するが、製鉄民もまた天皇家にまつろわぬ民の一つであり、八岐大蛇を倒し、尾から剣が出たという記紀におけるドラゴンスレイヤー伝説は製鉄民の大和朝廷による統合とみることは通説だ。そしてタタラ師集団と対立するサンは「山犬に育てられた子供」である。柳田と南方の「山人論争」で南方が山人を狼に育てられた子供と主張したことが連想される。柳田が唯一、評価した花袋の小説『重右衛門の最後』の中には、「獣」のように野原で育った少女が登場し、村に火をつけて焼き尽くす。柳田の中に「自然児」への共感があったことは本章には収録しなかったが、イプセンの『野鴨』に登場する自然と交感するナウシカの如き少女に対して関心を示していた発言が残っていることからも窺える。他方、売られかけた女たちを集め政治権力の外に出ようとするエボシ御前に接近し、旧世界・先住民の神を殺すように迫る師匠連が天皇の書面を持っていることから何らかの被差別民ないし漂泊民的職人集団であることが窺える。エボシ御前と朝鮮半島や中国とのつながりもよく観れば見え隠れする。「ジバシリ」という山の民の存在も興味深い。猩々という凋落した猿神も、柳田・南方の往復書簡で「山人」との関わりで狒々についてのやりとりがあることに注意するとわかり易い。『もののけ姫』は歴史学者・網野善彦の中世史観が色濃く反映しているが、網野史学の向こうにはやはり柳田民俗学があり、『もののけ姫』の世界は「天皇家」あるいは「平地人」の側の歴史の外側から見た「山人論」的な歴史である、と言うことができる。無論、山人論がそうであるように、『もののけ姫』もまた作り手の想像力が創り出したものであるにしても、そのような「世界」の上に現代の私たちの心に響くアシタカとサンの寓話を描き得たという点で『もののけ姫』は『山の人生』のあり方と思いの外、近いのかもしれない。

最後に。

柳田の「山人論」には研究者やぼくのようなアマチュアまで多くの先人たちの興味深い論考がある。しかし引用される資料に入手困難なものが少なくなく、それでも多くは『柳田國男全集』によって活字化されたが一般の読者には手が出しづらい側面がある。本書は「山人論」研究で言及されてきた資料を文庫という形で極力、一冊に収めようとした。本書をぼくがある意味で手軽に編集できたのは柳田の著作権がパブリックドメインになったが『全集』や南方との往復書簡をまとめた方たちを含め、これら柳田の資料の公共化の基礎を作って下さった研究者及び版元の真摯な努力があってのものであり、深い敬意を払うものである。

また「山人論」の資料の一つとしてしばしば言及されてきた花袋の「山の巡査達」を本書はぼくの判断で収録したが、そこには現在の視点から見て台湾先住民族(「台湾原住民」と台湾では現在標記される)に対して誤った認識に基く記述が含まれている。しかし、その「偏見」の所在をも示す歴史資料としての側面もあるのでそのまま収録した。台湾先住民族については現在、多くの学術的成果が現在あり、「山人論」への関心が少しでもそちらへと向かうきっかけになればと思う。

編集付記

・本書は以下を底本とした。なお原文については、各論考末尾に記した初出を参照されたい。
「五色の歌よみけり中に黒を」「古戦場」「野辺のゆきゝ」「夕づゝ」「幽冥談」「萩坪翁追懐」
「九州南部地方の民風」「山民の生活＊上下」「山民の生活（第二回大会席上にて）」「怪談の研究」「山人の研究」――『柳田國男全集23』（筑摩書房）
「天狗の話」――『柳田國男全集20』（筑摩書房）
「石神問答（概要）」――『柳田國男全集1』（筑摩書房）
「『イタカ』及び『サンカ』＊一～三」『山人外伝資料＊一～五』――『柳田國男全集24』（筑摩書房）
「鬼の子孫」――『柳田國男全集25』（筑摩書房）
「山人考」――『山の人生』（郷土研究社）
「柳田・南方往復書簡（抄）」――『柳田国男南方熊楠往復書簡集』（平凡社）
「故郷七十年より」（「山の人生」の部分の抜粋）――『柳田國男全集21』（筑摩書房）
アサヒグラフ版「山の人生」――『アサヒグラフ』（朝日新聞社）
「明治三十九年樺太紀行」――『柳田國男全集33』（筑摩書房）
「アリユウシヤ」（田山花袋）――『定本　花袋全集　第23巻』（臨川書店）
「南遊詠草」――『柳田國男全集25』（筑摩書房）

「山の巡査達」(田山花袋)――『雄弁』(大日本雄弁会講談社)
「山の季節来る」――『柳田國男全集28』(筑摩書房)
・本文の文字表記については、次のように方針を定めた。
一、旧仮名遣いについては現代仮名遣いに、旧字体は新字体に改めた。ただし「古戦場」及び短詩、引用文等の一部については、旧仮名遣いを残した。
二、句読点は現代の表記に従い、適宜改めた。
三、漢字表記のうち、代名詞、副詞、接続詞、助詞、助動詞などの多くは、読みやすさを考慮し平仮名に改めた(例/而も→しかも、其の→その)。
四、難読と思われる語には引用文も含め、現代仮名遣いによる振り仮名を付した。
五、送り仮名に過不足ある字句については適宜訂正した。
・書名、雑誌名には『　』を、論考名には「　」を付した。
・「柳田・南方往復書簡(抄)」など、一部、明らかな誤字と思われるものもあるが訂正は行わず、原典のままとした。
・本文中には今日の人権擁護の見地に照らして不適切と思われる語句や表現があるが、各作品の成立した時代的・社会的背景に鑑み、そのままとした。

柳田国男《やなぎたくにお》 山人論集成《さんじんろんしゅうせい》

柳田国男《やなぎたくにお》　大塚英志《おおつかえいじ》 = 編

平成25年 2月25日　初版発行
令和7年 7月20日　9版発行

発行者●山下直久

発行●株式会社KADOKAWA
〒102-8177　東京都千代田区富士見2-13-3
電話　0570-002-301(ナビダイヤル)

角川文庫 17838

印刷所●株式会社KADOKAWA
製本所●株式会社KADOKAWA

表紙画●和田三造

◎本書の無断複製（コピー、スキャン、デジタル化等）並びに無断複製物の譲渡および配信は、著作権法上での例外を除き禁じられています。また、本書を代行業者等の第三者に依頼して複製する行為は、たとえ個人や家庭内での利用であっても一切認められておりません。
◎定価はカバーに表示してあります。

●お問い合わせ
https://www.kadokawa.co.jp/（「お問い合わせ」へお進みください）
※内容によっては、お答えできない場合があります。
※サポートは日本国内のみとさせていただきます。
※Japanese text only

Printed in Japan
ISBN978-4-04-408313-7　C0139

角川文庫発刊に際して

角川源義

第二次世界大戦の敗北は、軍事力の敗北であった以上に、私たちの若い文化力の敗退であった。私たちの文化が戦争に対して如何に無力であり、単なるあだ花に過ぎなかったかを、私たちは身を以て体験し痛感した。西洋近代文化の摂取にとって、明治以後八十年の歳月は決して短かすぎたとは言えない。にもかかわらず、近代文化の伝統を確立し、自由な批判と柔軟な良識に富む文化層として自らを形成することに私たちは失敗して来た。そしてこれは、各層への文化の普及滲透を任務とする出版人の責任でもあった。

一九四五年以来、私たちは再び振出しに戻り、第一歩から踏み出すことを余儀なくされた。これは大きな不幸ではあるが、反面、これまでの混沌・未熟・歪曲の中にあった我が国の文化に秩序と確たる基礎を齎らすためには絶好の機会でもある。角川書店は、このような祖国の文化的危機にあたり、微力をも顧みず再建の礎石たるべき抱負と決意とをもって出発したが、ここに創立以来の念願を果すべく角川文庫を発刊する。これまで刊行されたあらゆる全集叢書文庫類の長所と短所とを検討し、古今東西の不朽の典籍を、良心的編集のもとに、廉価に、そして書架にふさわしい美本として、多くのひとびとに提供しようとする。しかし私たちは徒らに百科全書的な知識のジレッタントを作ることを目的とせず、あくまで祖国の文化に秩序と再建への道を示し、この文庫を角川書店の栄ある事業として、今後永久に継続発展せしめ、学芸と教養との殿堂として大成せんことを期したい。多くの読書子の愛情ある忠言と支持とによって、この希望と抱負とを完遂せしめられんことを願う。

一九四九年五月三日